HISTOIRE
DE L'IMPRIMERIE

A LYON

DE L'ORIGINE JUSQU'A NOS JOURS

PAR

AIMÉ VINGTRINIER
officier de l'Instruction publique
Bibliothécaire de la Ville de Lyon

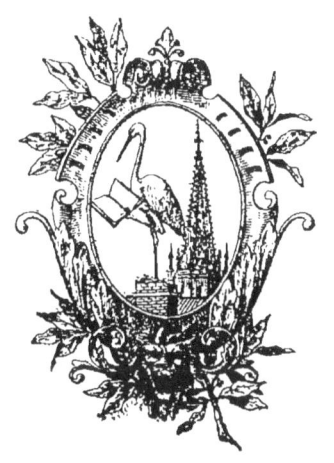

LYON
ADRIEN STORCK, IMPRIMEUR-ÉDITEUR
78, rue de l'Hôtel-de-Ville, 78
1894

OUVRAGES DU MÊME AUTEUR

Histoire des journaux de Lyon, de 1677 à 1814. Lyon, Léon Boitel, 1852, in-8°.

Catalogue de la Bibliothèque lyonnaise de M. Coste. (Plan nouveau ; divisions et subdivisions créées par l'auteur). Lyon, Louis Perrin, 1853, in-8°, deux volumes à deux colonnes, 840 pages, beau portrait gravé par Lehmann.

La famille des Jussieu. Lyon, 1860, in-8°.

L'invasion des Sarrazins dans le Lyonnais. Note lue au Congrès de Lyon. Lyon, 1862, in-8°.

Le Château de Varey en Bugey. Lyon, Brun, 1872, in-8°, vues et plans.

Les vieux châteaux de la Bresse et du Bugey. Lyon, Georg, 1882, in-8°, XI-332 p. vignettes et portrait.

Zigzags lyonnais. Autour du Mont-d'Or. Lyon, Georg, 1884, avec *notice* par Félix Desvernay, portrait par Séon et quatre eaux-fortes par Tony Vibert, in-18.

Une Poype en Bresse. Etude lue à la Sorbonne. Lyon, Georg, 1885, in-8.

Soliman-Pacha, colonel Sève, généralissime des armées égyptiennes ou *Histoire des guerres de l'Egypte de 1820 à 1860*, Paris, Firmin Didot, 1886, in-8°, 590 p., portrait gravé par Séon.

Le dernier des Villeroy. Paris, Champion, 1888, in-8°.

Les incunables de la ville de Lyon. Lyon, Bernoux et Cumin, 1890, in-8°.

Erection de la Savoie en duché. Mémoire lu à la Sorbonne. Lyon, Georg, 1893, in-8°, etc.

HISTOIRE

DE L'IMPRIMERIE

A LYON

HISTOIRE
DE L'IMPRIMERIE

A LYON

DE L'ORIGINE JUSQU'A NOS JOURS

PAR

AIMÉ VINGTRINIER

officier de l'Instruction publique

Bibliothécaire de la Ville de Lyon

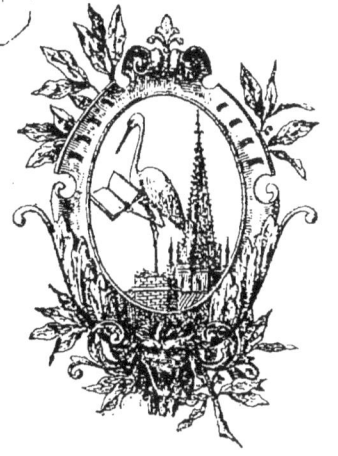

LYON

ADRIEN STORCK, IMPRIMEUR-ÉDITEUR

78, rue de l'Hôtel-de-Ville, 78

1894

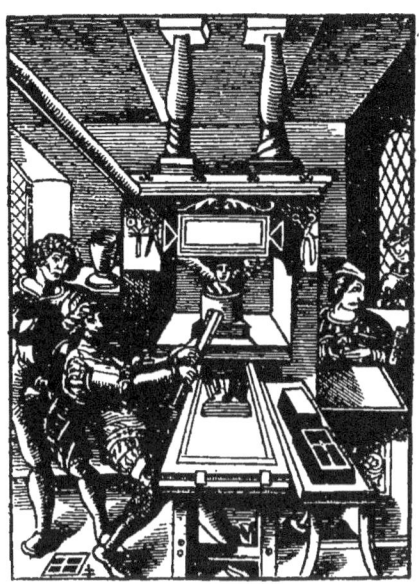

Presse du xvie siècle
d'après les PLAISANTS DEVIS des supposts
du seigneur de la Coquille.

—

Imprimé à Lyon
par le seigneur de la Coquille
l'an Mil cinq cens huictante

PRÉFACE

Lyon fête sa transformation.

Depuis quelques années, une nouvelle sève plus active d'apparence — non plus laborieuse, c'était impossible — semble avoir été infusée dans ses veines. La vie, le mouvement, le labeur acharné, concentrés autrefois à l'intérieur de ses hautes maisons, obscures dans ses rues étroites, débordent et se répandent au dehors. L'étranger, jadis stupéfait qu'une ville aussi morne puisse être le centre d'aussi vastes entreprises, que de ces boutiques sombres puissent sortir ces merveilles d'art et de coloris, que ces hommes silencieux et lents puissent détenir un des gros marchés du monde et envoyer jusqu'à ses confins les produits d'une industrie sans rivale, l'étranger désormais, par l'aspect seul de la ville, a le sentiment de sa grandeur et de la puissance de ses habitants.

De nouveaux quartiers ont surgi pour recueillir une population sans cesse croissante; de larges artères bordées de somptueuses demeures ont été *percées au travers de quartiers d'une vétusté misérable; des ponts ont été construits qui, des deux rives du Rhône, ne font qu'une seule et même ville. Une éminente administration a su favoriser la constitution d'un centre intellectuel de premier ordre, et l'Université, qui en est la base la plus ferme, a vu des palais s'élever pour lui donner l'hospitalité. Un nouveau Lyon sort de sa chrysalide. Le moment était indiqué pour y appeler en foule les étrangers.*

Mais cette brillante expansion à laquelle nous avons la joie d'assister n'est que la résurrection, pour certaines branches de l'activité humaine, d'un état aussi florissant autrefois.

Il y a quatre cents et quelques années, arrivaient à Lyon des hommes d'origine allemande. Qu'avaient-ils, ces ambulants en quête d'un seuil où bâtir leur demeure, qu'avaient-ils dans leur modeste sac, dans quelque caisse péniblement transportée, dissimulée sans doute aux regards jaloux des autorités, aussi bien dans les pays qu'ils quittaient que dans ceux où ils entraient? Avec des poinçons et des caractères en plomb, un matériel rudimentaire. Mais ils portaient en eux la foi dans l'avenir, la conscience qu'ils étaient les forgerons d'une nouvelle arme, créée pour l'émancipation de l'humanité, les apôtres d'une ère de liberté dont ils fourniraient les prêtres, les artisans et aussi les martyrs.

L'Imprimerie venait de naître. Forte, vigoureuse, elle s'implantait dans notre ville. Essais timides, balbutiements d'aurore, nul n'a pu les constater. Un développement subit, grandiose, se produisait, tel qu'on cherche vainement aujourd'hui la trace hésitante des premiers pas.

Ainsi ces fleurs des tropiques dont une seule journée voit surgir toute la splendeur.

Mais, différant en cela de ces fleurs qui périssent comme elles sont nées, l'Imprimerie lyonnaise, pendant plus d'un siècle, devait éclipser ou égaler ses rivales, et livrer au monde des produits dont la correction le dispute à l'élégance.

C'est de cette longue et superbe aurore que nous avons voulu célébrer aussi l'anniversaire.

La pensée en était dans l'air, car lorsque nous l'avons émise, tous les concours sont immédiatement venus à nous. La Chambre de commerce, soucieuse de la gloire de la cité, nous a, aux premières ouvertures, largement subventionnés.

M. Vingtrinier, le vénérable savant, qui a été l'honneur de notre industrie, et qui est resté l'ami le plus cher de notre corporation entière, avec une ardeur que bien des jeunes envieraient à ses quatre-vingts ans, a eu tôt fait de puiser dans ses documents et dans sa vaste érudition les éléments de l'ouvrage que nous offrons au public.

Mademoiselle Pellechet qui, avec une énergie et une compétence de premier ordre, s'est donné la tâche gigantesque d'établir les catalogues d'incunables de nos grandes bibliothèques françaises, a bien voulu disposer en notre faveur des précieuses gravures dont elle enrichit ses savantes monographies.

M. Delaye, le distingué photograveur, s'est offert pour reproduire gracieusement les marques intéressantes d'imprimeurs ou de libraires que nous lui signalerions.

L'entreprise devenait aisée avec de telles collaborations. Nous avons mis tous nos efforts à la conduire à bien malgré le temps si limité qui nous séparait de l'ouverture de l'Exposition. En faveur de l'intention, on pardonnera les imperfections de l'œuvre, et s'il y trouve quelque tache, le lecteur voudra bien, néanmoins, ne pas dédaigner la modeste pierre que notre piété filiale a voulu apporter à l'édifice de gloire de Lyon.

L'ÉDITEUR

25 Avril 1894

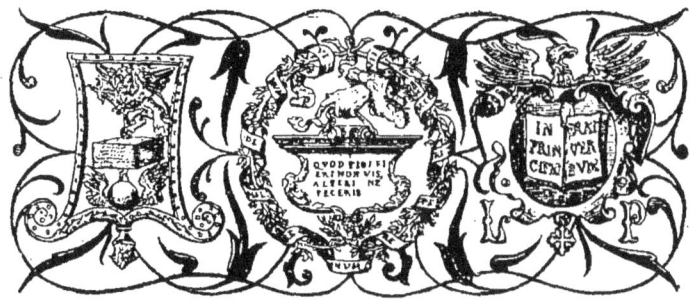

Serica si nitidæ pandis miracula telæ
Mœnia nulla vides æmula staretius,
Quæ supereminent, si quæritur una typorum
Gloria, Lugdunum, mœnia nulla vides.

Pierre ROSTAIN

Si tu déroules les soyeuses merveilles d'un tissu brillant, tu ne vois aucune cité qui te soit rivale.
Si on cherche la gloire de la typographie, tu ne vois, ô Lyon! aucune cité qui te surpasse

A. V.

1

ENFANCE DE L'IMPRIMERIE

« Il n'est pas de vérité qui, au bout de trente ans, ne soit une erreur » a dit un écrivain pessimiste dont je ne garantis pas l'infaillibilité. Il me semble même que ce docteur sombre et fatal s'est singulièrement dévoyé, à moins que sa plume n'ait trahi sa pensée et qu'il n'ait voulu simplement dire que : « tous les trente ans, la science doit varier son enseignement; la croyance des érudits se modifiant peu à peu, chaque jour, à mesure que des instruments nouveaux, des découvertes, l'expérience des âges éclairent plus complètement l'humanité.

La terre n'est plus immobile au centre du monde et, peut

être, serait-il imprudent de donner sa vie pour affirmer que, jadis, l'homme a été grenouille, ainsi que l'enseigne et le proclame le prophète le plus autorisé des temps modernes.

Cependant il est certain que la vérité elle-même a toujours été une, incorruptible et pure; c'est la science seule qui n'a pas toujours su bien voir et qui, de siècle en siècle, a plus ou moins mal enseigné !

Soyons donc prudents dans nos affirmations et ne croyons aveuglément ni tous les systèmes, ni tous les procédés, ni toutes les panacées.

L'utopie est souvent au fond des hypothèses; les dogmes ne sont pas toujours d'accord avec la logique, et si l'erreur s'est réfugiée quelque part, c'est bien surtout dans les récits de l'Histoire, depuis l'antiquité la plus reculée, jusqu'à ces pages écrites, jour par jour, sur les évènements qui se sont passés sous nos yeux.

L'histoire de l'imprimerie, la naissance du plus utile des beaux-arts, ses premiers essais, ses fondateurs, n'ont pas échappé au sort commun. Là dessus, tout est obscurité, tout est sujet à controverse et il n'est pas un fait admis au siècle dernier qui ne soit discuté aujourd'hui.

Aussi n'est-ce pas sans une certaine hésitation et une certaine méfiance que j'ai accepté la mission dangereuse de faire connaître ce qu'on sait aujourd'hui sur l'introduction et le développement de l'art typographique dans notre ville.

C'est peu de chose, au milieu de l'histoire universelle; mais encore faut-il que l'histoire locale, que ce fait particulier, intime, tout humble qu'il est, soient exposés, soient enseignés d'une manière précise et vraie.

L'erreur universelle, pour Lyon et pour toutes les autres villes, provient de cette idée naïve que, comme la chaste

Minerve un jour naquit, tout armée, de la cuisse de Jupiter, l'imprimerie s'est révélée aussi au monde, instantanément, tout à coup, avec tous ses moyens, ses machines et ses procédés ; improvisant les in-folios, en grec et en latin ; même la Bible polyglotte, en hébreu, chaldéen, grec et latin, parue en Espagne, en 1510, dans la petite ville d'Alcala, loin de Mayence et de Strasbourg ; comme si les ouvriers castillans avaient eux-mêmes deviné l'imprimerie, et que leurs petits apprentis eussent appris en naissant, dès le sein de leurs nourrices, les langues orientales, apanage, croyait-on, de quelques peuples spéciaux ou de ces ardents érudits qui veulent tout savoir et passent leur vie à creuser tous les mystères de l'antiquité.

Quand un navire audacieux aura doublé le pôle et relevé la position exacte où passe l'axe de la terre, les Esquimaux seront-ils bien venus à croire, à penser et à dire que tel jour, à telle heure consignée dans leurs annales, un peuple a inventé un navire, sans mâts, ni voiles, ni cordages, glissant à fleur d'eau comme une baleine dont il avait la vitesse et l'immensité, avec lequel des hommes, étaient-ce bien des hommes, sont venus les visiter? C'était vrai ; ils l'ont vu.

Les pauvres Esquimaux agiraient comme des enfants. Il y loin du premier arbre creusé par un sauvage, à ce cuirassé de haut-bord qui porte le pavillon de la France ou de l'Angleterre ; loin du petit radeau qui descend la rivière, à ce torpilleur invulnérable, invisible, qui plonge à volonté, glisse, sous les flots et recèle dans ses flancs étroits une force capable de détruire des flottes ou des villes entières, comme si un volcan avait passé par là.

Que de siècles ont fui! Que de tâtonnements, que d'essais ont été faits depuis la première rame enlevée brutalement a un arbre du rivage et le propulseur sous-marin qui fait notre admiration !

Quel chemin parcouru, depuis les empreintes, les cachets des peuples primitifs, les planches xylographiques des Chinois, les sceaux de l'antiquité, les cartons découpés à jour du moyen âge ; les lettres sculptées de la Hollande et de l'Allemagne, même avant Gutenberg et ce qui se fait aujourd'hui ; les impressions de Coster, à Harlem, avec des planches gravées et des blancs remplis au moyen de lettres sculptées sur bois, qui permettaient des corrections, des variantes et des changements, et les chefs d'œuvre sortis de Tours et de Paris !

Car le fait paraît acquis ; Gutenberg n'a pas plus inventé l'imprimerie que Colomb n'a découvert l'Amérique. Il y avait longtemps que les Scandinaves avaient franchi le Saint-Laurent quand les caravelles espagnoles abordèrent aux Antilles et donnèrent un nouveau monde à l'indécis Ferdinand.

Coster avait employé simultanément des planches xylographiques et des caractères mobiles gravés sur bois. Mécontent de leur peu de durée, il les remplaça par des caractères coulés dans le sable ou l'argile et, avec ces nouveaux moyens, acheva son fameux *Speculum* sur lequel on a tant glosé.

On croit que cette impression eut lieu vers 1430. Dès lors, dit M. Auguste Bernard, il imprima des *Donat*, espèce de grammaire latine, à l'usage des écoles et dont l'écoulement était assuré ; puis son *Catonis Disticha*, puis enfin son célèbre *Horarium*, dont quelques pages subsistent encore. Que devenait, dès ce moment, le secret de l'imprimerie si bien défendu contre les indiscrétions par les promesses et les serments qu'on exigeait des ouvriers ? Serruriers, papetiers, marchands d'encre, fondeurs, ne soupçonnaient-ils rien ?

Plieurs, brocheurs, apprentis ne jasaient-ils jamais ? Le vent n'emportait-il pas au loin les mots mystérieux de : caractères fondus, interlignes, casses, tampons, galées, composteurs et froton ?

Qui pouvait arrêter les causeries intimes chez les intéressés et la curiosité si vive dans le public ?

Mais, pour si peu, l'imprimerie était-elle inventée

Qu'a donc été la part de Gutenberg ? A-t-il connu Coster ? A-t-il profité des découvertes faites avant lui ?

Dans son savant ouvrage sur l'*Art typographique*, tout en attribuant à Gutenberg l'invention capitale de la *presse à imprimer*, M. Ambroise-Firmin Didot n'hésite pas à reconnaître, qu'avant les travaux du typographe mayençais, on imprimait, avec plus ou moins de facilité et de correction, en Hollande, soit avec des planches de bois gravées, soit, simultanément ou à part, avec des *caractères fondus dans des matrices d'argile*.

M. Auguste Bernard dit : *fondus dans du sable;* ceci n'offrait-il pas trop de difficultés ?

« Il est un fait incontestable, ajoute M. Firmin Didot (1), et qui résulte du procès même, jugé à Strasbourg, c'est que la presse, appliquée à l'impression typographique, a été inventée par Gutenberg, à Strasbourg. Cela suffit seul à la gloire de cette ville et à la sienne. »

L'homme célèbre à qui M. Didot rend si pleinement justice naquit à Mayence, un peu avant 1400. Il était de famille noble, et aurait dû faire partie de la classe militaire ou oisive. Il n'en fut rien. On ignore comment il passa son enfance et sa jeunesse ; on sait seulement que dès ses jeunes

(1) p. 902.

années, il se passionna pour les arts mécaniques, travailla de ses mains et que son esprit chercheur le dirigea toute sa vie vers un but qui le ruina, mais lui donna l'immortalité.

Son idée constante était de trouver un moyen d'abréger le travail si long des copistes et de vulgariser la pensée, en facilitant la reproduction des signes conventionnels sur le papier.

Des troubles survenus à Mayence, entre la bourgeoisie et la noblesse, l'obligèrent à émigrer; il s'établit, vers 1424, à Strasbourg avec sa famille et, dès qu'il eut trouvé un peu de tranquillité, reprit ses projets pour ne plus les abandonner.

La xylographie avait donné tout ce qu'on pouvait attendre d'elle; donc il fallait demander ailleurs (1).

Gutenberg s'adressa aux lettres moulées; mais comment les employer?

Comment rendre pratique le moyen coûteux qu'il rêvait?

Que de choses accessoires autour de ces petits morceaux de plomb qu'il roulait dans ses doigts!

M. Didot nous fait suivre l'éclosion de sa pensée à travers les phases suivantes; c'est effrayant quand il n'y a pas d'antécédents :

« Lettres gravées sur bois, puis en plomb, et ajustées pour l'impression; fonte de ces lettres, au moyen de matrices en sable, en terre cuite, en plomb ou en étain; retouche des caractères après la fonte; gravure des lettres sur acier non trempé, puis trempé après la gravure; frappe de ces lettres

---

(1) Par quelle distraction un érudit lyonnais a-t-il pu dire, au Congrès de la Société des Bibliophiles, tenu en 1891, à Lyon, puis écrire dans une Revue *que c'était à Gutenberg qu'on devait les planches xylographiques,* » puisque la gloire du célèbre imprimeur a été de les supprimer ?
Comment, ce jour-là, pas un membre du Congrès n'a-t-il relevé cette erreur? Je n'ose rappeler une autre assertion du sympathique bibliophile que : « *C'est à l'année 1450 que remonte la première impression avec planches fixes en bois...* » Et cependant la vérité ne doit-elle point passer avant l'amitié? Que l'auteur veuille bien décider lui-même.

dans des matrices de cuivre ; composition de l'encre siccative; enfin (couronnement de l'édifice), invention de la presse qui résume et termine toutes les opérations ! »

Comment un homme seul a-t-il pu trouver tous ces procédés, donner un corps à ces inventions, surmonter les difficultés et réussir?

Cela n'est pas allé tout droit et son séjour à Strasbourg, de 1424 à 1443, n'a pas suffi pour l'amener à son but !

« Oui, je vois le berceau de l'imprimerie à Strasbourg, s'écria un jour un érudit, Schaab, mais je ne vois l'enfant qu'à Mayence ! » (1)

Il fallait cependant poursuivre son idée et ne pas se décourager. Jamais on n'avait plus eu besoin d'une immense publicité.

Dans toute l'Europe, sinon dans le monde entier, les esprits étaient en ébullition.

Le vieil univers craquait, une civilisation nouvelle apparaissait; chaque peuple faisait sa révolution, chaque cerveau son système. Tout brûlait, tout remuait, tout était en péril, tout s'agitait. Chacun voulait paraître, produire, profiter des événements et se faire une place au soleil.

Au loin, c'était Tamerlan et Bajazet; plus près, Wiclef et Jean Hus. Qu'allait-il advenir de la chrétienté?

En Espagne, la brillante civilisation des Arabes était attaquée par les chrétiens ; la France était mutilée par les Anglais ; la moitié du territoire était à eux, et Jeanne d'Arc venait de monter sur son bûcher.

En Italie, des guerres sanglantes ruinaient les gouvernements et les populations, ce qui n'empêchait pas un souffle de

---

(1) Didot, p. 902.

littérature et de beaux-arts de couvrir la Péninsule et de se répandre de Rome à Paris. La Renaissance allait opérer d'autres chefs-d'œuvre que l'art ogival. La statuaire sortait de ses langes ; les peintres quittaient la convention ; une poésie nouvelle éclatait comme une fusée, la boussole ouvrait les mers, les peuples se rapprochaient ; la scolastique ancienne dépérissait ; on pensait, on cherchait, on analysait. A côté de tous les arts, marchaient toutes les sciences, préparant l'humanité aux plus grandes, aux plus troublantes conquêtes qu'elle eût jamais vues : celles de Christophe Colomb, sur la terre, et celles de Copernic dans les cieux.

Que de sujets d'étude pour l'érudit ! que d'objets fascinateurs pour le penseur ! Historiens, poètes, philosophes, qui aurait voulu rester muet ? Qui aurait voulu laisser dormir la plume à côté de lui ? Qui aurait voulu priver ses contemporains des réflexions que ces choses si diverses faisaient naître ?

Devant tant de volumes à multiplier, les copistes ouvraient leurs rangs et appelaient des recrues ; mais ils avaient beau allonger leurs veilles, ils étaient débordés par le travail ; si nombreux qu'ils fussent, ils étaient impuissants à reproduire les milliers de volumes qu'on leur offrait.

Par contre, leur nombre, leur influence, leur utilité, leur puissance étaient un danger pour les novateurs.

Si on trouvait un moyen de développer plus rapidement la pensée ; si les scribes, les copistes, les enlumineurs, les imagiers, moines ou laïques, vivant de leur travail, se voyaient menacés, étaient supprimés et remplacés par des machines, s'effaceraient-ils sans protester ? Succomberaient-ils sans bataille ? N'intéresseraient-ils pas l'Église toute puissante et le pouvoir séculier si redoutable à protéger les droits acquis d'une immense et intelligente population répandue dans tous les cloîtres et les cités ?

Qui pourrait résister à leur attaque? Dans cette lutte, quel pouvoir invoquer?

Que ferait un misérable inventeur, isolé, pauvre, inconnu, avec des machines impuissantes, brisées par la foule ; tandis que lui-même serait banni, expulsé, s'il n'était pas jeté dans les fers ?

Gutenberg, ainsi que Coster et tous les chercheurs, avait à résoudre l'immense difficulté de rendre pratique son projet sans éveiller les soupçons de l'ennemi ; puis, la réussite obtenue, de trouver des protecteurs, des appuis, afin de pouvoir braver l'esprit public et le tolle des intéressés.

Il se mit à l'œuvre mystérieusement, dans un atelier où lui seul pénétrait, fondeur, menuisier, serrurier, mécanicien, taillant, coulant son métal, ajustant ses pièces et perfectionnant son matériel, dont toutes les pièces étaient de son invention.

Qu'admirer le plus en lui? le penseur? l'inventeur? l'artiste? l'ouvrier? ou l'homme énergique, tenace et fort que rien ne rebute, que rien ne peut arrêter?

Il y avait dix ans que l'inventeur luttait ; il avait dépensé ses économies, épuisé ses ressources, vu s'enfuir sa jeunesse, et cependant il n'avait pas perdu tout espoir. Il se voyait désormais près du but, mais pour y atteindre, il lui fallait un aide, un secours ; où les trouver ?

A qui se fier? quel homme intelligent, fidèle, ayant quelque fortune voudrait unir son sort au sien? Mais alors, à ce phénix découvert, quelle part de son secret faudrait-il offrir ?

L'homme se rencontra.

En 1436, André Dritzchen jura de respecter les secrets de son associé, promit des fonds et fut initié à tous les mystères de ce laboratoire fermé au public, dans lequel on imprimait à ce moment un *Speculum Humanæ Salvationis*, le *Miroir de la Rédemption de l'humain lignage*, ouvrage très connu et très demandé, mais atelier qui, pour le vulgaire, n'était consacré qu'à la confection de simples *miroirs* pour les ménages.

La ruse réussit complètement et on sut dans la ville, sans avoir d'autres soupçons, de quoi s'occupaient les deux associés avec tant d'activité.

Grâce aux fonds versés, aux dettes payées, et à l'aide matérielle d'un homme intelligent, la maison prit rapidement un autre aspect ; la fabrication des *Speculum* fut hâtée, marcha, et Gutenberg, impatient, grisé par le succès, entreprit imprudemment l'impression d'une *Bible* qu'il ne devait pas achever.

En 1439, André mourut, et ses frères, en se partageant sa fortune, voulurent succéder à l'association comme au reste. On envoya des hommes de loi visiter l'atelier, mais Gutenberg s'était hâté de vider les châssis, de mettre la composition en pâte et de si bien embrouiller son matériel que le procès-verbal ne put mentionner que des plombs, du fer, des vis, des machines hors d'usage qu'on estima sans valeur. Le 12 décembre de cette année, le jugement, rendu à Strasbourg, débouta les frères d'André de leurs prétentions et laissa Gutenberg seul maître de son atelier, de sa fortune et de ses espérances.

Mais au cours des débats, des indiscrétions avaient été commises. On prétendit, sur la déposition d'un orfèvre, Hans Dünne, que, dans cette fabrique de miroiterie, depuis trois ans *au moins*, c'est-à-dire depuis 1436, on avait imprimé des livres faits en lettres moulées dont lui-même avait créé les matrices. Il n'en fallait pas tant pour éveiller les esprits et les mettre en défiance contre une découverte qui devait prendre de l'importance par le tort qu'elle ne pouvait manquer de faire à toute une classe d'artistes et d'industriels.

Ce fut un coup fatal pour l'inventeur qui ne put continuer ses travaux. Obligé de rembourser les héritiers de son associé, impuissant à mener seul son entreprise, harcelé, par ses créanciers, sans crédit et sans fortune, il dut renoncer à la lutte au sein de cette ville où il avait tant souffert. Il envoya son matériel et son mobilier à Mayence et revint habiter cette ville où il était né, qu'il avait toujours aimée, où il avait de nombreux amis et où il espérait trouver l'appui et les secours que Strasbourg ne lui avait pas donnés.

A quelle époque eut lieu ce voyage? Les historiens ne sont pas d'accord. Ils varient entre 1444 et 1445. Un seul fait n'est pas douteux ; il était à Mayence en 1446 ; et déjà y avait trouvé pour ses fontes un alliage plus dur que le plomb. Ses caractères, dès lors, soutinrent les fatigues de la presse et sa théorie prenant un corps apporta une nouvelle lueur d'espoir au vaillant lutteur ; mais l'argent manquait toujours et sans argent rien ne pouvait s'exécuter.

Fut-ce pour son bien ou son malheur? Un jour, il trouva cet argent qui lui manquait, l'appui qu'il invoquait depuis si longtemps et avec tant d'ardeur. On lui faisait de dures conditions. Qu'importe? Il avait tant souffert, tant espéré, tant douté ! Il était si près de la réussite qu'il ne pouvait hésiter. Et puis les inventeurs, ces grands rêveurs perdus dans l'idéal, tiennent-ils à la fortune? Y a-t-il beaucoup d'entre eux qui aient profité directement de leurs découvertes? Tous n'ont-ils pas vendu leur droit d'aînesse pour un plat de lentilles, leur trésor bien-aimé pour un morceau de pain? Gutenberg avait rencontré un ami, Jean Fust, et il lui avait conté ses misères. Gutenberg était connu, estimé. Il était sincère en parlant de son triomphe prochain ; ému en faisant ses récits pleins de merveilles. Fust le crut et consentit à lui tendre la main.

Cet homme, sur qui tant de bruits ont couru plus tard et que tant de bonnes femmes ont parfois confondu avec Jean Faust, était un simple orfèvre, nullement sorcier, mais intelligent, économe et richement établi. Joaillier depuis longtemps, il n'est pas possible non plus de le confondre avec un autre Jean Fust, ouvrier de Coster, qui, après la mort de son maître, s'était enfui de l'atelier de Harlem, dans la nuit de Noël 1440, emportant divers ustensiles d'imprimerie. Si on ignore où il porta son industrie, on peut du moins être certain que ce ne fut pas à Mayence. Je présenterai plus loin une présomption vague et sans consistance qui m'est venue à cet égard.

Fust, séduit par les confidences de Gutenberg, et en appréciant toute la portée, se fit son associé, disent les uns, son bailleur de fonds disent les autres, et, en 1450, mit 2000 florins d'or à sa disposition.

C'était la fortune et la gloire, mais Fust, en homme bien avisé, fit des conditions telles qu'il était complètement maître du sort de l'inventeur.

Un nouveau personnage parut bientôt sur la scène.

Pierre Schœffer, calligraphe habile, copiste renommé, inventeur et créateur, après avoir étudié à l'Université de Paris, vint chercher fortune à Mayence. Jeune, ardent, il plut à Fust qui le chargea de dessiner des caractères pour l'imprimerie. Schœffer s'en acquitta si bien, il donna de si bons conseils, se rendit tellement utile, surtout par la création de poinçons perfectionnés d'une incroyable dureté, que Fust, après l'avoir fait entrer dans cette association dont il était l'administrateur et le chef, lui donna, non sa fille comme on l'a dit souvent, mais sa petite-fille en mariage, ainsi que l'a établi M. Auguste Bernard, avec pièces incontestables à l'appui.

Cette fois, la découverte était lancée, l'imprimerie était créée de toutes pièces et la maison produisit, dès lors, non seulement une foule d'ouvrages de ville, de bilboquets, de brochures, d'almanachs, dont on a retrouvé les traces, mais des livres de tout format, des volumes imprimés des deux côtés, tirés à la presse : une *Bible*, un *Catholicon*, des *Donat*, des ouvrages de grammaire ou de dévotion, aussitôt vendus que parus.

L'année 1454, dit M. Beuchot (1) vit se répandre dans toute la chrétienté les *indulgences* accordées par le pape Nicolas V aux fidèles qui voudraient aider en deniers le roi de Chypre contre les Turcs. Ces circulaires, jetées par milliers à tous les coins du monde, *eussent employé des copistes sans nombre*. Venus à Mayence, les distributeurs trouvèrent un atelier préparé à tirer rapidement les formules et à fournir des copies dans le plus court laps de temps. On se mit à l'œuvre et on réunit tout ce qu'on possédait de caractère fondu ou gravé, pour composer les fameuses lettres...

« ... Ces Lettres d'indulgence, dont le trafic abusif, se fit bientôt à meilleur compte, grâce à la promptitude du tirage et aux frais minimes représentés par chaque exemplaire, furent une des causes de la réforme religieuse de Martin Luther. »

Ainsi, résultat imprévu, ces *lettres* tirées à si grand nombre, après avoir attiré sur l'imprimerie naissante la bienveillance du haut clergé, firent fondre, bientôt après, sur l'Eglise,

---

(1) *Le livre*. Paris, Quantin, 1886, in-8 p. 27.

un des plus violents orages qu'elle ait jamais essuyés, qui la mit à deux doigts de sa perte et dont elle n'a jamais pu se relever.

L'élan donné ne s'arrêta plus. Aux Lettres d'indulgence, succédèrent des labeurs sérieux, des livres tous les jours plus perfectionnés. Malheureusement aucun de ces ouvrages n'était signé, non pas, ainsi qu'on l'a dit, parce que Gutenberg étant de race noble, il ne pouvait exercer une industrie sans déchoir, mais simplement parce que les hommes d'alors ne prodiguaient pas leur nom comme on le fait de nos jours ; que la réclame n'était pas née; que les âmes fières ne travaillaient pas pour elle, et que peintres, écrivains, savants, artistes dédaignaient, le plus souvent, de signer leurs œuvres, même ces travaux sublimes d'architecture qui font encore notre admiration aujourd'hui.

Mais l'entreprise marchait trop bien pour ne pas éveiller la cupidité de Fust et de Schœffer. A quoi servait ce rêveur qui ne voyait que la perfection de son art, les besoins de l'intelligence et l'instruction de l'humanité? Pourquoi conserver ce gêneur, à présent qu'on connaissait son invention ? Pourquoi partager les bénéfices avec un homme dont on pouvait se passer? On avait les moyens d'écraser Gutenberg et de le faire disparaître; pourquoi ne pas s'en servir? La tentation était trop forte pour ne pas y succomber. On fut sans pitié pour la victime. Le crime fut étudié, mûri, bien consenti et consommé. C'est à l'histoire aujourd'hui à punir les coupables et à montrer, à côté de l'homme juste dépouillé, mais grand de gloire, les spoliateurs, riches, opulents, prospères, mais flétris et déshonorés.

En 1455, Fust réclama audacieusement à sa victime les deux mille florins qu'il lui avait prêtés cinq ans auparavant.

Gutenberg, tout à ses préparatifs et à ses essais, n'avait pas encore eu les moyens de les rendre. C'est sur quoi on comptait. Un grand procès s'ensuivit et la force naturellement triompha. Gutenberg, au désespoir, fut expulsé de la petite maison de la place des Fransciscains où son invention était née. Ses meubles, ses outils, ses marchandises, tout ce qu'il possédait fut saisi. Ateliers, clientèle, travaux commencés, tout devint la proie de ceux qui le ruinaient. Il s'enfuit en pleurant, cherchant où cacher sa honte et ses chagrins. Ce fut à Eltvil, en allemand Eltfeld, qu'il se réfugia. Un de ses compagnons, Neumeister, vint l'y rejoindre. A eux deux, ils organisèrent une petite imprimerie qui, si elle ne les faisait pas vivre, les empêchait de mourir de faim. Pendant ce temps, la maison de Mayence prospérait. On avait imaginé des améliorations dans la main-d'œuvre dont tout les monde se louait. Schœffer, cœur dur et froid, mais artiste habile, avait eu l'idée d'imprimer les rubriques et les capitales en couleur; il avait établi des interlignes dans le texte, ce qui donnait à la forme de la solidité et du jour. Enfin, il avait inventé les notes marginales ; idée heureuse qui facilitait la lecture, et qu'approuvèrent bien vite les lecteurs.

Tout allait à souhait, quand un orage affreux se déchaîna sur Mayence.

Grande et forte ville, au confluent de deux fleuves, assise dans une contrée fertile, Mayence avait attiré chez elle et concentré le commerce, l'industrie et le transit des pays environnants. Nul ne contestait son importance dans l'Allemagne méridionale et, son influence dans les élections du Saint-Empire. Aussi, comme il arrive, elle était fière de sa richesse et de ses dignités. Intelligente et brave, elle ne voulait se donner qu'à qui lui plaisait.

En ce moment, deux archevêques, on pourrait dire deux souverains se disputaient le pouvoir. Maître de la ville, sûr du dévouement des bourgeois, Thierry d'Isembourg se croyait à l'abri des colères de son rival ; mais celui-ci accourut inopinément avec une puissante armée, surprit la ville, et, furieux de sa défection, la livra cruellement à toute l'avidité, à toutes les passions de ses soldats.

L'archevêque régnant s'enfuit en se laissant glisser par une corde, le long des remparts. Adolphe de Nassau permit le pillage, confisqua les biens, exila, emprisonna, châtia tous ceux qui lui avaient résisté, et, non seulement les sommités expièrent leur crime, mais la terreur frappa toute la ville ; les magasins se fermèrent, l'industrie s'arrêta, et le petit peuple eut à souffrir et à trembler comme les grands.

Le 27 octobre 1462 resta comme une date désastreuse dont elle eut grand peine à effacer les malheurs ; ce fut un de ces jours qui marquent dans l'histoire et dont le souvenir ne passe jamais.

Une des industries le plus vivement frappées fut l'imprimerie, dont trois établissements travaillaient alors avec activité. Tous les citoyens qui pouvaient quitter la ville avaient disparu. Les ouvriers typographes, sans maîtres, sans ouvrage, sans avenir, disparurent à leur tour. Les uns se rendirent dans leur famille, pour laisser passer l'orage ; le plus grand nombre s'expatria résolûment, sûr de trouver l'aisance et peut-être la fortune dans les pays lointains où ils s'établiraient. Ils avaient juré de ne révéler aucun des secrets de leur art, oui, sans doute ; mais seulement à Mayence, dans leurs ateliers, sous l'œil et l'influence de ceux qui les occupaient, leur avaient appris, leur donnaient du travail et du pain. Au loin, ils étaient libres. Hors de la frontière, il n'y avait plus ni promesse ni serment. Les imprimeurs se dispersèrent aux quatre vents du ciel et portèrent la précieuse découverte dans toutes les contrées qui voulurent bien les recevoir.

Aucune ville ne se ferma devant eux. Malgré l'influence des copistes, ils furent accueillis partout.

Bientôt on connut leur présence en Italie, en Suisse, en Allemagne, en France.

Quelle fut la part faite à la ville de Lyon ? Je vais le dire.

Qu'on se souvienne que nous sommes en 1462.

II

XVᵉ SIÈCLE

Plus grande, plus riche, plus fière que Mayence, la ville de Lyon a joué dans le monde un rôle autrement plus vaste et plus brillant.

Capitale de la Gaule, sous les Césars, métropole de l'Église au moyen âge, ville libre, sous la domination de ses archevêques, mitigée par l'énergie et l'indépendance des citoyens, la ville des bords du Rhône fut, plus que celle des bords du Rhin, un foyer de lumière, de science, de littérature et de beaux-arts. Si elle n'a pas vu naître l'imprimerie, comme Mayence et Strasbourg, elle a donné à la nouvelle invention une force et une autorité telles que, pendant plusieurs siècles, elle a été sans rivale dans cet art.

La centralisation a tué cet élan de la province, mais l'histoire est là pour dire qu'il a existé.

Quant à sa population, voici ce qu'un journal belge en disait dernièrement :

« Lyon est, d'après le dénombrement, la seconde ville de France. Par la valeur morale, l'énergie, l'initiative, l'esprit d'entreprise, elle en est, peut-être, la première. Elle est un centre prodigieux d'industrie, le point où convergent les produits de vingt villes de fabrication et de production. Elle est surtout le lieu qu'habitent les hommes les plus réfléchis et les plus audacieux de la nation. »

Cet éloge est-il exagéré ? Ce portrait n'est-il pas juste et vrai ? Fait par une main étrangère, indépendante, il fut tracé sans jalousie et sans rivalité. J'en affirme la ressemblance et ce n'est pas d'aujourd'hui que notre peuple a cette haute allure. Ouvrez les pages de l'histoire et voyez si nos pères, si nos ancêtres n'ont pas été aussi fiers, aussi libres, aussi audacieux que leurs fils ?

La ville, en outre, eut toujours la réputation d'être hospitalière. A toutes les époques, les persécutés, les proscrits, les vaincus ont bien su en prendre le chemin ; papes, princes, philosophes, érudits, de l'Orient, du Nord ou du Midi ont trouvé dans ses murs sécurité, secours et sympathie. Elle en fut souvent récompensée. Au XIIIe siècle, les Italiens lui apportèrent la banque et le goût des expéditions lointaines ; au XIVe, le commerce de la soierie ; au XVe sa fabrication. Presque le même jour, les Allemands introduisirent chez nous l'imprimerie et, depuis lors, ces deux grandes industries ont largement payé la hauteur de vue, la générosité et la libéralité de nos aïeux.

Les découvertes précieuses de M. Claudin, devinées et pressenties par quelques ardents bibliophiles, ont fait justice des vieilles légendes qui avaient cours jadis, sur l'introduction de la typographie dans notre ville, et tout confirme la croyance que typos et canuts, Italiens et Allemands, ont dans nos murs la même antiquité.

Peut-être même la priorité serait-elle en faveur de ces derniers. Je vais essayer de l'établir.

On sait que l'art de la soie fut officiellement établi à **Lyon**, par lettres-patentes de Louis XI, du 23 novembre 1466, et qu'une colonie d'Italiens accourut aussitôt jouir des privilèges qui leur étaient accordés. Cherchons maintenant à quelle date précise les Mayençais tombèrent chez nous comme une avalanche et voyons s'ils ne fabriquèrent pas des livres aussitôt et peut-être avant que Pisans et Florentins n'eussent monté leurs métiers pour fabriquer les draps d'or et de soie ? Ne faisons pas de supposition ; cherchons des faits.

En 1460, trois imprimeries, au moins, fonctionnaient à Mayence ; mais combien d'autres ailleurs ?

« Est-il vrai qu'en 1445, demande M. Auguste Bernard, l'abbé de Saint-Aubert, de Cambrai, faisait acheter des livres *en lettres moulées*, chez les libraires de Bruges et de Valenciennes ?

« D'où ceux-ci les tiraient-ils ?

« Est-il vrai que, dans les Flandres, dès 1445, c'est-à-dire avant que l'école mayençaise eût rien produit, des livres, sur vélin et sur papier, *petit format, avec des caractères moulés,* étaient livrés au public ? »

Le mot *petit format* n'est pas ici pour rien.

« Il est certain, ajoute M. Auguste Bernard, que les premiers formats ont été in-folios. Ce n'est que *peu à peu* qu'on put descendre à l'in-quarto, à l'in-octavo, puis à l'in-seize, dont l'imposition était bien autrement difficile. L'in-douze, plus compliqué et surtout l'in-dix-huit *imprimé des deux côtés* annoncent des ouvriers rompus à toutes les difficultés. »

« Le prototypographe de Bâle, reprend M. le président Baudrier, Berthold Rot, (que M. Claudin appelle plus justement Ruppel,) figurait en qualité de témoin dans le procès intenté par Fust à Gutenberg, en 1455 ; il fut donc initié aux premiers tâtonnements de l'art. De Mayence, il se rendit à Strasbourg. On ne sait pas au juste à quelle époque il vint se fixer à Bâle »... Mais il y imprima « un ouvrage de saint Grégoire-le-Grand, *Moralia in Job*, dont on a retrouvé un exemplaire portant une note manuscrite, bien authentique, qui constate son acquisition, en 1468, par un prêtre de Mayence.

« Comme ce livre est *un énorme in-folio*, et comme les moyens de travail dont on disposait alors étaient restreints, il est permis d'affirmer *qu'il a dû coûter plus d'un an de préparation.*

« Il faut donc admettre l'existence de presses à Bâle au moins en 1467, peut-être même plus tôt. »

J'oserai ajouter de moi-même : *Certainement beaucoup plus tôt.*

Car on sait aujourd'hui de science certaine, que Rot ou Ruppel, comme on voudra, imprimait à Bâle en 1459 ; qu'il y exerçait modestement son art, très en petit, n'ayant pas les fonds nécessaires pour agir grandement ; et n'était-ce pas le cas de tous ses imitateurs ?

En 1457, ajoute M. Auguste Bernard, d'accord avec la croyance universelle, les produits de l'imprimerie étaient connus de l'Europe entière. Les libraires et les imprimeurs savaient parfaitement dans quelles villes on en trouvait l'écoulement facile et ils s'y rendaient en secret, isolément, allant au loin, pénétrant partout, en Allemagne, en Suisse, en Italie, en France, partout, excepté à Paris, où la Sorbonne veillait, hostile, irritée et prête à repousser une industrie qui, d'après elle, menaçait le pouvoir de l'Église, et allait ouvrir la porte à mille dangers, à mille abus qu'il faudrait combattre et qu'elle aimait mieux prévenir.

Mais voici un des passages les plus intéressants de notre histoire.

Tous les journaux reproduisirent, il y a trois ans (1), une note tellement grave, que plusieurs n'osèrent y croire, et que, dans tous les cas, on ne put l'expliquer. La voici :

« On connaît la vieille rivalité existant entre Mayence et Strasbourg. Laquelle de ces deux villes a eu la gloire de voir les premiers essais de l'imprimerie ?

« Un érudit français, M. Requin, vient de mettre ces deux villes d'accord en *démontrant* que l'imprimerie est une *invention française* et qu'elle a vu le jour à Avignon.

« Dans les registres de notaires avignonnais, de l'année 1444, M. Requin a trouvé des contrats relatifs à des projets de fabrication d'ustensiles pour l'impression : presses, formes et caractères mobiles, fondus en métal. Des essais auraient donc été tentés à Avignon, pour la mise en pratique de l'imprimerie, *avant la date des plus anciens spécimens connus* de l'art de Gutenberg. »

Comment ? l'imprimerie n'était pas connue avant 1444 ?

Pourquoi donc en a-t-on célébré le quatrième centenaire, à Strasbourg, en 1840, en présence d'un peuple immense venu de toutes parts ?

A-t-on déjà oublié ce fait ?

La statue en bronze de Gutenberg n'a-t-elle pas été inaugurée, ce jour-là, comme un impérissable souvenir ?

N'existe-t-elle pas encore sur la place de la capitale alsacienne ?

N'est-elle plus entourée des quatre statues de l'Europe, l'Asie, l'Afrique et l'Amérique, groupées avec admiration aux pieds de l'inventeur ?

(1) Au milieu de Juin 1890.

Lui-même n'est-il pas représenté au moment où il contemple une page qu'il sort de sa presse et sur laquelle on lit : « *Fiat lux !*

Les dates qui rappellent sa gloire ont-elles été effacées ?

La gravure et la lithographie n'ont-elles pas popularisé ce monument ?

Comment a-t-on pu dire, en 1890, que l'imprimerie n'était pas née en 1444 ?

Le fait, signalé par M. Requin, peut, à mon avis, être expliqué autrement.

Qu'on me permette d'exposer une hypothèse, une rêverie, que je donne comme telle et pour laquelle je ne demande aucun brevet d'invention.

On se souvient qu'en 1440, le prototypographe d'Harlem, Coster, mourut et que, peu de temps après le décès, pendant que sa veuve et sa famille, le jour de Noël, assistaient tristement à la messe de minuit, un ouvrier infidèle, un misérable, enleva les outils les plus essentiels, les plus précieux de l'imprimerie confiée à sa garde et qu'il disparut avec le produit de son vol.

Cet homme s'appelait, dit-on, Jean Fust, comme cet orfèvre de Mayence qui devait devenir, un peu plus tard, le bailleur de fonds de Gutenberg, mais avec lequel, cependant, il est impossible de le confondre.

Que devint l'ouvrier flamand, qu'il s'appelât Jean Fust, ou autrement ? Où alla-t-il s'établir ?

Naturellement, il ne pouvait rester dans le pays.

Pourquoi ne pas supposer, ne pas présumer, sans que cette supposition nous engage à rien, que, pour faire perdre sa trace, pour effacer le souvenir de son ingratitude et de son crime, le fugitif changea de nom, ainsi que cela se faisait si facilement alors, et qu'il accourut aussitôt vers cette belle et riche France qui attirait si invinciblement déjà tous les ambitieux, les turbulents, les déclassés, tous les affamés du Nord ?

Il évita Paris, trop bien gardé par l'Église et la Sorbonne, qui veillaient avec vigilance sur tout ce qui pouvait émanciper la pensée, mettre les idées hors tutelle et porter atteinte au pouvoir.

Il gagna Lyon, avec son dangereux trésor, descendit le Rhône et s'arrêta dans une ville érudite, savante, la plus littéraire de la contrée, la ville des Papes, Avignon, veuve de ses souverains, il est vrai, mais qui était restée riche de son Université, de ses Ecoles, de ses goûts, de ses mœurs, de ses souvenirs, d'un clergé indépendant, une administration paternelle, et d'un Conseil de ville qui accordait au peuple une plus grande liberté que partout ailleurs.

Les Consuls avignonnais accueillirent le nouveau venu; mais à bout de ressources, las et anxieux, le transfuge de Harlem, en continuant notre supposition, ne put monter son imprimerie. Allait-il donc échouer au port ? Il chercha un bailleur de fonds, peut-être un associé, le trouva, lui vanta les prodiges et l'utilité urgente, infaillible, de la nouvelle invention ; passa un acte et mourut avant d'avoir exécuté son projet.

Privé de l'homme qui devait diriger l'établissement, l'associé s'en tint là et l'imprimerie ne fut exercée dans la ville qu'à la fin du siècle, en 1497, d'après l'avis le plus commun.

Si le malheureux, qui vint mourir seul et méconnu à Avignon, n'est pas le voleur de Coster, c'était alors un de ces ambitieux qui se voyant maîtres d'un secret d'où pouvait naître une fortune, oublièrent leurs promesses ou leurs serments, quittèrent furtivement leur atelier, en Suisse, en

Allemagne, ou en Hollande, et vinrent s'établir dans la France méridionale, où ils exercèrent leur industrie discrètement et sans bruit.

Quand on aura livré à la publicité les archives des notaires ; quand on aura consulté ces minutes mystérieuses qui contiennent tant de secrets, nul doute qu'on ne trouve une foule d'évènements pareils à celui d'Avignon et qu'on ne mette en lumière une foule de dates et de noms du plus haut intérêt, pour l'histoire de notre art.

Que cela ait lieu et on aura des surprises.

J'ai dit que l'imprimerie s'était répandue dans nos provinces de l'Est avant d'être admise à fonctionner dans les murs de Paris ; l'histoire de Nicolas Jenson en est une des preuves les plus claires et les plus puissantes.

« Nicolas Jenson, graveur, directeur de la Monnaie de Tours, dit Larousse, fut chargé par Louis XI (lisez Charles VII) d'aller à Mayence étudier secrètement les procédés de l'imprimerie naissante. Il ne revint pas à Paris (*lisez* ; il revint trois ans plus tard, mais ne fut pas reçu par Louis XI) et on le trouve établi à Venise, *en 1470* (?) Prenant pour modèles les plus beaux manuscrits italiens, il grava le beau type connu sous le nom de *Caractère romain...* »

D'après Michaud « Jenson, né à Langres en 1410, devint graveur des monnaies dans sa ville natale et à Paris, quand Charles VII y eut rétabli l'Atelier des Monnaies.

« Le roi ayant envoyé Jenson, en 1458, étudier l'art de l'imprimerie en Allemagne, revint vers 1461, avec tous les secrets de son art ; mais Louis XI, plus méfiant que Charles VII, et plus mal conseillé, ne reçut pas l'envoyé de son prédécesseur, qui porta son industrie à Venise. »

La *Biographie Didot* nous donne encore plus de détails. Qu'on me permette d'y renvoyer.

On a dit que Jenson n'était pas revenu à Paris? c'est accuser gravement sa mémoire. On ne trouve rien, dans sa vie entière, qui puisse donner lieu à un pareil manque de probité. Il avait reçu du roi une mission ; il eût été indigne de son honneur de priver la France des connaissances qu'il avait acquises aux frais de son pays.

Puis, n'a-t-on pas déclaré, *qu'à son retour*, il avait imprimé deux opuscules : Le *Décor puellarum* et le *Libellus de duobus amantibus*, comme spécimen de l'art de Gutenberg ?

N'est-ce pas la preuve de sa présence à Paris?

Mais il y fut reçu comme Jean Fust, quand il apporta sa *Bible*. On trouva cette invention dangereuse, diabolique, digne d'anathème et il fallut laisser passer huit ou dix longues années avant que la Sorbonne revînt sur cette opinion.

Fust repartit précipitamment. Quant à Jenson, il dut quitter une ville qui se montrait si peu hospitalière. Ce fut en 1462, (non en 1470) qu'il établit à Venise la grande maison qui lui a donné tant de célébrité.

C'est seulement lorsque l'Europe entière fut inondée des produits de l'imprimerie et qu'il fut impossible de lutter contre l'invasion, que la Sorbonne céda ; mais, toujours méfiante, elle n'admit la nouvelle industrie qu'en 1468 ou 69; alors elle lui ouvrit, mais à demi, ses portes ; l'installa dans son palais, dans ses murs, sous ses yeux ; elle la couvrit d'une surveillance active et vigilante. C'était atténuer le danger, non le supprimer.

Pendant ses timides hésitations, les autres villes de France avaient pris l'avance ; les presses roulaient à Lyon, à Metz, et ailleurs. Il fallut deux ou trois siècles à Paris pour rattraper le temps perdu.

Les historiens n'admettent pas cette priorité de la province. Jules Philippe, Auguste Bernard, Firmin Didot déclarent que

Paris a été la première en tout et partout ; qu'elle n'a pu être distancée par de plus humbles cités ; je crois qu'ils sont dans l'erreur et je vais essayer d'établir la vérité.

Quand donc l'imprimerie fut-elle introduite à Lyon ?
Par qui fut-elle exercée en premier lieu ?
Les prototypographes lyonnais, on le conçoit, n'ont pas commencé avec de vastes ateliers, des machines et un immense personnel, comme de nos jours.

Ils sont arrivés isolément, sans grandes ressources, en ouvriers ; sans doute, pleins d'espérance, et de savoir, mais peu fortunés. Ils n'avaient avec eux ni gros mobilier, ni bagages, mais seulement quelques outils qui devaient leur permettre, pour commencer, de gagner modestement leur pain.

Ce n'était point des Français, comme le dit M. Auguste Bernard, mais des Allemands, des Suisses, des Flamands. Ils prirent de petites chambres, des pied-à-terre, et vinrent offrir leurs services aux libraires de la rue Mercière et de la place Confort.

Il put en venir avant 1462, mais ce ne fut qu'après la catastrophe de Mayence que leur troupe s'augmenta, s'organisa, sans cependant attirer l'attention du public et des autorités.

S'est-on jamais beaucoup occupé, dans les villes, de ces pèlerins de l'humanité, lutteurs pour l'existence, qui viennent exercer les professions de serruriers, mécaniciens, charpentiers, bottiers, tailleurs, travaillent quelques jours et disparaissent, oiseaux de passage sans consistance et sans fixité ?

Voici, d'après Panzer, la liste des imprimeurs établis à Lyon, à la fin du xve siècle. Malgré la conscience et le savoir du célèbre bibliographe allemand, les bibliophiles futurs pourront facilement l'augmenter :

BARTHOLOMAEUS BURIUS, BUYER, lugdunensis.
GUILLERMUS REGIS, LE ROY, lugdunensis. (Lisez né à Liège).
NICOLAUS PHILIPPUS PISTORIS, de Bensheym.
MARCUS REINHARD, de Argentina.
MARTINUS HUSZ, de Botwar, Alemannus.
JOANNES FABER.
JOHANNES CLEYN.
PERRINUS PETRUS LATHOMI, de Lotharingiis.
MATHIAS HUSZ.
PETRUS UNGARUS.
JOANNES SYBER, Alemannus.
JOANNES SCHABELER.
JOANNES BATTENSCHNE, Alemannus.
JOANNES DUPRÉ, de Prato, lugdunensis.
MICHEL TOPIE, de Pymont.
JACOBUS HEREMBERCK, Alemannus.
JOHANNES TRECHSEL, Alemannus.
JOHANNES DE LA FONTAINE.
JANON CARCAIGNI, CARCAN.
LAZARUS DAVID GROSHOFER.
JACOBUS MALIETI (MAILLET).
PETRUS MARESCALLUS, MARESCHAL.
ENGELHARTUS SCHULTIS, Alemannus.
ANTONIUS LAMBILLIONIS.
MARIMUS SARACENUS.
JOHANNES MARESCHAL.
JOHANNES DE VINGLE.
JACQUES ARNOLLET.
BARNABAS CHAUSSARDUS.
NICOLAUS DE BENEDICTIS.
JACOBINUS DE SUIGO, DE S. GERMANO.
STEPHANUS GUEYNART.
JODOCUS BADIUS, Ascencius (Fut-il imprimeur ?)
JOHANNES BACHELIER.
PETRUS BARTHELOT.
GUILLERMUS BALSARIN.
JACOBUS BUERUS.
CLAUDIUS GIROLETI.
JACOBUS ZACHONI (SACHON).
NICOLAUS WOLFF, Alemannus.
AYMON DE PORTA.
JOHANNES DYAMANTIER.
BARTHOLOMAEUS TROT, bibliopola.
CASPAR ORTUIN.
PETRUS SCHENCK.
FRANCISCUS FRADIN.
CLAUDIUS DE HUSCHIN.
PETRUS BOUTTELLIER.

M. Péricaud a francisé cette liste, en y ajoutant quelques légères modifications :

BARTHÉLEMY BUYER, 1473.
GUILLAUME RÉGIS ou LE ROY, 1473.
NICOLAS PHILIPPE PISTORIS, de Bensheim, 1477.
MARC REINHARD ou REINART, de Strasbourg, 1477.
MARTIN HUSZ ou HUS, de Botward, Allemand, 1478.
JEAN FABER, JOHANNES FABRI, 1478.
JEAN CLEYN, 1478.
PERRIN LATHOMI, PERRINUS LATHOMI, de Lotharingis, 1479.
PIERRE HONGRE, PETRUS HUNGARUS, 1482.
MATHIAS ou MATHIEU HUS ou HUSZ, 1482.
JEAN SIBERT, CYBER, ou SYBER, Allemand, 1482.
JEAN SCHABELER, 1483.
JEAN BATTENSCHNE, Allemand, 1484.
JEAN DUPRÉ, de Prato, 1487.
MICHELET TOPIÉ, de Pymont, 1488.
JACQUES HEREMBERCK, Allemand, 1488.
JEAN TRECHSEL, Allemand, 1488.
JEAN DE LA FONTAINE, 1488.
JANON, JOHANNES, CARCAIGNI, CARCHAGNI ou CARCAN, 1488.
LAZARE DAVID GROSHOFER, 1489.
JACQUES MAILLET, MALIETI, 1490.
PIERRE MARESCHAL, 1490.
ENGELHARTUS SCHULTIS, Allemand, 1491.
ANTOINE LAMBILLON, 1491.

Marin Sarazin, 1491.
Jean Mareschal, 1493.
Jean de Vingle, 1494.
Jacques Arnollet, 1495.
Barnabé Chaussard, 1496.
Nicolaus de Benedictis, 1496.
Jacobinus de Suigo, de S. Germano, 1496.
Estienne Gueynart, 1496.
Josse Bade, d'Asche, Jodocus Badius, Ascencius, 1497.
Jean Bachelier, 1497.
Pierre Barthelot, 1497.
Guillaume Balsarin, 1498.
Jacobus Buerus, Jacques Buyer. Il n'est pas certain qu'il ait été imprimeur.
Claude Gibolet, 1498.
Jacques Sachon, Jacobus Zachoni, 1498.
Nicolas Wolff, Allemand, 1498.
Aymon de La Porte, de Porta, 1498.
Jean Dyamantier, 1482.
Barthélemy Trot, libraire, 1500.
Gaspar Ortuin, 1500.
Pierre Schenck, 1500.
François Fradin, 1500.
Claude de Huschin, sine anno.
Pierre Bouttellier, sine anno.

« Peut-être faut-il ajouter à cette liste, continue M. Péricaud :

« 1° Jo. Allemanus, de Mayence, qui a imprimé, à Lyon, en 1487, le *Missale sub ritu et usu ecclesie lugdunensis*, in-folio, goth. à 2 col., publié par ordre du Cardinal de Bourbon ; *à moins que ce Jo. Allemanus ne soit Jean Trechsel.*

« 2° Boninus de Boninis, aux dépens duquel a été imprimé l'*Officium divine... Virginis secundum consuetudinem romane curie, Lugduni.* 1499, in-8.

« 3° Sixtus Glokengieser, de Nordlingen, qui a imprimé, à Lyon, le *Tractatus de laudibus Virginis Marie*, d'Augustinus, de Ancona, pet. in-4, goth. »

On pourrait croire que c'est à ces dates indiquées que nos imprimeurs se sont établis à Lyon ; ce serait une erreur. Ce chiffre indique seulement à quelle époque ils ont, pour la première fois, mis une date aux livres sortis de leurs presses.

Mais quand donc ces premiers pionniers ont-il paru dans nos murs ?

Ici, les spécialistes ont couru gaiement à travers tous les sentiers de la fantaisie et de l'erreur. Ni science technique, ni possibilité, ni souvent le plus commun bon sens n'ont pu les arrêter et les vétérans de la bibliographie, les géants du savoir ont donné dans le travers comme les plus petits nains, les plus naïfs apprentis.

Dès qu'un fureteur de bouquins découvrait un incunable portant un nom de ville et une date : 1475, 78 ou 9o, il déclarait que dans telle ville, Rome, Bâle ou Lyon, l'imprimerie était éclose à tel jour et à telle heure, comme une fleur.

Une légende se formait alors à ce propos; la tradition s'établissait; les travailleurs déclaraient qu'ils avaient vu la chose attestée dans un ouvrage rare, signé d'un nom inconnu; cela suffisait pour qu'on eût confiance et on y croyait sans se préoccuper, ainsi que je l'ai déjà dit, du temps nécessaire à un industriel pour créer un atelier dans une ville nouvelle, organiser une équipe, former des apprentis, des compositeurs, imprimeurs, papetiers, correcteurs, brocheuses, relieurs, tous gens qui ne sont pas des fées, et qui veulent du temps pour créer un in-folio de mille pages, surtout à une époque où les fontes n'étaient pas abondantes, où les formes s'encraient à la main et où les feuilles se tiraient, non sur du papier sans fin, avec les dévorantes machines de Marinoni, mais par deux ou quatre pages à la fois, tout au plus ; à la brosse ou au froton, avant ces humbles pressoirs inventés par Gutenberg, aussi peu embarrassants qu'une brouette, qu'on promenait de ville en ville sur des chariots, quand on ne les mettait pas sur le dos d'un mulet.

Peut-on oublier ainsi tout le temps nécessité simplement par les premiers préparatifs ?

Et, la maison montée, croyez-vous qu'on ait débuté par des encyclopédies de cent volumes, ou même par de gros in-folios ?

Avait-on les capitaux nécessaires ? Avait-on l'écoulement ?

Les libraires n'étaient-ils pas de petits marchands et les imprimeurs de pauvres ouvriers?

N'a-t-on pas caché les débuts de la nouvelle industrie, soit pour ne pas irriter les copistes, soit pour ne pas éveiller les craintes de l'autorité ?

N'a-t-on jamais offert le livre imprimé comme s'il eût été un manuscrit ?

N'a-t-on pas commencé par des circulaires, des prospectus, des affiches, des bilboquets, à qui on n'a d'ailleurs attaché jamais ni date ni nom ? Puis, n'a-t-on pas passé, suivant les besoins, et quand l'établissement était connu, aux brochures légères, aux plaquettes, aux petits ouvrages demandés par l'Église ou par l'Enseignement ?

Et dans ces inévitables tâtonnements, les années n'ont-elles pas fui avec rapidité ?

Quand le volume a été daté et signé, il y avait longtemps déjà que les hommes étaient habiles, que les casses se vidaient et que les presses roulaient.

Les érudits ont-ils jamais pensé à ces infimes détails ?

Aussi, rien que pour Lyon, rien que pour nous, que de fantaisies et d'écarts !

Naudé déclare que l'imprimerie fut introduite à Lyon en 1478.

Je dis bien : 1478 ! dix ou douze ans plus tard que la date vraie !

Maittaire, en 1477 : « *Anno 1477, Bartholomæus Buyer, civis lugdunensis.* »

Pernetti et Gros de Boze, deux Lyonnais ; Petit-Radel, qui écrivait en 1819, Henri Fournier, un moderne, ayant tous les documents sous sa main, en 1476.

Pierre Marchand, si sévère pour les autres, en 1474 « la

même année, dit-il, qu'à Bruges et qu'à Bâle ; » trois erreurs.

Laserna Santander, Auguste Bernard, Péricaud, Firmin Didot, le docteur Mollière, en 1473.

Collombet, en 1472.

Monfalcon, qui a voulu être hardi, en 1470 ou 71 !

Mais que de cris contre lui !

Et nous n'avons pas fini !

M. le président Baudrier, qui avait mûrement étudié la question, avait déclaré, dans une brochure trop rare, mais devenue célèbre, qu'il fallait remonter bien plus haut que toutes ces époques et M. Etienne Bancel n'avait pas craint de citer approximativement l'année 1467 ?

C'était mon humble avis, à moi, sans autorité nécessaire, mais qui avais été du métier, et j'avais osé émettre mon opinion dans une brochure publiée en 1890, sur les incunables lyonnais. Je m'appuyais particulièrement sur ce fait certain que, dès 1472, Etienne Coral, habile ouvrier lyonnais, avait introduit l'art typographique à Parme et y avait imprimé l'*Achilléide*, parue au mois d'avril 1473.

Et je disais : Intelligent et audacieux, mais prudent comme un Lyonnais, combien lui a-t-il fallu de temps pour étudier son art *à Lyon* ? Combien pour voir que dans sa ville natale il avait trop de rivaux ? Pour choisir Parme, où l'art n'était pas connu et se rendre en Italie avec son matériel ?

Combien de temps pour s'y créer des collaborateurs ? Combien de temps, après l'*Achilléide*, pour donner son *Catulle* et surtout sa belle et volumineuse *Histoire naturelle* de Pline, chef-d'œuvre d'élégance et de bon goût ?

Mais ce n'étaient que des suppositions et des conjectures, sauf cette date précise d'avril 1473 qu'on ne pouvait discuter.

Or, on ne peut renverser un système avec des suppositions.

Déjà même, on m'avait gracieusement fait entrevoir que je m'étais bien aventuré... quand un secours imprévu m'est arrivé... non du ciel, mais de Paris.

Aujourd'hui, grâce aux découvertes inattaquables de M. Claudin, lauréat de l'Institut, tout ce que j'avais soupçonné est devenu un fait admis, une réalité.

C'est bien parce que Coral avait trop de concurrents à Lyon que, dès 1471 ou 1472, au plus tard, il avait quitté notre ville et s'était réfugié en Italie.

Voici les documents précieux que le savant bibliophile parisien nous donne dans sa brochure : *Les Enlumineurs, les Relieurs et les Imprimeurs à Toulouse aux XVe et XVIe siècles* (1) ; j'abrège, naturellement, les détails.

En écrivain compétent, l'auteur nous fait connaître ce qu'était, à son berceau, l'imprimerie dans la capitale du Languedoc, c'est-à-dire dans tout le Midi.

Avec lui, nous voyons, dès avant 1480, les imprimeurs et les libraires parcourant la province, cherchant des débouchés nouveaux ; voyageant, les uns avec leurs presses, les autres avec leurs livres ; imprimant pour le libraire qui avait besoin d'une grammaire ; offrant leurs ouvrages brochés ou reliés à tous ceux qui désiraient une bible ou un missel ; s'installant d'ici, de là, comme les autres marchands ambulants ; dans des auberges ou des magasins ; sous des remises ou des hangars ; faisant leurs déballages où ils pouvaient ; Barthélemy Buyer, le prototypographe lyonnais, à l'hôtellerie de la Croix-Blanche ; Koberger, dans le quartier Saint-Sernin ; Jacques Huguetan, à Saint-Pierre-des-Cuisines ; Simon Vincent, dans la maison de Guillaume Comblet ; Pierre Maréchal et Barnabé Chaussard,

---

(1) Paris, Claudin, 1893, in-8.

chez Pierre Bonet; enfin, Eustache Maréchal, chez Jean Galob, dans le quartier Saint-Sernin.

A-t-on remarqué que tous ces voyageurs venaient de Lyon?

Mais la découverte majeure, capitale, hors ligne et qui bouleverse toutes les idées reçues, ce n'est point celle qui concerne la problématique Clémence Isaure, dont la personnalité a été reconnue, mais celle qui a trait à nos Lyonnais.

M. Claudin a trouvé, dans des titres officiels et non discutables, 'que deux marchands de Toulouse, deux relieurs, « *recevaient, dès 1473*, ET MÊME PEUT-ÊTRE PLUS TOT, *pour les vendre, des livres d'Allemagne, Rome, Venise, Paris, Lyon, et d'autres bonnes villes...* »

Est-ce clair?

Est-ce précis?

Il y avait donc *pléthore, dès 1473* ET PLUS TOT, à Rome, Venise, Paris et Lyon?

Ce n'est donc point en 73 que l'imprimerie fut introduite à Lyon. Dès cette époque, nous avions encombrement de livres.

Pour soulager le marché encombré, de riches marchands, des gens haut placés qui n'eussent pas mieux demandé que de rester chez eux, étaient obligés d'aller vendre eux-mêmes, loin de leur pays, loin de leur famille et de leurs affaires, ces livres produits en si grande quantité qu'on n'en avait plus la vente, que les consommateurs étaient débordés et qu'une crise dangereuse sévissait sur la librairie!

Quelle révélation!

Que devient donc cette légende sacrée et consacrée qui nous apprend que l'imprimerie ne fut connue, que la typographie ne fut introduite à Lyon qu'en 1472, 73, 76, ou même, d'après Naudé, qu'en 1478?

Comme ces découvertes inattaquables donnent raison à ceux qui font venir l'imprimerie, en France, *directement* de Mayence, après le sac de cette ville, en 1462, par l'archevêque électeur Adolphe de Nassau, qui fut sans pitié dans sa vengeance !

« Dès l'année 1474, dit Pierre Marchand (1) tous les bons livres avaient déjà été imprimés plus d'une fois, sans compter les mauvais et les superflus. »

« Pétrus Trecius, ajoute-t-il plus loin, se vantait qu'avant 1474, il eût déjà corrigé plus de trois mille volumes. »

« Et, ajoute-t-il encore, il y a une foule d'impressions dont on ignore absolument les temps, les lieux et les fabricateurs. »

Après ces affirmations si précises, revenons à notre ville de Lyon.

BUYER et LE ROY

Si j'ai reculé de huit à dix ans l'époque présumée où l'imprimerie aurait fait son apparition dans nos murs, il me reste à demander quels furent les premiers qui nous apportèrent cette industrie ?

Et ici encore, je vais me trouver en présence d'une légende qui ne pourra résister au plus léger examen.

Les prototypographes lyonnais, me répondra-t-on tout d'une voix, sont Barthélemy Buyer et son employé, plus tard son associé, Guillaume Le Roy, *Gulielmus Regis ;* la chose est prouvée, admise ; il n'y a pas à y revenir.

— En êtes-vous bien sûr ?

— Certainement ! Voici, en effet, ce qu'on lit partout :

« Barthélemy Buyer, citoyen de Lyon, fut échevin en 1483 ;

(1) *Histoire de l'imprimerie,* p. 95.

c'est lui qui introduisit l'imprimerie à Lyon, en 1473, ayant établi dans sa maison un atelier à la tête duquel il plaça Guillaume Régis, ou le Roy. » (Péricaud)

« Buyer possédait une maison *sur le quai de Saône* (1) près des Augustins ; il y installa un ouvrier imprimeur nommé Guillaume Leroy, *qui avait sans doute appris son art en Allemagne.*

« Buyer fournissait l'argent nécessaire... Guillaume Leroy était le typographe.» (Monfalcon)

« L'imprimerie eut de tout temps une grande importance à Lyon, où elle fut établie *presque en même temps qu'à Paris.* Le premier livre imprimé porte la date de 1473. Il sortit des presses de Guillaume Le Roy. » (Firmin-Didot)

Inutile de citer d'autres auteurs.

Parlons donc d'abord de Buyer.

Sa famille était des plus anciennes et des plus considérables de la ville. Elle était connue en 1290 ; à cette époque, Guillaume Buyer fut syndic de la communauté. Un autre Guillaume fut élu chamarier de Saint-Paul, le 17 juin 1397 et prêta serment à la face des autels, formalité en usage alors

Depuis 1432, on trouve trois conseillers de ville du nom de Buyer. Pierre Buyer, licencié ès lois, fut conseiller de ville en 1447 et 1448 ; il mourut vers la fin de 1459. Il laissa plusieurs enfants parmi lesquels Barthélemy qui, à la mort de son père, se présenta au Consulat, comme aîné de sa famille, pour demander une modération de charge en faveur de sa mère et des autres enfants.

Barthélemy était instruit, entreprenant et la vie de Paris

---

(1) M. Monfalcon se trompe en disant que l'imprimerie Buyer était *sur le quai.* En ce temps-là, il n'y avait pas de quai sur la Saône ; je crois d'ailleurs que l'imprimerie était au levant, non au couchant de l'église.

avait développé ses facultés ; il était élève de l'Université parisienne et il conserva toute sa vie cette facilité d'esprit, cette promptitude d'exécution qui distinguent les habitants des bords de la Seine. Actif, intelligent, il s'intéressa aux progrès de l'industrie nouvelle et voulut en doter son pays.

Fit-il venir d'Allemagne Guillaume Le Roy, ainsi qu'on l'a dit ? Le Roy faisait-il partie de cette nuée de Flamands et d'Allemands qui, dès la première heure, envahirent nos contrées, et trouva-t-il de suite un protecteur bienveillant à Lyon ? Je l'ignore. Ce qui est certain, c'est qu'en arrivant il eut, dans Buyer, un bailleur de fonds d'abord et, quoi qu'on en ait dit, bientôt après un associé.

D'où venait cet étranger si chanceux ? Il était né à Liège, d'après les découvertes faites par M. Natalis Rondot, le savant bibliophile. Avait-il appris son art chez Coster ? Etait-il élève d'Ulric Zell, de Cologne, ou de Shœffer de Mayence, ainsi qu'on l'a dit ? Dans tous les cas, il ne fit pas son apprentissage à Paris, car il est probable qu'il n'y avait pas encore d'imprimerie dans cette ville quand il vint en France. Il était Flamand ; il a dû travailler d'abord dans son pays ; les caractères fondus qu'il apporta et dont il se servit étaient flamands plutôt qu'allemands. S'il se perfectionna dans son art en Allemagne, on peut présumer que ce fut le génie flamand qui présida aux premiers travaux qu'il exécuta dans notre ville (1).

Son atelier était dans la maison de Buyer, près de l'église des Augustins ; mais son logement particulier était dans cette

---

(1) C'est en suivant trop aveuglément mes devanciers que j'ai dit dans ma brochure : *Les Incunables de la ville de Lyon*, p. 13, que Le Roy avait pu recevoir des leçons de Ulric Gering et de Martin Crantz. S'il a connu les deux illustres typographes parisiens ce ne put être qu'avant leur installation à la Sorbonne, c'est-à-dire avant l'année 1469 ; mais il est à croire, qu'à cette époque, Le Roy était déjà depuis longtemps à Lyon.

rue Mercière, au milieu de laquelle vinrent bien vite se grouper tous ceux qui pratiquaient l'art créé par les Allemands.

Le Roy et Buyer doivent leur célébrité reconnue à ce seul fait qu'ils ont mis une date à leur fameux *Compendium Lotarii*.

Le 15 octobre 1473, parut, en effet, un ouvrage du cardinal diacre Lothaire, Innocent III, sous ce titre que je reproduis en entier.

« Reverendissimi Lotharii dyaconi cardinalis sanctorum Sergii et Bacchi qui postea Innocencius papa appellatus est, Compendiu breve feliciter incipit quinque continens libros. Preses tractat de superna altitonantis trinitate... Secundus, de miseria condicionis vite humanæ ; tertius de Antichristo et ejus aduentu ; quartus de vitiis fugiendis ; quintus et ultimus de spurcissimi Satanæ litigacione contra genus humanum. *Lugduni* p Magistru guillermu regis huius artis ipressorie expertu : honorabilis viri Bartholemei buyerii dicte ciuitatis ciuis jussu et suptibus ipressus. Anno verbi incarnati M. CCCCLXXIII, Quitodecio Kal.Octobres.» in-4°, goth.de 82 ff. à 24 lignes par page.

Et voilà sur quoi se base tout un système ?

Le *Compendium* a une date ; c'est à cette date-là précise que l'imprimerie est éclose à Lyon, en une seule nuit, comme une rose sur sa tige.

Pas de préparatifs, pas d'antécédents, pas de tâtonnements, pas d'essais, pas d'apprentis à former, pas d'atelier à créer ; c'est venu tout seul.

Mais les deux associés n'avaient-ils jamais rien publié auparavant ?

Ont-ils daté le premier ouvrage sorti de leurs presses ?

On l'a pensé et on l'a dit.

Alors Coral, dont je parlais naguère, aurait fui Lyon à l'apparition de cette première œuvre ?

Mais le *Compendium* n'a paru qu'en Octobre, et déjà au mois d'avril les *Sylves* et l'*Achilléide* avaient été mises aux mains des érudits parmesans.

Il ne reste alors aux partisans du vieux système qu'à déclarer que le jeune imprimeur lyonnais avait deviné tout simplement que le *Compendium* allait paraître et, qu'un an avant cet événement, voulant se faire une position, il était parti, sans apprentissage, puisqu'il n'y avait point encore d'imprimerie à Lyon et avait, d'inspiration, créé un outillage et inventé la science, à Parme, six mois avant que l'art typographique ne fût inventé ou éclos dans sa ville natale.

Mais les choses ne se sont point passées d'une manière aussi absurde. L'esprit humain ne rétrograde pas ; il court au progrès. La signature de l'ouvrier qui lui donne la réputation et la gloire, ou du moins la responsabilité ; la date qui établit la priorité, les règlements de l'autorité, n'ont plus permis, après le *Compendium*, de revenir à la publication des livres sans date, sans lieux, sans nom ; et cependant ceux-ci abondent ; ils sont nombreux dans l'histoire de la typographie lyonnaise, comme sur les rayons de toutes les bibliothèques du monde.

Au temps où Le Roy et Buyer travaillaient, dans le quartier des Augustins, ils n'étaient déjà plus seuls dans la ville. Les Allemands y pullulaient ; déjà leurs presses roulaient dans les environs de l'église de Confort et dans cette rue Mercière qu'ils ne devaient plus quitter. Siber y donnait sa Bible latine ; Nicolas Philippe, de Benssheim, et Marc Renard, de Strasbourg, leur *Jacobi Magni Sophologium* : Jean de Vingle, les *Sermons de pénitence pour le Carême, Sermones de peni-*

tentiâ, in-4°; Sixte Glogkengieser, de Noerdlingen, le *Tractatus fratris Augusti*, de Arcona,*de laudibus Virginis*...

A qui doit-on, quand elles ont paru, tant de pièces de paternité douteuse ou inconnue, sorties des presses lyonnaises :

L' *Ars moriendi*, sans chiffre ni réclame, papier à la roue dentée, in-4° (Bib. Coste) ?

Extrauagantes XX johannis XXII, Lugd.in-fol. ?

Columna de Casu troie. pet. in-fol. papier à la roue dentée. (Bib. Coste) ?

Statuta ecclesie Lugd. pet. in-fol. à longues lignes, pap. à la roue dentée ?

> Coioit hoc lingue clariffima norma latine.
> Excelfi ingenii vir rodoricus opus.
> Qui rome angelica eft cuftos bene fidus in arce.
> Sub Pauli veneti nomine pontificis.
> Claret in italici Samorenfis epifcopus aulis.
> Eloquii.it fuperos gloria parta viri.

Types des caractères de BUYER

Ces Statuts promulgués par le cardinal de Bourbon, en 1466, ont-ils attendu dix ans pour être imprimés ?

Il y a eu des gens assez naïfs pour le dire.

L'archevêque de Lyon, qui les croyait utiles et nécessaires, était-il si peu pressé de les mettre ensuite entre les mains de son clergé ?

Mais Buyer et Le Roy eux-mêmes avaient commencé par ne mettre aucun nom à leurs travaux et cependant on ne peut méconnaître leur main à leurs œuvres. Tout les décèle, et leur inexpérience, par exemple, dans le livre de Julien Macho, prouve que ce labeur est un de leurs premiers produits.

Voici ce livre :

Au-dessous d'une vignette sur bois à deux compartiments qui représentent, l'un le Père Eternel créant les animaux : quadrupèdes, oiseaux et poissons ; l'autre le Père Eternel tirant la première femme du flanc d'Adam couché et endormi(1) on lit, en gothiques, à deux colonnes, 27 lignes à la page, et, en plus, le titre courant :

« *Cy commence l'Exposicion et la vraye declaracion de la bible* tat du vieil q du nouuel testament principalement sur toutes les ystoires pricipales dudit viel et nouvel testamet. Nouellement faicte par vng tres excellent clerc lequel par sa science fut pape Et apres la translacion a este veu leu et corret de poent par Venerable docteur maistre iulien de l'ordre des augustins de lion sur le rosne. »

Au Colophon :

« Cy finist ce présent liure qui est dit la Vraye exposicio de la bible tant du vieil que du nouuel testament selon delira et aultres docteurs qui ont prinst payne a declarer le tieuste de la bible lequel liure auant quil aye este mis à limpression a este veu et corrige par venerable docteur Maistre iulie macho religieux de lordre sain augustin de Lyon sus le rosne. »

Sans date, sans nom d'imprimeur, assez mal tiré, mais certainement composé avec les caractères de Barthélemy Buyer. Petit in-folio gothique, à deux colonnes, vignettes sur bois,

---

(1) C'est donc par une grave erreur que M. Delandine, dans son *Histoire de l'Imprimerie* p. 47, avance que le plus ancien livre français orné de gravures en taille de bois fut publié à Lyon, en 1488, par Topié de Pymont et Jacques Heremberg, dans leurs *Saintes pérégrinations de Jérusalem*, in-folio, le premier vol. en 1488, le second en 1492. Il aurait dû dire : *Sur cuivre*.

La gravure sur bois était connue et employée longtemps auparavant, à Lyon et hors de Lyon.

343 feuillets, soit 686 pages non numérotées; 27 lignes à la page.

Les majuscules manquent; la place est en blanc.

Il y a des négligences, des incorrections, des tâtonnements dans la confection de cet ouvrage. On voit que les ouvriers ne sont pas encore maîtres du métier.

Au feuillet cent, recto, on lit, au titre courant :

Le livre de Othbie

Au lieu de Thobie.

Les titres courants de l'Apocalypse portent tous : LA POCALYPSE, en deux mots.

On trouve : LE QUART LIVRE DES RYS ; la VISION DYSAYE, et de Ysaye.

Quelques lignes mal serrées ont bougé.

Ce livre trahit l'enfance de l'art ; c'est une œuvre d'apprentis. A quelle date, à quelle année, avant 1473, le rejetterons-nous ?

Il est du moins certainement et de plusieurs longs mois, de plusieurs années, peut-être, antérieur au *Compendium*, ce malheureux livre qui a égaré tant de savants !

Mais, je le répète, Le Roy n'était pas seul dans la grande cité du Rhône. En même temps que lui, et probablement, bien avant lui, une foule de Mayençais, de Strasbourgeois, de Bâlois s'étaient emparés de notre ville. M. Péricaud (1) cite le nom de cinquante imprimeurs qui travaillaient autour de lui ; cinquante maisons étaient rivales de la sienne. De quand datait leur installation ?

(1) *Bibliographie lyonnaise du XVe siècle.*

Hain ne compte que quarante-huit imprimeries à côté de celle de Le Roy, mais il oublie Glogkengieser, Balsarin, et surtout Jean Neumeister que n'ont connu ni Péricaud, ni Monfalcon, ni Auguste Bernard et dont M. Claudin, le premier, nous a parlé avec des détails si curieux et si précis.

Malgré une concurrence active et sans merci, le zèle et l'intelligente énergie des deux associés avaient fait prospérer leur industrie et s'ils ont été les premiers, à Lyon, à mettre une date à leurs ouvrages, ils peuvent être, en même temps, regardés comme créateurs d'une des plus importantes maisons de notre ville. Pendant que Le Roy, grâce à un personnel nombreux et bien conduit, créait, sur son fameux papier à la *roue dentée*, des éditions avidement recherchées aujourd'hui, Buyer, sérieusement établi à Toulouse, écoulait, par lui-même ou par ses employés, les produits de la maison, et disputait le marché de la France méridionale à Philippe de Bensheim, à Perrin Lathomi, à Maréchal, Husz, Reinhart, Dupré, à Trechsel, surtout, dont les beaux produits attiraient tous les érudits, et séduisaient tous les amateurs. Malheureusement, les deux associés négligeaient, le plus souvent, comme tous leurs rivaux, de mettre leur nom, leur adresse et une date aux produits précieux de leurs presses. Aussi les bibliophiles les plus experts ne savent-ils à qui attribuer la plupart des livres parus à Lyon, de 1466, — j'expose à tout hasard cette date, — jusqu'à 1473, où parut le *Compendium*, et de *1473*, à 1476, où ils donnèrent la *Légende dorée*, quoiqu'il soit certain, plus que certain, que ni eux ni leurs confrères, ne se soient reposés pendant ce long espace de temps.

Voici quelques-uns de leurs ouvrages les plus connus, à partir de 1476 ; mais combien avant ?

Voragine. — *La légende dorée*, 1476, in-folio. 68 ff. imprimée par Buyer.

Speculum vite humane. (Auctore Roderico).,, in civitate *Ludini* (sic) supra Rhodanum, per magistrum Guillermum Regis dicte Vile Ludini habitatoris. In domo honorabilis viri Bertholomei Burii, burgensis dicti Ludini. Die septima mensis januarii. Anno domini M.CCCCLXXIIIIIII (1477) in-folio, goth.

Ci-dessous la reproduction de ce passage :

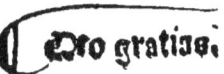

C'est ce volume que Gros de Boze croyait être le premier livre imprimé à Lyon.

L'arbre des batailles, 1477, Buyer.

Légende des Saincts nouveaux, 1477, in-folio. Buyer.

Baudoyn comte de Flandre, 1478, in-folio, Buyer; édition que Brunet regarde comme la première de ce célèbre roman.

Pierre de Provence; porté à 1478 par M. Monfalcone et à 1472, par Mlle Pellechet, dont la compétence est plus sérieuse; in-folio, mêmes caractères que ceux du *Nouveau Testament*.

Le 26 août 1478, parut le premier livre français orné de figures au simple trait.

Ce curieux volume est : *Mirouer de la Redempcion de lumain lygnage, translaté de latin en francoys...* par frère

Julyen Macho des Augustins de Lyon, grand in-fol. goth. Cette édition est la plus ancienne qu'on connaisse.

La Practique en Cyrurgie, de maistre Guidon de Cauliac, 1478,

Le Mirouer de la Vie humaine, 1479.

Le Mirouer hystorial, 1479, in-folio.

Le roman de Fier à Bras, 1480.

L'Estrif de Fortune, 1480.

Le livre appelé Mandeville, 1481, in-folio.

Le Doctrinal de Sapience, 1481.

Le Chappelet des Vertus, 1483.

Traicté des eaues artificielles, 1483. Le Roy.

Boece. — *Le livre de Consolacion*, 1483.

Le livre des Eneides compile par Vergille, 1483.

Lospital d'amour, 1485.

Pascalia lugdunensia, 1485, in-4. Le Roy,

Destruction de Troie la grant, 1485, petit in-folio, Le Roy.

Doctrinal de Sapience, 1485, in-folio. Le Roy.

Glanvilla. — *Propriétaire des choses*, 1485, in-folio. Le Roy.

Le livre des Saincts anges, 1486.

La Grant Vita Cristi, 1487, in-folio. Le Roy.

Le Roman de la Rose, 1486 ou 87. in-fol. Le Roy.

Parmi les éditions sans date, je rappellerai :

Statuta lugdunensia, petit in-folio à longues lignes, papier à la roue dentée. Sans date, mais publiés par l'archevêque le 22 octobre 1466.

L'Ancien Testament, pet. in-folio.

Le Nouveau Testament, in-folio.

C'est à propos de ce *Nouveau Testament*, sans date, que M. Zénon Collombet, un de nos fureteurs les plus ardents, a dit, mais sans s'appuyer sur aucune preuve :

« Vous trouverez, à la Bibliothèque de la Ville, un *Nouveau Testament* publié par Barthélemy Buyer, qui introduisit l'imprimerie à Lyon, VERS 1472 ; ce livre est précédé d'une table composée par Vénérable personne frère Jullien, docteur en théologie, de l'Ordre de Saint-Augustin, demourant au Couvent de Lyon sur le Rhône. Notre Cité paraît être la première Ville où une traduction du *Nouveau Testament* ait été imprimée ; les bibliographes n'en citent pas de plus ancienne que celle-ci. On pourrait croire que c'est un des premiers livres sortis des presses de Buyer (1) ».

Pour cette dernière assertion, je suis tout à fait de l'avis de M. Collombet ;

Exposition et déclaration de la Bible.
Vie de nostre Benoist Sauveur Jesus Christ.
Ponthus et la belle Sydoine, qu'on croit imprimé vers 1486, in-folio.
Le Roman de Prudence, in-folio.

Les affaires prospéraient, mais pour des artistes qui avaient soin de leur réputation, une amélioration leur sembla urgente. Quoiqu'il y eût déjà probablement des fondeurs à Lyon, nos associés pensèrent qu'ils feraient mieux de délaisser les caractères gothiques, allemands ou flamands, dont ils se servaient, pour adopter le caractère rond, appelé romain, qui faisait la fortune de Venise.

Buyer rentra prendre la direction de la maison et, en 1477, sans plaindre la peine et la dépense, Le Roy partit pour Venise, où il se perfectionna dans son art et où il passa un an.

(1) *Revue du Lyonnais*, 1835, tome 2, p. 152.

Il y imprima un petit ouvrage de toute rareté : *Opusculum presbyteri Simonis*, que Panzer décrit ainsi :

« *Opusculum presbyteri Simonis dalmate, ex civitate pharensi, in quo tractatur de baptismo Sancti Spiritus.*,. impressum, *Venetiis*, per magistrum Gulielmum, Gallum... M. CCCC.LXXVII, die XIIII octobris, in-4 goth. 44 feuillets : »

Panzer, qui en possédait un exemplaire, dit M. Péricaud, fait cette remarque :

« Typographus opusculi hugus rarissimi forte Guillelmus Le Roy vel Regis est, qui Lugdunum 1477 impressit. »

Cette année-là, son nom ne parut pas sur les éditions lyonnaises, mais il revint au mois de janvier de l'année suivante, non seulement avec les caractères élégants et lisibles inventés par Jenson, mais avec un assortiment de papiers des fabriques vénitiennes qui lui parurent l'emporter sur celui à la roue dentée employé à Lyon.

Au retour de Le Roy, Buyer reprit le chemin de Toulouse où M. Claudin le rencontre encore inscrit en tête de la liste des libraires, dans le registre des tailles du Capitoulat de la Dalbade, en 1481. « Bartholy Buyer et son compagnon, les libraires... deux livres »

« En 1484, ajoute M. Claudin, Bartholy, abréviation de Barthélemy, est encore à Toulouse ; au registre de la Dalbade, on lit cette inscription en *patois moudé*, langue du pays : Bartoly Boyer *(sic)* et son conpanho, librayres, que demorent à la *Croix Blanca*, una livra, I L., et, au-dessous, cette note, également en patois, du receveur de la Ville, indiquant que Buyer a payé la taxe, le 11 avril 1485 : *Pagat, XI abryel, 85, 1 liv.* »

« De 1487 à 1489, nous retrouvons encore Buyer et son compagnon à Toulouse. Leur commerce de livres imprimés a pris de l'extension ; aussi, la Ville augmente leurs contributions. Ils payent « *una livra detz sos* », une livre dix sous, pour leur dépôt de l'hôtellerie de la Croix-Blanche, et, pour la maison où ils ont leur domicile personnel, une livre quatorze sous. « *Et per la mayso plus p. l'ostal de Rabigua, una livra quatorze sous.* »

L'hôtel de la Croix-Blanche était probablement situé près de la place du Salin, car dans le registre de 1484, Buyer est classé dans « *la detzena del Saly* ».

« L'hôtel de Rebigues, hostal de Rabigua, prenait son nom d'un village aux environs de Toulouse. »

C'est le séjour de Buyer, à poste fixe, dans la capitale du Languedoc, qui fait, qu'à partir de 1480, on ne retrouve plus son nom dans les annales de l'imprimerie lyonnaise. Tout me fait supposer cependant que, chaque année peut-être, mais certainement de loin en loin, il revenait passer quelques jours à Lyon, dans sa famille et auprès de ses amis. C'est d'ailleurs dans sa ville natale qu'il mourut.

Pernetti, Péricaud, Monfalcon, Didot ne donnent la date ni de sa naissance, ni de sa mort. Michaud croit qu'il mourut en 1480 ; Dériard, en 1484 ; deux erreurs. Voici une inscription qui avait échappé à Leymarie (1) et qui a été relevée par Steyert dans l'église de Saint-Nizier ; elle qualifie Barthélemy Buyer du titre de marchand, bourgeois de Lyon, sans parler de sa profession de libraire ou d'imprimeur :

« L'an mil CCCC IIII xx et trois, et le VIIe jour de juillet, honorable homme Bartholomy Buyer, marchant, bourgeois de Lyon (2), fils de feu messire Pierre Buyer, jadis docteur en loix, par son testament ordonna faire construire et doter

(1) *Lyon ancien et moderne*, tome 2, in-4°.
(2) Et non : *marchant de draps*, comme l'a dit par erreur M. Péricaud.

ceste chappelle a l'honneur de Dieu et doulce mère et saint Bartholomy. Et pour ces choses faire ledict Bartholomy donna pour une fois deux mille livres t. et, pour une messe que doivent dire tous les jours les prébendiers de ladicte chapelle pour le remède de son âme et de tous ses parents depuis le trespas dudict Bartholomy, Jacques Buyer, son frère exequuteur du testament de sondict frère, a faict hédifier cette present chappelle ainsi que voyez. Item, l'an mil CCCC X CV et le IIIIe jour de jung, ledict Jacques a faict transporter dedans la cave de ceste chappelle les ossiments de feu son père et dudict Bartholomy, son frère, et de Loïse Dalmese, femme dudict Bartholomy, et de tous ses predecesseurs. Item, l'an mil CCCC octante et XI et le XIIII juillet, dame Marie Buatier, mère desditz Buyer, fut enterrée en ladicte cave et ordonna, par son testament, dire tous les samedis de l'an une messe des morts et toutes les festes de Nostre-Dame une messe dudict jour en ceste dicte chappelle par ung aultre prestre que par le prebendier et, pour ce, donna trois escus d'or d'annuelle pension. Item, ledict Jacques Buyer a fondé un anniversaire général de pain et de vin pour le remède des ames de ses parens et de luy perpetuellement sans réachat, lequel anniversaire se doit dire tous les ans le premier jour de septembre au grand hostel et vigille des morts le jour d'evant et faict exequuteur le prebendier de ceste chappelle avec les perpetuels et simples prestres de ceans ez cas que les héritiers ou mess^{rs} les chanoines de céans ne voulussent pas faire ledict anniversaire ainsi que conste par lettres passées en chapitre receues par Pitaval, secrétaire de ladicte église de céans. »

Cette pièce si importante pour la famille de Buyer sera complétée par la note suivante donnée par M. Péricaud :

« Un acte du 14 juillet 1492, transcrit dans l'inventaire des titres de l'église collégiale de Saint-Nizier, nous apprend que Marie Buyer, épouse de Pierre Greysieu (1) fonda une messe basse qui devait être dite chaque année, à perpétuité, pour feu Barthélemy Buyer, son frère, dans la chapelle de cette église, dédiée à saint Barthélemy. »

Ainsi, le testament de Barthélemy Buyer est du 7 juillet 1483.

Jacques Buyer, son frère, fit ériger une chapelle, comme exécuteur testamentaire du défunt, le 4 juin 1495; mais déjà, le 14 juillet 1492, Marie Buyer, sa sœur, avait fondé une messe perpétuelle dans la même église.

Si Barthélemy est mort en 1484, comment Marie a-t-elle attendu huit ans pour fonder cette messe ?

Comment, surtout, Buyer a-t-il pu être inscrit à Toulouse, de 1487 à 1489, s'il n'avait pas exercé dans cette ville ?

Je présume donc que Buyer est mort à Lyon au commencement de 1492 et, en le montrant comme un de nos plus intelligents, plus vaillants et plus illustres concitoyens, j'ose demander que cet homme, si profondément et si injustement oublié dans sa ville natale, soit vénéré désormais comme il le mérite.

Quant à Le Roy, il conserva la propriété et la direction de l'imprimerie après la mort de son excellent ami et associé, et, tantôt en mettant une date et un nom à ses ouvrages, tantôt en supprimant cette formalité, il produisit des œuvres estimées, parmi lesquelles on cite l'édition première du

---

(1) M. Péricaud avait lu : Pierre de Greysieu, *Petrus Greyaci*, et, ainsi que l'abbé Perrichon, il était tenté de le croire allié aux Creccia ou Cressia, famille noble de la Franche-Comté. Il n'en est rien. Greysieu était un simple bourgeois de Lyon, sans particule à son nom ; c'est l'opinion formelle de M. Steyert.

Roman de la Rose, parue vers 1486, nombreuses gravures in-folio, et celle du *Champion des Dames*, par Martin Franc, probablement de 1490, in-4°.

Devenu Lyonnais, on le trouve sur nos registres de pennonage, tenu, en cas d'alerte, à concourir à la sûreté publique, armé d'un épieu. C'est le texte précis rappelé par M. Natalis Rondot : « Janvier 1492 (1493 nouveau style), Maistre Guillaume Le Roy, commandé un espieu. »

En cette année 1493, il figure encore dans un rôle comme imprimeur de livres, mais non taxé ; ce qui fait supposer qu'il n'exerçait plus.

Compagnon de Buyer, devenu nôtre par son industrie, ses travaux, et décédé dans nos murs, il doit prendre place parmi ceux à qui notre ville doit une reconnaissance généreuse et sans fin.

« Louis XI, dans ses promenades scientifiques et joyeuses avec le vieux roi René, dit Clerjon (1), visitait principalement Guillaume Leroy et Barthélemy Buyer. Leroy était, sans contredit, le premier imprimeur de Lyon, pour ne pas dire l'introducteur de l'art typographique dans cette ville, comme pensent de doctes personnes. Quant à Barthélemy Buyer..., il était citoyen et resta bourgeois de Lyon. »

Touchant spectacle de voir deux rois chez un imprimeur ! On dit que la tradition s'en est perdue depuis.

PISTORIS ET REINHART

« Après Le Roy, dit M. le Président Baudrier, les premiers qui aient signé leurs œuvres sont Nicolas Philippi, dit Pistoris,

(1) 1476.

et Marc Reinhart, l'un de Bensheim et l'autre de Strasbourg. Le troisième, Martin Husz, était de Botward, village du Wurtemberg, non loin de Stuttgard; Scabeller, dit Watten-Schnee, partageait avec lui cette origine : Glockensieger

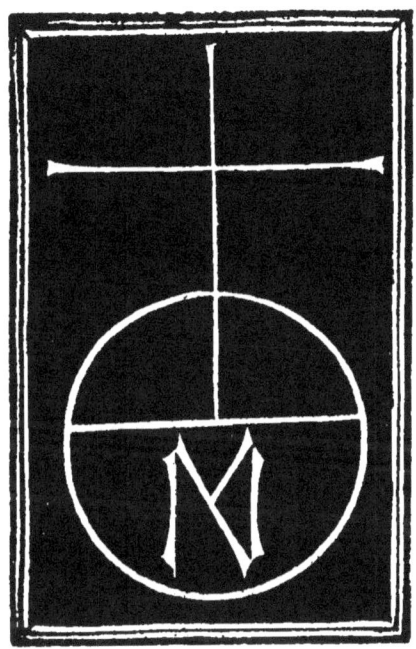

Marque de Pillati

était né à Nordlingen, en Bavière; Wensler, connu dans nos archives sous le nom de Michel de Bâle, était de Strasbourg; Numeister appartenait à Mayence; Wolf se dit de Lutter, au duché de Brunswick; Jean Trechsel, Cleyn, Groshofer, Syroben, Heremberg, Syber, Greelin, Ungarus, Fabri sont qualifiés d'Allemands par les rédacteurs de nos rôles d'imposition du xv⁰ siècle, ou portent des noms ne laissant aucun doute sur leur origine germanique. »

J'ai commencé par Le Roy, sans garantir qu'il ait été le premier établi à Lyon ; je continuerai par Pistoris, sans vouloir dire qu'il ait été le second, pas plus que Martin Husz le troisième. Ils ont daté leurs travaux, voilà tout.

Nicolas-Philippe Pistoris, natif de Bensheim, grand duché de Hesse, fut donc un de ces premiers audacieux qui vinrent chercher la fortune dans notre ville, avec un mobilier typographique des plus simples et des plus primitifs. A quelle époque ? On l'ignore, pour lui comme pour ses compatriotes ; mais, ainsi qu'eux tous, il eut la chance de réussir. Et comment le contraire aurait-il eu lieu ? Il avait du talent, cela est certain ; de la ténacité, de l'ordre, de l'économie, c'était dans la race ; il sut se vanter et il eut de l'ouvrage ; la réclame, dans tous les temps, n'ayant jamais manqué son effet.

Ce ne fut qu'à partir de 1477 qu'il mit une date à ses ouvrages, mais il était installé depuis longtemps, avait surmonté toutes les difficultés et même pris un associé, ce qui indique du travail, un établissement prospère et un certain personnel. Le nom de Marc Reinhart est uni au sien de 1477 à 1488. Voici le premier ouvrage qu'ils aient reconnu comme sorti de chez eux :

Johannis Petri de Ferrariis Practica nova.. .M.CCCCLXXVII, Lugduno, Francie urbe prestantissima... Viris a celeberrimis, ingenioque capacissimis Nicolao Philippi de Bensshcim ; Marco Reinhart, de Argentina, ... impressus est, in-fol, goth. à deux col.

Un éloge à la ville qui leur donne l'hospitalité, cela flatte le public ; un encens enivrant, un piédestal gigantesque, cela frappe la vue et fait dire à la foule : « Selon les gens l'encens ; suivant le mérite le piédestal. Ce sont des hommes habiles; faisons-nous imprimer chez eux. » Ce colophon à lui seul ferait connaître les hommes et nous prouverait une fois de plus qu'on parvient par le savoir-faire plus facilement, plus sûrement que par le savoir.

Citons encore : Guillibertus. *Sermones*. 1477, in-folio.

Jacobus Alvarottus. *Opus super feudis...* 1478, in-folio.

Sacre theologie magistri fratris Roberti Caraccioli de Litio, ordinis minorum, *opus quadragesimale*. 1479, in-folio,

Guidonis de Monte Rocherii *Manipulus Curatorum*. 1480, in-4°. Sur un exemplaire de ce livre venant d'un monastère de Sisteron, une note manuscrite porte qu'il a été acheté à Beaucaire, en 1481, pour 14 gros trois quarts (25 fr. 50).

Bartholomaeus anglicus, *seu* de Glanvilla, *de Proprietatibus rerum*, 1480, in-folio, goth. de 330 ff. à deux col.

L'exemplaire de la ville vient de la chartreuse de Buxheim ; veau fauve gaufré, dos peau de truie, beau papier, très grandes marges, fermoirs, reliure antique, précieux spécimen de la perfection où était arrivée la typographie lyonnaise à cette époque.

Biblia, 1482, in-fol.

La ville a de nombreux ouvrages de ces deux imprimeurs ; qu'on me permette de citer encore un des plus curieux :

Le Miroir de la Vie humaine... et fust compile par ung noble docteur et evêque nommé Rodouaque (lisez Rodorique). A l'utilité du peuple, frère Farget a translaté ce présent livre l'an... 1482 et le 26 jour de juillet... Imprimé par Nicolas Philippi et Marc Reinhardi l'an 1482 et le 20e jour d'août. Petit in-folio. goth. fig. en bois.

« Cette traduction, dit M. Péricaud, paraît n'être qu'une révision de celle donnée, en 1477, par Julien Macho et imprimée par Martin Husz (Voir l'article suivant). Plusieurs passages sont rendus avec les mêmes expressions : « Le riche menge le pouvre et le pouvre a pié va en fureur. Les cirurgiens blessent les gens (les estropient), les médecins les tuent ; les appotichaires sophisticent leurs dragées ; les juges vendent leurs sentences, les notaires remplissent leurs minutes de mensonges, les canonistes et légistes sont enrichis par fraude et barats ; les marchands décoyvent (déçoivent, trompent). Et briefvement, en tous les estats de marchandise tant vendeurs comme acheteurs, tu n'y trouveras que déception et barats.. »

Ces satires violentes, si communes de nos jours et que certaines gens prennent au sérieux, ne sont pas choses nouvelles ; de tout temps elles ont eu cours. Celles-ci, d'ailleurs, ne concernent pas notre pays, puisqu'elles sont tout simplement traduites de l'allemand.

MARTIN HUSZ ET SYBER

Martin Husz, de Botward, passe pour n'avoir imprimé à Lyon qu'à partir de 1478 et, à ce titre, il prend le troisième rang dans nos récits et cependant M. Claudin déclare qu'il était à Lyon à une époque bien plus reculée.

« Lyon était en rapports constants avec Bâle, dit le savant bibliographe, et, de cette ville, on expédiait journellement sur Lyon outillage typographique, bois gravés et caractères d'imprimerie. Le typographe bâlois, Bernard Richel, avait imprimé, *en 1476*, une édition allemande du *Speculum humanae Salvationis* avec de nombreuses xylographies, et *aussitôt après* en avait envoyé le matériel à Martin Husz, imprimeur allemand, originaire de Botwar, ÉTABLI A LYON (depuis quand ?) qui fit faire la traduction par frère Julien Macho, sur la compilation allemande de Bâle, et ne

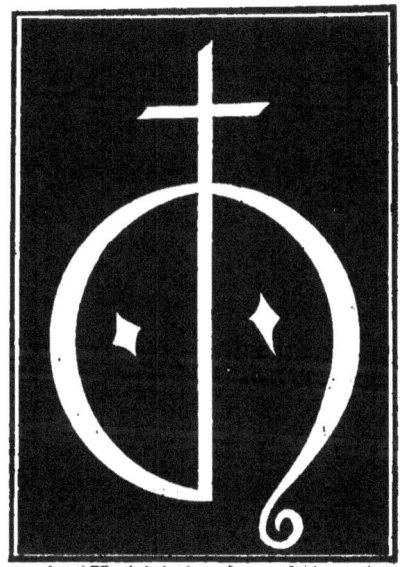

Marque de Husz

tardait pas à publier, à son tour, une édition française, sous le titre de *Mirouer de la Rédemption de lhumain lignage*, achevée d'*imprimer le 26 août 1478.* »

Pour faire venir, de Bâle à Lyon, ce matériel qu'on lui expédie en 1476 et qui produit une traduction française en 1478, il fallait bien à cet industriel des relations antérieures avec les Augustins de Lyon, une certaine influence sur le frère Julien, docteur en Théologie ; une *surface*, comme on dit aujourd'hui, qui engageât le traducteur à lancer une affaire

> ¶ Anno natiuitatis xpi millesimo
> quadringentesimo octuagesimo ad
> Kalendas xij. aprilis: ad laudez eter
> ni sumiqz patris numinuz omnipo
> tentis dei: ac nobilissime studiosissi
> meqz iermis militie cohortis utilita
> tem: hanc domini Goofredi uiri ita
> lici iuris ciuilis ac pontificij famatis
> simi professoris super iustiniano Co
> dice lecturā insignem: q̄ se exerceant
> tironibus necessariā: militātibus uti
> lem. ueteranis iucundam Martinus
> husz uir diuini ingenij artis sue pe
> ritissimus: acri cura ac diligentia im
> pressam ac emendatam ut ulteriori
> lima nō egeat: ex Lugduno urbe no
> bilissima omnibz habendaz edidit.

Fac-similé d'un ouvrage de Husz

de cette importance ? donc il n'était alors ni un aventurier, ni un inconnu. Il avait donc conquis une sérieuse et véritable notoriété ; combien lui avait-il fallu d'années pour y parvenir ?

Il eut pour associé en commençant, c'est-à-dire vers 1478,

Jean Faber, Allemand ; on cite comme sorti de leurs presses : *Mathei Sylvatici Pandectae*, 1478, in-fol., mais il ne paraît pas que leur association ait duré longtemps.

Dès 1478, en effet, c'est à Martin que le Chapitre de l'Eglise de Lyon pensa, quand il voulut faire imprimer un missel spécial à l'usage du diocèse et une délibération capitulaire du 16 janvier (1479 nouveau style) lui en confia l'impression ; cependant, dit M. Claudin, soit que la copie de ce missel ne fût pas prête, soit que maître Martin n'eût pas encore le matériel nécessaire pour cette impression, la décision resta sans effet ; on attendit ; le missel ne fut pas imprimé, et ce fut cette même année-là que Martin Husz prit Siber ou Cyber pour associé. Tous deux mirent leur nom à divers ouvrages, mais jusqu'à 1481 seulement, et non jusqu'à 1485, ainsi que M. Péricaud le dit par erreur.

A la fin d'un ouvrage de droit : *Odofredi lectura super Codicem Justiniani*, Lyon, Martin Husz, 1480, Martin se qualifie de *Vir divini ingenii, artis suae peritissimus*. On voit qu'il était du même pays que Pistoris. « La bibliothèque de Toulouse, dit M. Claudin, possède un exemplaire de l'ouvrage de Matheus Silvaticus, *Opus Pandectarum*, grand in-fol. imprimé en 1478, par Martin Husz et Jean Siber, associés.

Martin Husz était peut-être le frère, il était certainement le proche parent de Mathias Husz, dont la réputation a été plus éclatante que la sienne.

Cyber, qui habita un certain temps la rue de l'Hôpital, près de l'église actuelle (1), logeait, en 1492, rue Bourg-neuf, dans la maison de M. Jehan Thibaud, docteur en médecine, auquel il donnait, pour sa location, 60 livres par an, plus un exemplaire de chaque livre qu'il imprimait.

(1) Note communiquée par M. Félix Desvernay.

On a de Martin Husz seul ;
Odofredi Lectura,

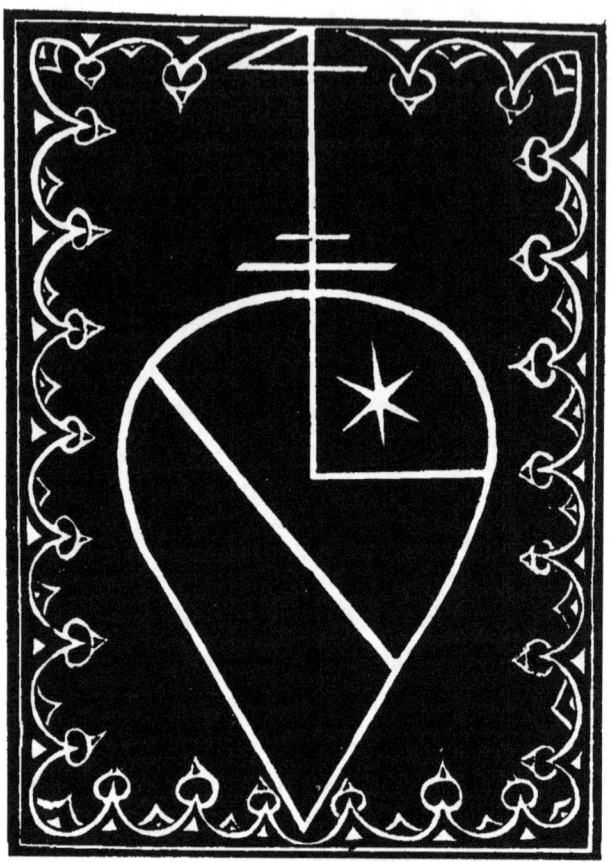

Marque de SYBER

De Syber :

Digestorum seu Pandectarum juris civili tomi III. impress. par Johannem Syber, alemanum, 1482, in-fol.

Scriptum in quattuor libros sententiarum. Lugduni, s. d. Joh. Syber, in-fol.

Ludolfus... *Vita Christi*. s. d. in-fol.

Balbus. *Catholicon*. 1490. in-fol, marque de Syber.

Bouhic. *Distinctiones super V libros Decretalium*. 1498 cinq vol. in-fol.

Ces volumes se trouvent à la bibliothèque de Lyon.

CLEYN

Jean Clein ou Cleyn, dit Schwab, avait pour marque typographique : *deux lions* portant le monogramme C appuyé contre un arbre et au-dessous, son nom : Johannes Clein. Quelquefois, il prend le monogramme C dans une croix à deux branches, sur fond noir.

On le connaît de 1479 à 1490, dit M. Monfalcon; de 1478 à 1519, répond M. Péricaud. C'est lui qui, après la mort du célèbre imprimeur Trechsel, termina l'impression d'un *Avicenne* que celui-ci avait commencée et qui fut achevée le 9 janvier 1498 (1499 n. s.). Josse Bade, son correcteur, lui fit une préface pour un autre ouvrage : le *Quadragésimale* de Léonard d'Udine.

La bibliothèque de Lyon possède :

Ferrerius (S. Vincentius). *Sermones de sanctis*. Lugduni, Johannes Clein, 1499, in 4, avec sa marque.

On lui attribue :

Ludolphus. *Vita Christi*. s. d. caractères gothiques semblables à ceux qu'il employait.

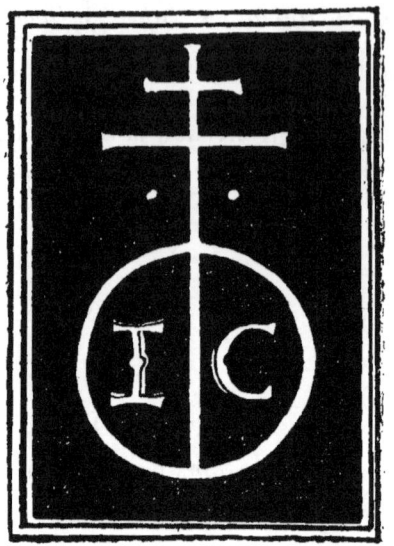

Marque de JEHAN CLEIN

On cite parmi les ouvrages imprimés par lui :

Practica Valesci de Tharanta; 1478, in-4°; autre 1481.

On ne sait de lui qu'une chose, c'est qu'il était Allemand.

PERRIN LATOMUS, de Lorraine.

Quoique le vrai nom français de notre imprimeur soit : *Masson*, je l'appellerai *Latomus*, comme Michaud et Dom Calmet font de son homonyme, le fameux professeur d'éloquence latine au collège de France, à Paris.

Dès son arrivée à Lyon, Perrin Masson, ou Le Masson, s'empressa de latiniser le nom de sa famille et se fit appeler *Latomus*, tailleur de pierres, carrier ; d'où *Lathomus* et *Lathomi*, appellations sous lesquelles il est connu.

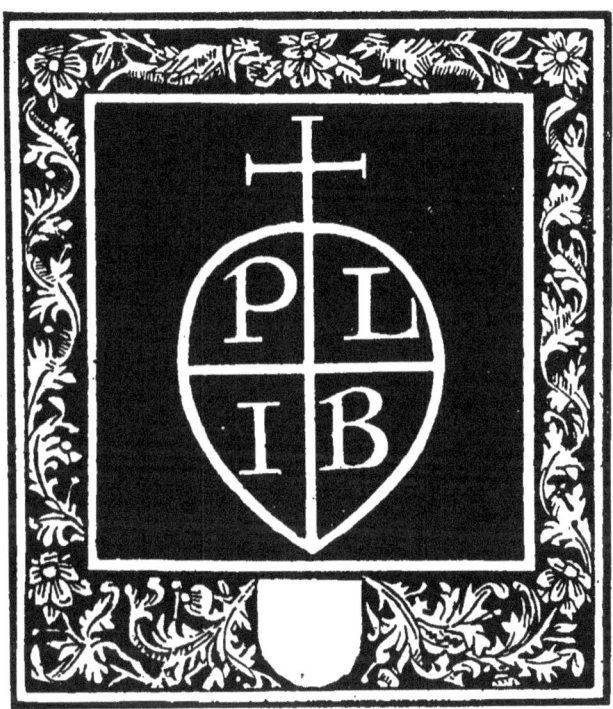

Marque de P. Lathomi et B. Johannis

M. Monfalcon, voulant franciser ce nom latin, l'appelle *Lathom*, ce qui ne signifie rien, est une erreur et ajoute à la confusion déjà bien assez grande qui règne sur lui. M. Péricaud, unissant les deux langues, l'appelle *Lathomi de Lorraine* (Perrin) ; Mlle Pellechet, *Lathomi Perrinus*.

Exemple nouveau de ce que disait M. Baudrier : « A cette époque, les noms patronymiques n'existaient pas encore ou étaient peu communs. (Surtout, on n'y tenait pas.) On lit des prénoms suivis d'indication d'origine ou de quelques qualifications désignatives qui sont autant d'énigmes. Les savants (et les imprimeurs l'étaient alors), quand ils avaient un nom de famille, s'en donnaient toujours un second, en traduisant le premier en un latin plus au moins régulier. Si ce nom offrait un sens quelconque, il subissait une nouvelle mutation, à chaque changement de résidence, par sa conversion en l'idiome du pays où s'établissait celui qui le portait. A Paris : Hans Von Stein, Joannès à Lapide, s'appelle Jean de la Pierre. A Lyon, Wolf s'appelle tantôt de ce nom, tantôt *Lupus* ou *Renard*. Ailleurs, Han devient Gallus ou Le Coq. Bœcker se convertit en Pistor ou Boulanger ; Kaiser en César. L'Empereur ou Le Roy ; Lévesque en Episcopus ou Bischof.

« Michel Dubois devient Michael Sylvius ; Michel Despréaux de Pratellis ; Mathieu Daguenet et Moyse Després, Moses à Pratis. Michel Wensler, né à Strasbourg, est connu à Lyon sous le nom de Michel de Bâle. Si, en quittant nos murs, il s'était rendu à Toulouse, on l'y aurait appelé Michel de Lyon ».

Nous verrons à Jean d'Alby toutes les transformations qu'a subies le nom de Neumeister.

Je me suis étendu sur ces mutations parce qu'elles ont égaré profondément les bibliophiles lyonnais, à propos de Latomus.

A la fin du xve siècle, naquit dans la ville d'Arlon, à 25 kilomètres de Luxembourg, par conséquent hors du territoire de la Lorraine, un savant qui, au xvie siècle, acquit une haute réputation. C'était, dit Dom Calmet, un des plus savants hommes de son siècle. Il enseigna la langue latine et la rhétorique à Trèves, à Cologne, à Fribourg et à Paris.

On lui doit de nombreux ouvrages, mais comme il s'appelait Le Masson, il les signa du nom de *Latomus*.

Il n'en a pas fallu davantage à M. Péricaud pour le citer et peut-être pour le confondre, dans sa *Bibliographie du XVe siècle*, avec notre imprimeur lyonnais :

« Lathomi Perrinus *de Lotharingiis*, dit-il, fut imprimeur à Lyon *en 1479* et à Venise en 1494. Dom Calmet, p. 561 de sa *Bibliothèque lorraine*, a consacré une notice à Barthélemy *Latomus* ou le Masson, un des plus savants hommes de son siècle, qui florissait en 1510. »

Mais puisqu'il s'appelait Barthélemy, ce n'est donc pas Perrin.

Puisqu'il naquit, en 1485, d'après Dom Calmet, Didot et Michaud, dans le duché de Luxembourg, et qu'il était Belge, il n'a donc pu ni prendre la qualification de Lorrain, *de Lotharingiis*, ni surtout être imprimeur à Lyon en 1479.

Alors à propos de quoi M. Péricaud cite-t-il ce *Latomus* du Luxembourg, en parlant du Latomus de Lorraine? A-t-il cru que les deux n'en faisaient qu'un? Il était trop avisé pour cela et cependant sa citation malencontreuse ferait soupçonner une distraction, comme il en arrive aux plus attentifs et comme le vieux savant en a eu très peu.

On doit à Perrin Latomus une *Bible* citée par MM. Péricaud et Monfalcon et rappelée ainsi dans le Catalogue de Mlle Pellechet.

« Biblia. Lugduni, Perrinus Lathomi, 1479; 458 ff. non chif. caract. goth. 2 col. de 47 lig. et 3 col. pour la table des noms hébraïques... »

Brunet en fait l'éloge dans son *Manuel* :

« Voici encore une édition, dit-il, qui, à cause de sa grande rareté, mérite d'être citée; c'est celle de Lyon, 1479, in-fol. goth. à 2 col. de 47 lig. L'exemplaire décrit dans la *Biblioth. Sussex* a 421 fl. non chiffrés mais avec sign. plus 21 fl. pour la table des interprétations de noms hébreux, qui ne va que jusqu'à la lettre J et par conséquent est incomplète. A la fin de l'Apocalypse, se lit la suscription suivante :

EXPLICIT BIBLIA IMPRESSA LUGDUN PER
PERRINUM LATHOMI DE LOTHARINGIA
MCCCCLXXIX

On croit que c'est la première qui ait été imprimée à Lyon.

La Bibliothèque de la ville ne possède pas d'autre ouvrage de cet imprimeur.

Pierre HONGRE

Ou Le Hongre, ou Hongrois, en latin Ungarus.

D'après M. Monfalcon : *Petrus de Hungaris*, ou *de Hungaria*.

Etait-ce son nom? son surnom? ou le nom de son pays?

On ne sait rien de lui.

La ville possède entre autres :

Guarini veronensis ars diphtungandi, punctandi, et accentuandi, cum Vocabulario breviloquio utriusque juris. Lugduni, per magistrum Petrum Ungarum, 1482, in-fol. goth. L'exemplaire de M. Coste provenait de l'abbé Chouvy.

Tractatus de proprietatibus rerum, editus a fratre Bartholomeo anglico, impressus per Petrum Ungarum 1482, in-fol.

La vie des saintz(Cyfinist) dicte Légende dorée et aussi des saintz nouveaulx... imp. à Lyon par les maistres Mathieu Hus et Pierre Hongre 1483, in-fol. goth.

Liber valde requisitus ad ministrandum sacramenta. imp. per Petrum Ungarum... 1488, in-16, demi goth.

Ce livre précieux de la bibliothèque de M. Coste paraît avoir eu pour auteur Jehan du Chaney, prêtre, qui, non seulement était écrivain et poète, mais fut aussi imprimeur à Lyon, *Bib. Lyon.*, p. 12.

Justinianus, *Institutiones*. Lugd. Petrus Hungarus. 1497, in-8°.

Missale lugdunense. Lugduni, Petrus Ungarus. 1500, in-fol. gravures.

HUSZ MATHIS et SCABELLER

Husz, Mathieu, Mathias, Mathis, etc., etc., était allemand, frère ou très proche parent de Martin Husz qui probablement le fit venir à Lyon. Tous deux, imprimeurs, étaient originaires de Botwar.

Le *Manuel du libraire* ne connaît que Mathias.

Celui-ci est nommé pour la première fois en 1482. Il possédait une maison dans la rue tendant de la Porte Chenevier à l'Herberie pouvant, d'après le registre des nommées, 1493, rapporter 40 livres par an.

M. Claudin croit qu'il pourrait bien avoir succédé à son frère ou parent Martin Husz, car on le trouve, dit-il, « en possession du matériel du *Mirouer de la Rédemption de l'humain lignage*, acheté à Bâle, par Martin et dont il publia lui-même de nouvelles éditions. » Peut-être en avait-il seulement hérité.

Dès ses débuts à Lyon, il avait eu pour associé un de ses compatriotes, Jean Schabeller, de Botwar, inscrit, en 1473, comme étudiant à l'Université de Bâle, et avec lequel il avait fait son apprentissage comme typographe. Ce Scabeller, d'une activité peu commune, avait reçu, dès sa jeunesse, le sobriquet de Wattenschnee, littéralement *trotte en neige*, surnom dont il se montra fier et qu'il garda.

M. Péricaud, après l'avoir appelé Scabeller, Schabeller, Cabiller et Westenschire, c'est-à-dire Wattenschnee, ce qui a un sens, finit par lui donner le nom de Battenschne, qui pourrait bien n'être qu'une corruption du précédent. Quoi qu'il en soit, en 1495, Scabeller se fit recevoir bourgeois de Bâle, avec la qualité de libraire. Cela ne l'empêcha point de revenir à Lyon et, dans une délibération consulaire du 9 février 1502, (v. s.) citée par M. Péricaud, on lit : « Attestation est donnée à Jehan Scabeller, marchand libraire allemand, qu'il est *résident à Lyon*, y tenant feu et lieu et, pour ce, réputé du nombre des citoyens. » On lui donna aussi, ajoute M. Claudin, des lettres de recommandation auprès des échevins de Nantes, mais il n'alla pas plus loin que Paris et y devint le représentant de Jean Amerbach, l'illustre imprimeur de Bâle.

De 1520 à 1524, Scabeller se retrouve à Lyon, puis en 1524, il se fixe complètement à Bâle, où il n'est connu que sous le nom de Wattenschnee.

Ayant alors adopté les idées de la Réforme, riche et considéré, il fit les frais d'une édition grecque du *Nouveau Testament*, imprimée par Bebelius, et prit cette fière et orgueilleuse devise : « *Durum patientia frango.* »

La marque de Wattenschnee, dont le dessin est attribué à Holbein, se trouve reproduite avec sa devise et son monogramme dans les *Marques typographiques* de Silvestre, sous le numéro 597, où elle est classée parmi les *marques inconnues* (1).

Pendant son séjour à Lyon, Jean Scabeller y avait fondé un important commerce de librairie sous l'enseigne : *A l'écu de Bâle*, commerce qu'il avait cédé bientôt à un de ses parents par alliance, Jean Vaugris, natif de Charly, près de Lyon, libraire, dit M. Baudrier, complètement inconnu de nos bibliophiles, malgré l'importance qu'il sut donner à sa maison.

D'un caractère aussi aventureux que son parent, Vaugris alla se fixer à Bâle, en 1523, y devint imprimeur et y acquit la bourgeoisie, en 1524.

Il avait été à Lyon associé de Parmentier, de 1510 à 1523, et à Bâle comme à Lyon, fut continuellement sur les grands chemins, allant de ville en ville, à l'époque des foires, s'établissant, suivant les besoins de sa vente, à Lyon, Genève, Paris, Strasbourg, Francfort ou Bâle ; mais, fidèle à sa patrie, signant presque toutes ses lettres du nom de : *Jean Vaugris, libraire à Lyon*.

Quant à Scabeller, pendant son association avec Mathis Husz, il avait imprimé :

Decretorum Breviarium... impressum per Mathiam Husz et Johannem Battensche de Alemania (lisez Scabeller) 1484, in-fol.

Jehan Boccace, du dechier des nobles hommes et femmes, imprimé à Lyon sur le Rosne par honorables maistre Mathis Husz et maistre Jehan Scabeller, l'an 1483, in-fol. goth. On

---

(1) Claudin : *Pérégrinations de Neumeister*, p. 70.

attribue cette traduction à Pierre Favre, curé d'Aubervilliers, près de Paris.

Enfin *Les subtilles fables de Esope*, translatées de latin en françois par frère Julien... imprimées à Lyon... par maistre Mathis Huez (*sic*) et maistre Jehan Schabeller, l'an de grâce 1484, in-folio.

Pendant que Scabeller trouvait la fortune en courant le monde, ce qui est rare, son ancien associé avait la même chance en restant chez lui.

Bien conduite, sa maison prit une grande extension ; il imprima une foule d'ouvrages et avec soin ; aussi ses éditions sont-elles recherchées des amateurs.

Michel Wenssler, de Bâle, étant venu, ruiné, à Lyon et ne pouvant faire l'achat d'un matériel, emprunta ou loua de Mathias Husz ce qui lui était nécessaire pour imprimer, à Cluny, un missel que la célèbre abbaye lui demandait. Généreusement et sans craindre la concurrence, ainsi qu'on pourrait le faire aujourd'hui, Mathis lui prêta ses beaux caractères et le missel de Cluny eut, grâce à lui, le plus grand succès.

M. Péricaud se trompe en disant que dès 1493, il y avait une imprimerie à Mâcon et qu'il en sortit un *Diurnale matisconense*, signé de l'imprimeur Wensler. On voit maintenant qu'au lieu d'une typographie permanente, la ville de Mâcon n'eut qu'un artiste de passage, qui la quitta aussitôt qu'il eut fini son travail.

Notre savant bibliographe a d'ailleurs rectifié son premier dire dans son *Supplément*, page 6.

Mathis Husz exerçait encore à Lyon en 1493. Il ne mourut qu'en 1511 et, en 1512, ce fut sa femme qui paya la taxe due à la ville.

Le colophon de ses livres porte le plus souvent : *impressum per venerabilem Magistrum Mathiam Husz*, ou *imprimé audit Lion par Mathieu Husz, maistre en l'art d'impression*.

Des nombreux ouvrages sortis de ses presses, à peine oserai-je citer, pour ménager l'espace, quelques-uns de ses livres les plus connus :

Le propriétaire des choses, 1482, 1485, 1487 et 1491, quatre éditions.

Le Miroir de la Rédemption, 1483.

Le procès de Bélial à l'encontre de Jhesus, 1484.

La destruction de Troyes la grant, 1485.

Pélerinage de la vie humaine, 1485, autre de 1499.

Fables d'Esope, 1486.

Consolation des pauvres pécheurs, 1487.

Sermones de tempore, 1489.

Vocabularius juris, 1490.

Traité des propriétés de chaque substance, 1491.

Biblia latina, 1494.

Fasciculus temporum, 1498.

Le *Catholicon*, de Balbus, 1493, grand in-folio, donne sa marque de librairie : Adam et Eve couverts de vêtements de feuillages, dans une forêt. Au milieu, un arbre mort supporte un écusson allemand, avec un sigle ; un oméga traversé par une croix.

JEAN FABER, de Langres.

Il n'imprima pas à Lyon, mais à Turin ; à Casale, en 1475 ; puis encore à Turin en 1477.

La Bibliothèque possède :

Hyeronimus (S.) *Vitæ sanctorum Patrum. Casellæ,* Johannes Fabri, 1475, in-fol.

Turrecremata. Expositio super toto Psalterio. Taurini, Johannes Fabri, 1482, in-fol.

Au colophon : *impressa per egregium magistrum Johannem Fabri, lingonensem.*

Il ne faut donc pas le confondre avec le suivant.

JEAN FABER, dit FABRI, allemand.

Il habita Lyon et y imprima de 1482 à 1494.

La Bibliothèque possède :

Le procès de Belial à l'encontre de Jhesus, translaté... par Pierre Farget... Lyon, 1485, in-4°. Ouvrage des plus curieux, très recherché et le plus remarquable de ceux sortis des presses de cet imprimeur.

Auctores cum glossa octo. Lugduni, 1491.

Computus cum commento. Lugduni, Johannes Fabri, 1492, in-4°.

Sur le titre, la marque de Mathis Husz. Au colophon : *Per magistrum Johannem, alemanum.*

Floretus... una cum comento Johan. Jarson (Gerson) Lug. 1494, in-4°.

JEAN DUPRÉ, de Prato.

Voici enfin un Lyonnais ; c'est le troisième, avec Buyer, connu en 1473, et Coral, qui aurait imprimé, dit-on, quelques ouvrages, sans date, et inconnus ou perdus, avant son départ pour l'Italie, c'est-à-dire aux environs de 1471.

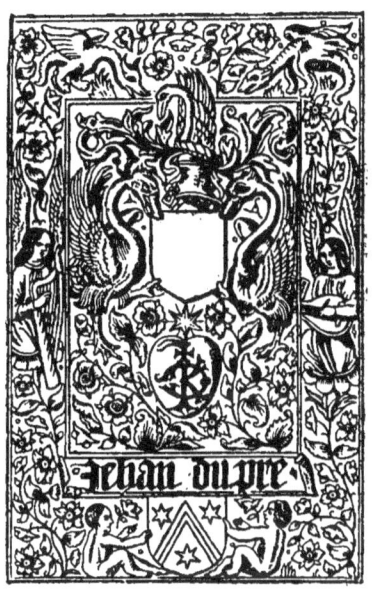

Marque de JEHAN DUPRÉ

Rendons-lui donc un hommage long et mérité.
Mais Dupré est-il bien Lyonnais?
C'est l'avis de M. Castan, bibliothécaire à Besançon ; c'est celui de M. Péricaud, qui a fait de si sérieux travaux sur la typographie de notre ville.

« En novembre 1474, dit cet écrivain, un habitant de Saint-Just, Jehan Dupré, fut nommé, par le Consulat, trompette de la tour de l'église de Fourvière. Son père, qui portait le même prénom, avait exercé le même office de 1450 à 1456. »

Le troisième Dupré, renonçant à la carrière où ses parents s'étaient distingués, entra dans la typographie et y trouva l'aisance et la notoriété. Actif et aventureux, c'est lui qui, le premier, introduisit l'imprimerie dans la ville de Salins ; ses voyages, ses pérégrinations, ses travaux, ont été l'objet d'une étude sérieuse de la part de M. Claudin, à qui l'imprimerie lyonnaise doit tant de renseignements précieux. La vie de cet humble travailleur fera connaître les mœurs et les procédés des typographes du XVe siècle, errants, vagabonds, portant leur industrie là où on les appelait ; oiseaux de passage si différents de leurs confrères d'aujourd'hui, que leur immense matériel oblige à une complète immobilité.

Après avoir décrit les origines de l'imprimerie à Lyon, Alby, Reims et d'autres villes, et avoir suivi lui-même, pas à pas et sur les lieux, les imprimeurs dont il a dit l'histoire, M. Claudin, quittant encore une fois Paris, a été attiré en Bourgogne par une pièce peu connue et qui, cependant, avait bien son prix.

M. Castan, conservateur de la Bibliothèque de Besançon, avait découvert, en 1880, dans le dépôt confié à ses soins, un *Bréviaire* de l'Eglise de Besançon, imprimé en 1484, à Salins, c'est-à-dire à l'époque où Louis XI, mécontent des habitants de Dôle, avait transporté dans la petite ville du Jura le Parlement établi jadis à Dôle et avait fait de Salins le centre de l'administration et de la domination française dans la montagne.

Dès ce moment, Salins devint une ville importante et ce fut elle qui, la première dans la Haute-Bourgogne, vit installer une imprimerie dans ses murs.

Ce fut un événement.

Mais le pauvre *Bréviaire* de 1484 avait sans doute été tiré à petit nombre. Il fut oublié, malgré sa beauté, détruit pendant les guerres entre la Bourgogne et la France, mis au rebut peut-être, pour cause de changement de liturgie et si bien anéanti que personne, dans la science ou le clergé, n'en soupçonnait l'existence. Le bibliothécaire de Besançon en retrouva par hasard un exemplaire ; émerveillé, il le décrivit aussitôt dans une plaquette de onze pages et M. Claudin, toujours en éveil, voulut à son tour étudier et décrire cette curiosité.

Ce fut l'objet d'un voyage à Besançon.

Les deux savants étudièrent le livre si heureusement retrouvé et, en devinant les énigmes du colophon, reconnurent le nom de la ville, celui de l'imprimeur et la date de l'impression, toutes choses nouvelles pour eux.

A cette époque, on ne redoutait pas les mystères ; on les aimait, au contraire, on les cherchait. Les devises des grandes familles étaient souvent indéchiffrables. Que n'a-t-on pas dit du *Fert* de la Maison de Savoie? Le colophon de notre volume est aussi, de son côté, un chef-d'œuvre d'obscurité. Le voici :

> *Impressoris manus q pns*
> *pfecit op˙, Eacide simil' Vulca*
> *niq: arma capessans. De ptis*
> *huius artis veri pductus achi*
> *les. Que sunt digna suis inter*
> *dum gaudia curis. Anno mille*
> *no : bis qter velut centeno Sa*
> *linis i valle : herculeo nomine*
> *clara. Dedit Bisutinis : hoc pre*
> *sens munus aptum.*

« Essayons de donner un sens à cette énigmatique élucubration, dit M. Claudin, et il traduit :

La main de l'imprimeur qui a terminé le présent ouvrage,
Est semblable à celle d'un Eacide prenant les armes de
[*Vulcain.*
Des Prés (de Pratis) *est devenu l'Achille d'un art véritable.*
Ses peines ont été mélangées de dignes jouissances.
L'an millième deux fois quatre, et comme à la centaine,
A Salins dans une vallée illustre par son renom herculéen
Il a donné aux Bisontins ce présent cadeau approprié à
[*leur usage.*

M. Claudin a la bonté de nous apprendre que s'il est question de Vulcain c'est que ce dieu préside aux opérations industrielles, surtout à celles où le feu joue un rôle, comme dans la fonte des métaux.

Les caractères d'imprimerie relèvent donc de Vulcain, ce qui les différencie de la plume des copistes.

Quel amphigouri ! quel galimatias ! Est-ce à l'imprimeur lyonnais qu'on les doit ?

J'ose espérer que non et je pense qu'on en peut faire honneur au clerc de Besançon qui a corrigé le Bréviaire. C'est plus de subtilité que n'en contient d'ordinaire le cerveau d'un imprimeur.

Salins a un renom herculéen, puisque c'est une citadelle, une place forte

L'imprimeur n'a pas dû trouver cela non plus.

Le volume a été imprimé à Salins, en 1484, par Des Prés ou Dupré, *De Pratis.*

Quel était ce Dupré? D'où venait-il? Qu'est-il devenu? Quand a-t-il quitté Salins?

Autres casse-tête à trouver.

Outre ce *Bréviaire*, ce Dupré imprima, l'année suivante, à Salins, un *Missel* in-folio, assez rare, mais qui est connu.

« M. Castan, dit M. Claudin, croit pouvoir identifier un Jean Du Pré, imprimeur à Lyon, avec Jean Du Pré, le prototypographe de Salins. Nous retrouverions alors notre artiste en janvier 1486 (1487, nouveau style), associé avec Nicolas Philippe ou Philippi, de Bensheim, à Lyon, comme en témoignent ces vers placés à la fin d'une édition des *Vies des Pères*, de saint Jérôme :

> *Nicolas Phelip sans obvier*
> *Et Jehan Dupré, par bon accord,*
> *Les livres ont voulu imprimer*
> *Sans avoir entre eux nul discord.* »

M. Claudin ajoute deux notes concernant Jean Dupré :

« Les Capitales caractéristiques employées à Salins, pour le *Missel* de 1485, dit-il, se retrouvent, nous écrit M. Castan, dans l'ouvrage intitulé : *Guilhermi Parisiensis Postille Epistolarum et Evangeliorum*. Lugduni, Joh. de Prato, 1487 in-4°.

« Jean Du Pré a souvent renouvelé ses caractères pendant les dix années qu'il a travaillé à Lyon. »

M. Claudin ajoute :

« L'Association (entre Du Pré et Philippe de Bensheim) est rompue peu de temps après et Jean Du Pré exerce seul à

Lyon jusqu'en 1495. Il vient ensuite à Avignon (1) où il est appelé, par la municipalité de cette ville, pour pratiquer son art et subvenir ainsi aux besoins littéraires de l'Université. Il y imprime, en octobre 1497, un recueil d'Opuscules de Lucien, traduit en latin, puis *il disparaît.* »

J'ai signalé la découverte, par M. Castan, d'un *Bréviaire* précieux et inconnu ; sa description complète par M. Claudin, Qu'on me permette, afin de faciliter les travaux des biographes futurs, de continuer la notice concernant l'imprimeur, qui n'avait pas disparu tout à fait.

Voici, dans les œuvres de M. Péricaud, ce qui concerne Jean Dupré (2) :

« Dupré (Jehan), en latin *Johannes de Prato* ou *de Pratis*, imprima à Paris dès 1481, transporta ses presses, en 1485, à Salins (lisez : en 1484, ou plutôt en 1483, puisque ce fut en 1484 que fut publié le beau *Bréviaire* qui fut inconnu à M. Péricaud, comme à tant d'autres) et le premier ouvrage qu'il imprima fut un *Missel* à l'usage de l'Eglise de Besançon. (lisez : « le second ». Il porte la date précise de 1485, est in-folio, et a été signalé par le P. Laire, dans sa *Dissertation sur l'origine et les progrès de l'imprimerie en Franche-Comté, pendant le XVe siècle.* Dôle, Joly, 1785, in-8).

« L'année suivante, il était de retour à Paris. En 1487, il vint à Lyon, où il imprima, avec Nicolas Phelippe, les *Vies des anciens saints, Pères, Hermites*, etc., datées du 15 janvier 1486 (1487, nouveau style).

---

(1) « Il lui fut payé, par Gabriel Girard, trésorier de la ville, une somme de soixante florins, monnaie d'Avignon, pour ses frais de déplacement et de transport de matériel depuis Lyon. «... *pro cecluta meynagii discreti viri magistri Johannis de Prato impressoris librorum qui venit de Lugduno ad habitandum et operandum in presenti civitate de arte sua...* » Suivant quittance notariée du 12 mai 1497 (Archives de la Ville d'Avignon). »

(2) *Bibliographie lyonnaise du XVe siècle*, Lyon, 1852, in-8, p. 13.

« De Lyon, il se rendit à Abbeville, où il imprima la traduction de la *Cité de Dieu*, de saint Augustin, par Raoul de Presles, datée du 12 avril 1486 (1487, nouveau style).

« En 1489, il était à Paris, où il imprima le *Missel* de Châlons; mais bientôt il reparut à Lyon, où il demeura jusqu'en 1494, ou 95, époque à laquelle *il retourna dans la capitale.*

« M. Brunet, qui a rapporté la marque (III, 360) (1) que cet artiste a mise à la fin de sa belle édition de *La Mer des Histoires*, Lyon, 1491, et qui a reproduit, même tome, p. 370 (2), la marque qui se trouve sur l'édition sans date des *Lunettes des Princes*, de J. Meschinot, fait observer, dans sa Table IV, 831, que cette dernière marque est celle de Jehan du Pré (3), libraire et imprimeur à Paris. Il y aurait donc eu, vers le même temps, deux imprimeurs portant le même nom, l'un à Paris, l'autre à Lyon, ce qui n'est pas impossible. »

Me permettra-t-on d'être d'une autre opinion que le célèbre bibliographe? La chose n'est pas impossible, non; mais elle n'est pas probable. Dupré ne pouvait-il avoir à la fois deux maisons, l'une à Lyon, l'autre à Paris?

« Une notice de Mercier de Saint-Léger, continue M. Péricaud, nous apprend que Jean Dupré imprimait à Lyon, en 1491, *Institutionum opus cum summariis*, in-folio, et qu'il en existait un exemplaire à la cathédrale de Soissons. C'est un article de plus à joindre aux productions de ce typographe. Il faut encore y ajouter l'édition qu'il a publiée des *Auctores*

---

(1) Edition de 1862, tome III, p. 1640.
(2) Id. tome III, p. 1666.
(3) « La marque de Jehan du Pré, dit Brunet, que porte le titre de ce volume rare prouve que l'édition a été imprimée à Paris, à la fin du xve siècle. »

octo cum glossa, datée de M.CCCC.LXXXII, *decima die decembris*, in-4°, goth. signat. A. Z. et A. D.

« Sur le frontispice de cette édition, est une marque qui diffère de celle donnée par M. Brunet; on y voit un dogue et un lion qui soutiennent le monogramme de l'imprimeur, et, sur la banderolle qui le surmonte, on lit en lettres de forme : JEHAN DU PRÉ (Bibliothèque de M. Tollon, magistrat, à Marseille). »

Cette note est longue et cependant j'ai été heureux de la donner.

La brochure du bibliophile parisien complète et rectifie plusieurs assertions du bibliophile lyonnais. Les recherches si curieuses de ces deux érudits permettent de suivre pas à pas les pérégrinations de Jean Dupré et de reconstituer, tant bien que mal, la vie de cet illustre imprimeur.

Fut-il Lyonnais ? Je le suppose. Peut-on induire de ce qu'il y eut des Jehan Dupré à Fourvière et à Saint-Just que l'artiste qui nous occupe est des nôtres ? C'est du moins une présomption. Il exerça, dans sa jeunesse, à Paris, parce que Paris donne, plus qu'ailleurs, le cachet du bon goût, la notoriété et la gloire. Il y trouva peut-être la fortune, c'est ce qui le porta sans doute à y conserver un atelier et une maison, pendant ses absences et ses voyages, mais il revint plusieurs fois à Lyon, ce qu'il n'aurait pas fait, s'il n'y eût eu des relations de famille et de souvenirs.

M. Péricaud, dans cette *Bibliographie lyonnaise du* XVe *siècle* qui a fourni tant de documents aux érudits, cite quelques éditions dues à Dupré :

« *Guilhermi ... postilla Epistolarum ...* 1487, in-8°.

« *Boethius ...* 1487, in-4°.

« *Terentii ... comediæ* VI ... 1488, in-4°.

« *Liber qui compotus inscribitur* ... 1488, in-4°, id. 1489.

« *Grammatica Nicolaï Perrotti* ... 1489, in-4°.

« *Liber qui compotus dicitur* ... 1489, in-4°.

« *Johannis de Janua Catholicon* ... (1489), in-4°.

« *Boethius* ... 1489, in-4°.

« ... *Manipulus curatorum.* 1490, in-4°.

« *La Mer des Histoires* ... 1491, in-fol.

« ... *Juvenalis ... Satirarum libri* ... 1490, in-4°.

« *Auctores cum glossa octo* ... 1491, in-4°.

« *Boethius* ... 1493, in-4°.

« *Eberhardi ... græcismus* ... 1493, in-4°.

« *Gregorii* IX *decretalis* ... 1495, in-fol.

« *Libellus ... de Imitatione* ... s. d.

« ... *Vie des anciens Pères hermites* ... 1494, in-fol.

« *Internelle Consolation.* s. l. ni date, in-8°.

Brunet pense que ce volume a été imprimé à Paris; M. Péricaud croit que c'est à Lyon, de même que:

Les lunettes des Princes, s. l. ni date, mais portant le beau cartouche de Jehan Dupré.

On se souvient qu'en 1486, Dupré avait imprimé à Lyon, la... *Vie des anciens Pères hermites,* pendant sa courte association avec Nicolas Philippe, de Bensheim.

Il serait à désirer maintenant que les érudits nous donnassent la nomenclature complète et détaillée des ouvrages imprimés par Jean Dupré, soit seul, soit avec des associés, à Lyon, Salins, Avignon, Abbeville, peut-être ailleurs, mais surtout à Paris où son habileté dans son art a dû lui créer de nombreuses et lucratives relations.

Si Dupré est né à Lyon, il y a fort à conjecturer qu'il y est mort, tant l'amour du berceau est vif dans le cœur de tous ceux qui ont vu le jour au confluent des deux grands fleuves gaulois.

A propos du premier livre imprimé à Salins, j'ai rappelé la découverte faite par M. Castan ; signalé le zèle et le savoir de M. Claudin, et remis en lumière les vastes travaux de M. Péricaud.

J'ajouterai, avec un profond sentiment de regret, que M. Castan vient de mourir et qu'il laisse une foule d'œuvres inédites, entre autres le *Catalogue des Incunables de Besançon*, qui ne peut tarder de voir le jour, de pareils travaux ne courant pas le risque de périr oubliés.

Mais j'ai voulu aussi honorer la mémoire d'un de ces nombreux imprimeurs, lyonnais ou non, qui, artistes, érudits, polyglottes, ont tant fait pour la science et la civilisation, en s'oubliant eux-mêmes, comme ces architectes sublimes qui ont couvert l'Europe de monuments et n'ont pas même daigné laisser leur nom à la postérité.

De ces génies universels, dont aujourd'hui les bibliophiles recherchent avec tant d'ardeur les belles éditions, que savons-nous ? Rien, presque rien ; quelques dates, et le nom de quelques-unes des villes où ils ont travaillé.

Que d'autres découvertes à faire !

Que de vies obscures à mettre en lumière ! Que de génies méconnus à glorifier !

Si Jean Dupré n'est pas de ces derniers, il est, du moins, assez grand pour qu'on cherche à le connaître et qu'on applaudisse à l'écrivain qui lui rendra la vie, l'existence et la notoriété.

PIERRE BOUTELLIER

D'après M. Monfalcon, cet imprimeur n'aurait été connu à Lyon qu'en 1497, mais il ne cite aucun de ses travaux.

M. Péricaud, plus précis, rappelle qu'il imprima en 1487 : *Le livre appelé Mandeville.* Lyon, Pierre Bouteiller *(sic)* in-4°.

Seulement il cite les notes de Mercier de Saint-Léger sur la Croix-du-Maine, et il renvoie à : « Brunet, tome III, page 253 » lisez : page 1358.

« Une note sur la Croix-du-Maine, dit Brunet, indique une édition des mêmes voyages (de Mandeville) imprimée à Lyon, chez Pierre Bouteiller, 1487, in-4°. »

« Panzer, ajoute M. Péricaud, ne cite Bouteiller que pour un livre sans date : *Les demandes damours* ; puis il nomme Brunet qui, au tome II, p. 41, donne le titre plus complet. Lisez p. 580 : *Les demandes damours avecques les réponses...* Panzer indique une édition de Lyon, par Pierre Bouttelier *(sic)* in-4° goth. s. d. »

Aucun de ces deux ouvrages ne se trouve à la Bibliothèque de Lyon.

JACQUES BUYER, *Buerius*

Non cité par M. Monfalcon.

Jacques était, ainsi que nous l'avons vu, frère de Barthélemy, le prototypographe lyonnais. Il est qualifié comme lui de : *Bachelier en chascun droyt*, et fut conseiller de Ville en 1497, 1505 et 1509.

On retrouve son nom dans la : *Grant vita cristi*, imprimée à Lyon, en 1487, par lui et par Mathieu Husz.

Ce fut lui qui fournit les fonds à Jean Sibert pour imprimer l'*Opus distinctionum*, de Bouhic ; il est nommé comme éditeur dans le *Tractus corporis Christi*, publié vers 1480, mais sans date et sans nom d'imprimeur ; in-4°.

Il demeurait à Lyon, sur le Rhône (entre les deux fleuves) et fut l'un des douze bons personnages qui se joignirent au Consulat pour aller au devant du roi, le 8 mars 1494, lors de l'entrée de Charles VIII à Lyon.

Jacques est qualifié échevin et imprimeur en 1508, dans une délibération consulaire, où il est dit qu'il possédait, dans le *Capot Malpertuis*, une maison que le Consulat voulait enclaver dans la cour de Saint-Cosme. Ceci répond aux historiens qui lui ont contesté sa profession de typographe. Il est probable que c'est au *Capot Malpertuis* qu'il habitait.

M. Péricaud, en citant le nom de ce typographe, renvoie à l'*Almanach de Lyon* de 1767, page 178, lisez 180.

NEUMEISTER Jehan

Depuis que M. Claudin a décrit les pérégrinations de Jean d'Alby, *alemanus*, dans un livre précieux bondé de faits, de notions et de documents sur la typographie lyonnaise au XVe siècle (1), nul imprimeur n'est plus ni mieux connu que

(1) Les *Pérégrinations de Neumeister*. Paris, Claudin, libraire-éditeur, 1880 in-8° ; planches et fac simile.

cet ami, ce compagnon, cet associé de Gutenberg qui, après avoir couru le monde, ainsi que tous ses pareils, est venu s'établir à Lyon en 1485 et y est mort, plein de gloire et de réputation, mais sans avoir trouvé la fortune qu'il avait poursuivie à travers tant de pays.

Sa vie avait été des plus mouventées.

Après la mort de Gutenberg, en 1468, Neumeister était allé introduire l'imprimerie à Foligno, en Italie et y avait travaillé, de 1470 à 1472, en société, dit M. Claudin, avec Emiliano de Orsinis; Stephan, de Mayence; Kraft, aussi de Mayence; Johannès Ambracht de la même ville, et quelques autres.

Ce fut à l'invitation et sur les instances d'Emilien de Orsinis, citoyen illustre de Foligno, et enthousiaste du nouvel art, que les voyageurs s'installèrent dans sa maison et y montèrent leur imprimerie.

Dès 1470, ils publièrent : *Leonardi Aretini Bruni de Bello italico contra Gothos*, in-folio.

Ce livre, très recherché des amateurs, est imprimé en beau caractère romain de seize points. Le colophon rappelle que Numeister est venu de Mayence avec des ouvriers qui sont ses associés.

Ils publièrent peu après : les *Epîtres de Cicéron*, certainement avant 1472. Elles furent tirées à deux cents exemplaires, dit M. Auguste Bernard, sont rares et très estimées. Orsinis mourut, sans doute, avant 1472, car à partir de cette date, Numeister signa seul.

On a encore de lui : la *Divina Comedia*, du Dante, 1472, in-folio, à longues lignes, et *Johannis de Turrecremata contemplaciones*, 1479, in-folio, mais ce dernier ouvrage fut imprimé à Mayence avec *34 estampes interrasiles* (ou *criblées*), dit M. Claudin. Ce volume porte la date de septembre 1479.

« *On ne connaît aucun livre imprimé par Numeister, après 1479,* » reprend M. Auguste Bernard, qui en conclut qu'il a dû, bientôt après, cesser de vivre. Heureusement que les recherches de M. Claudin donnent un démenti à M. le *Directeur de l'imprimerie impériale* et que nous allons retrouver notre habile imprimeur dans la ville d'Albi, en Languedoc, de 1480 à 1484; puis à Vienne et enfin à Lyon, où il exerce de 1485 à 1507, après s'être associé avec Michelet Tobié, en 1495, mais sous un nom qui en a fait un homme tout nouveau.

M. Monfalcon cite, en une ligne, un nouvel imprimeur, Jean Allemand. de Mayence, Joannes Allemanus de Moguntia, qui exerçait en 1487; mais il n'y attache aucune importance et ne s'y arrête pas.

« Johannes Allemanus, dit M. Péricaud (1), ne nous est connu que par son *Missale* de 1487 :

« Missale sub ritu ecclesie lugdunensis, impressum per magistrum Jo. Allemanum de Mogontia. 1487, in-fol, goth. Trois exemplaires sur vélin de ce Missel existent, le premier dans la bibliothèque nationale, le second, dans celle de Lyon, et le troisième dans celle de Montbrison. »

« Parmi les artistes qui étaient venus s'établir à Lyon, ajoute M. Auguste Bernard (2), je dois mentionner particulièrement un Mayençais appelé Jean l'Allemand, qui publia un très remarquable *Missel à l'usage de la ville de Lyon*, in-folio, en caractères gothiques, à deux colonnes, tiré en rouge et en noir, avec plain-chant. » (Il ne se doute pas qu'il parle de l'homme qu'il a tué si bénévolement à Mayence.)

« Il existe trois exemplaires, en vélin, de ce livre, *un* dans

---

(1) *Bibliographie lyonnaise du* xv* *siècle*, deuxième partie, page 20.
(2) *Origine de l'imprimerie*, tome II. p, 346.

la bibliothèque publique de Lyon, un autre dans celle de Montbrison et le troisième à la bibliothèque Nationale. »

— « Cet imprimeur ne serait-il pas notre Johannès Trechsel, dont le nom commence à figurer, l'année suivante, dans nos annales typographiques, reprend M. Péricaud? La Serna mentionne un Johannes Allemanus, de Medemblick, qui, en 1478, imprima un *Dioscoride* ... (en Italie). Cette même année 1478, un Johannes, *sans autre désignation*, imprima à Vienne en Dauphiné le ve livre du *Lotharii Compendium*. Un Johannes Teutonicus, que La Serna (1) soupçonne être le même que Trechsel, imprima, en 1479 et 1480, deux ouvrages latins datés de Tholose .... Est-ce *Tolosa* en Espagne, ou Toulouse en Languedoc? ... »

Ainsi, d'après le directeur de l'imprimerie impériale et d'après le Conservateur de la bibliothèque de Lyon, il n'y aurait, on ne connaîtrait du moins dans le monde, que trois exemplaires de ce précieux *Missel*. Qu'il me soit permis de leur répondre que la bibliothèque de Lyon, à elle seule, en possède sept, sans compter celui si beau du fonds Coste, splendidement relié par Kœhler.

Quant à l'imprimeur, faudra-t-il, pour le connaître, s'en rapporter à nos deux érudits et l'appeler Trechsel?

— Ne serait-ce pas plutôt Jean d'Alby, reprend un troisième bibliophile?

— Oui, certainement, déclare un quatrième, et il prit le surnom *d'Alby* pour avoir, *avant tout autre*, introduit l'imprimerie dans le village d'Alby, en Savoie.

Cela se pourrait (2)

---

(1) *Dic.* t. I, p. 386.
(2) M. Delandine, donnant dans l'erreur commune, dit, dans son *Histoire de l'imprimerie*, p. 80. « En 1480, ce fut à Albie (sic) en Savoie, que l'on imprima sans date et sans nom d'imprimeur, l'*Histoire des sept sages* et la Lettre d'Æneas Sylvius, *de Remedio amoris* ».

Il n'y a jamais eu d'imprimerie dans cette petite localité savoisienne, dit M. Claudin, avec l'autorité d'un homme qui sait, qui a vu et qui a toutes les pièces à l'appui. L'Alby du missel n'est pas plus en Savoie qu'en Italie ou qu'en Espagne.

Quant à l'imprimeur, il se faisait appeler *Alemanus* pour rappeler sa patrie; *Jean d'Alby* parce qu'il avait passé quatre années dans la ville d'Alby, en Languedoc, chez l'archevêque Louis d'Amboise, grand protecteur des arts, qui l'avait appelé auprès de lui pour lui confier l'impression d'ouvrages importants, et *Jean de Mayence* quand il imprimait le *Bréviaire de Vienne*, en Dauphiné. Mais aucun de ces noms n'était le sien. Il s'appelait Jehan Neumeister, clerc de Mayence et le registre des *Nommées* de Lyon, en fait foi. C'est ce que n'ont connu ni Monfalcon, ni Péricaud, ni Auguste Bernard, Brunet, Barbier, Quérard, le bibliophile Jacob, Panzer, Haïn, de Graesse, qui ont cependant laissé tant de travaux sur l'art typographique et sur Lyon.

Nous avons vu Neumeister à Foligno; en 1479, on le retrouve à Mayence, à Bâle et enfin à Lyon.

Il ne s'arrête pas dans cette ville et, avec ses fontes, matrices, poinçons, presses et tampons, il court, en 1480, offrir ses services à l'archevêque d'Alby, à qui on doit une des cathédrales les plus originales du Midi.

Alby lui plait. Il y passe quatre ans, y imprime quelques volumes qui augmentent sa réputation, puis revient à Lyon, en 1485, et jusqu'à 1507, y publie des ouvrages dont l'élégance et la beauté font l'admiration des bibliophiles de nos jours.

Mais il n'était toujours pas seul dans la grande cité du Rhône. Ainsi que nous l'avons dit, une foule de Mayençais, de Strasbourgeois, de Bâlois l'avaient devancé et cinquante maisons étaient rivales de la sienne.

Vingt ans plus tard, ce nombre avait doublé.

Parmi ses rivaux, plusieurs étaient des artistes consommés dont les meilleurs modernes auraient peine à égaler les travaux.

Mais l'habileté de ces maîtres, mais leur nombre, mais leur activité n'effraient point Neumeister. Il vient s'établir au milieu d'eux ; il s'organise, ouvre un atelier, rue de l'Arbre-Sec, et sous les auspices du cardinal archevêque Charles de Bourbon, commence une grande et magnifique publication, avec les mêmes caractères qui lui avaient servi pour le *Missel* d'Alby.

MISSALE LUGDUNENSE

A la première page, sans frontispice, en lettres rouges :

Incipit tabula huius missalis impressi secudu usum archiepatus lugdunen cujus ordo sequit et est talis.

Après neuf feuillets non paginés, on trouve trois cent vingt-huit feuillets paginés et, sur le premier :

> *In nomine scte et indiuidue*
> *trinitatis : pris et filii et spi*
> *ritus sti ame. Incipit mis*
> *sale sedm usum Lugduni do*
> *minica prima aduentus do*
> *mini ad missam officium*
> *introitus.*

Au colophon :

*Lugd. ipressu p. mgrm jo
alemann d mogontia ipres
sore feliciter finit sub anno
incarnatois dnice M CCCC
LXXXVIII regnante Xipinnissi
mo Rege nro Karolo anno
regni sui quarto*

Splendide volume in-4°, à deux col. goth. rubriques, belles marges, conservation parfaite, trente et une lignes à la page, signatures, sans réclames.

Après le feuillet 128, vingt-trois feuillets à longues lignes, sans pagination, entre deux feuillets blancs, avec cette rubrique :

Ab aduentu domini nostri Jhesu cristi in dieb dominicis preteritis et aliis diebus ferialibus officia missae solennis et communia usque ad diem resurrectionis dominice feliciter finiuntur. Et inter medio sequuntur prephationes proprie sub notis et punctis aut accentibus usus lugdunen diocesis quaru prima sub isto modo et accentu iin imprimitur et notatur.

Plain-chant [1], un feuillet à deux colonnes et deux vignettes sur bois à pleines pages, l'une représentant le Christ sur la croix ; au pied et debout, la sainte Vierge, saint Jean, et entre eux, la tête de mort et les ossements rappelant, d'après saint

---

[1] M. Delandine s'est trompé quand il a déclaré qu'on avait noté le plain-chant pour la première fois dans un *psautier* imprimé par Schoeffer en 1490. Le Missel de Lyon en est la preuve. Voir *Histoire de l'imprimerie*, p. 41.

Jérôme, qu'Adam, le premier des hommes et le premier criminel, a été enterré sur le Calvaire et que le Christ est venu racheter son péché ; l'autre figurant le Père éternel assis, tenant sur ses genoux le globe du monde surmonté d'une croix ; la main droite bénissant avec deux doigts ouverts, l'index et le médius.

Autour du Père Éternel, un nimbe entouré lui-même d'une foule de chérubins et de séraphins ailés, à genoux, les mains jointes et priant.

Aux quatre angles de la vignette, les quatre symboles des évangélistes.

Au recto du trois cent trente-troisième feuillet, très curieuse vignette, en rouge, gravée sur bois, représentant une croix florencée cardinalesque, supportant les armes de Charles de Bourbon, archevêque de Lyon, cardinal et légat du siège apostolique. L'écusson fleurdelisé est entouré de divers et singuliers emblèmes, gravés avec une grossière naïveté. C'est un essai, un tâtonnement dans un art qui se cherche, mais qui prendra bientôt son essor.

On sait que c'est à ce prince de l'Eglise, nommé à l'archevêché de Lyon, en 1446, à l'âge de onze ans, qu'on doit la magnifique chapelle dite des Bourbons qui orne l'église de Saint-Jean.

Le cardinal ne se servit pas longtemps du beau missel qu'il avait demandé à Neumeister.

Il mourut à Lyon, le 13 septembre 1488 et non le 17, comme le dit la *Gallia Christiana*, ni encore moins en 1486, comme le prétend M. Monfalcon, qui le fait inhumer solennellement, le 17 septembre, dans un superbe mausolée détruit en 1562 par les protestants ; tandis qu'il fut transporté et inhumé, en 1489, au couvent des Célestins de Paris, dans le monument funéraire qu'il s'y était fait construire et dont il avait posé lui-même la première pierre, le 22 juin 1482.

J'ai dit que la grande Bibliothèque possédait sept exemplaires du *Missel* dont deux sur vélin.

Quant au huitième Missel, un des fleurons les plus précieux de la Bibliothèque, il a été habillé, avec le luxe qu'il méritait, par Kœhler : maroquin rouge, tranches dorées, double encadrement de filets sur le plat, dentelle intérieure, dos orné. Il doit cette parure à M. Antoine Coste, le célèbre bibliophile lyonnais.

A côté de ce chef-d'œuvre de la typographie lyonnaise, dont le papier de fil est aussi ferme et aussi craquant, l'encre aussi noire et aussi brillante que le premier jour, on peut mettre, mais un peu au-dessous, le premier bréviaire imprimé à Lyon, venu du fonds Coste, pareillement.

*Breuiarium Came
re ad usum Ecclesie
Lugdunensis.*

Nous en parlerons à Carcani.

Il faudrait citer tout le volume de M. Claudin, non seulement pour faire connaître Neumeister, mais aussi pour faire apprécier les recherches infatigables et minutieuses de l'illustre bibliophile parisien. C'est un modèle trop rare de sagacité, de patience et de ténacité. Quand il est sur une piste, il la suit jusqu'à la fin.

Et n'est-ce pas à lui qu'on pourrait appliquer la devise d'Ezéchiel qu'il a inscrite en tête de son volume sur notre imprimeur : *Juxta vias eorum et ad inventiones eorum judicavi eos*?

Qui a plus cherché et plus trouvé? Et je le répète : pourquoi n'a-t-il pas plus d'imitateurs?

« Averti par le colophon du *Missale Lugdunense*, dit M. Claudin (1), que *l'imprimeur d'Albi* avait transporté sa presse à Lyon avant 1487, date de l'achèvement d'un labeur aussi important, nous avons dirigé nos recherches vers les archives de cette ville, pensant y découvrir quelques traces de ce typographe. Notre espoir a été couronné de succès. Dans le *Registre des Nommées*, année 1493 (cote CC. 7, aux archives de la ville de Lyon) folio 49 verso, nous avons trouvé...

« Maistre JEHAN D'ALBY, imprimeur, *tient à louage* la pluspart de ladicte maison, qui en baille XX escus ; valent XXXV l. t. (livres tournois). »

Cette maison était : *la maison qui appartenoit à Anthoyne Julien, prestre et Pierre, son frère, sise rue de l'Arbre-Sec, du costé vers le soir.*

Pour quiconque connaît les usages des corps de métiers au xv⁰ siècle, l'addition au prénom d'un artisan, du nom de la dernière localité où il avait travaillé, était le sobriquet sous lequel on avait coutume de le désigner. Cette distinction était d'autant plus nécessaire pour Jean Neumeister, que Lyon, à ce moment, était bondé d'imprimeurs allemands, tant ouvriers que patrons et que plus d'un était originaire de Mayence... »

Le *Missel* d'Uzès, si beau, si rare et si précieux, porte ce libellé au colophon :

« *Explicit Missale secundum usum Ecclesie Ucciensis.* Impressum Lugduni *per* Magistrum JOHANNEM NEU-

---

(1) P. 32.

MESTER (sic) DE MAGUNCIA et Michaelem Topie, *Anno Domini* M.CCCC.XCV. (1495) *die vero quinta mensis Augusti.*

On voit qu'on peut écrire indifféremment Numeister ou Neumeister ; mais c'est par erreur qu'ici on a mis *Neumester*.

« Devenu vieux, Neumeister prit un associé, pour le seconder dans ses labeurs. Celui qu'il s'était choisi avait précédemment travaillé avec Jacques Herenberck, imprimeur allemand établi à Lyon même ; il s'appelait *Michel* dit Michelet Topié, natif de Pyrmont, petite ville d'Allemagne, au diocèse de Munster. »

Ceci répond à La Serna, qui le croit Piémontais : (Topié de Pyrmont, pour Piémont) et à M. Péricaud qui fait observer « qu'il y a, dans le Mâconnais, sur la route de Tournus à Châlon, au pied de la montagne qui sépare Tournus du Grand-Sennecey, un *village* nommé Pimont. »

Ce *village* n'est qu'un hameau de 17 habitants, un écart de la commune de Boyer, canton de Sennecey; on pourrait ajouter qu'il y a un Pimont dans la Seine-Inférieure et un Pymont, dans le Jura, cité pour les ruines de l'ancien château des comtes de Vienne, mais si Topié fût né en France, comment aurait-on dit qu'il était Allemand ?

« Topié et Herenberck sont les premiers imprimeurs, ajoute M. Claudin, qui aient introduit, en France, la taille-douce dans les livres. Ils sont célèbres dans les fastes de la bibliographie pour avoir imprimé, à Lyon, en 1488, les *Sainctes et dévotes Pérégrinations en la cité de Hiérusalem*, première traduction française de la relation de J. de Breydenbach, chanoine de Mayence, avec cartes et figures *gravées sur cuivre*, monument typographique de haute curiosité que l'on peut voir exposé dans les vitrines de la galerie Mazarine, à la bibliothèque nationale.

« On doit encore à ces deux imprimeurs une édition du *Recueil des Hystoires de Troyes*, par Raoul Le Fèvre, imprimé à Lyon, en 1490. Neumeister, typographe consommé, n'avait pas agi à la légère et il s'était adjoint un collaborateur habile pour l'impression du *Missel* d'Uzès.

« Nous ne connaissons pas d'impression de Neumeister, après 1495, ajoute M. Claudin ; il y a là une lacune qui sera comblée quelque jour, car nous avons la preuve que sa carrière typographique ne fut pas entièrement terminée et qu'il habitait Lyon, postérieurement à cette date. Neumeister est inscrit dans le *Chartreau* des manans et habitants de la Ville de Lyon, du costé de vers l'Empire, 1499. (Archives de la Ville de Lyon, CC. 107, folio 127, recto) sous le nom de JEHAN D'ALBI, imprimeur, et il y figure pour xxv sous. Il est parmi les habitants compris : « *depuis le portal Figuet, tirant par la rue de l'Arbre-Sec, jusqu'à Sainct-Esprit.*

« Tout à côté de lui, dans le même registre, on trouve Michelet Topié, son associé, qui, à son tour, a pris un aide. Ils sont taxés ensemble à dix sous et désignés sous les noms de : Michellet Toupier (*sic*) (on doit écrire et prononcer Topié) et Françoy Dalmès, imprimeurs.

« Topié paraît avoir exercé seul en l'an 1503 et il est taxé à deux livres. Il demeurait alors en « *la rue de la Blancherie.* »

Cette ancienne rue qui n'existe plus, s'étendait, dans le quartier des Cordeliers, jusqu'à la rue *Attache-des-bœufs*, à côté de la Boucherie ; aujourd'hui rue Childebert, à côté du passage de l'Hôtel-Dieu.

« Quant à Jehan d'Albi, imprimeur, il est indiqué comme

tel dans un autre registre de 1503. (CC, 237). On le retrouve encore en 1504 et en 1507. Après cette date, on n'a plus aucune trace de l'imprimeur d'Albi, de Vienne et de Lyon. Il est probable qu'il mourut peu de temps après, dans cette dernière ville, car il devait être fort âgé; presque octogénaire.

J'ai dit que, malgré son incontestable mérite, Neumeister n'avait pas fait fortune; en voici la confirmation (1).

« Neumeister ne s'était pas enrichi dans le métier d'imprimeur, dit encore M. Claudin, à qui je ne cesse pas d'emprunter. Son état précaire nous est révélé par les registres de l'Hôtel-de-Ville de Lyon. En 1498, le receveur municipal a inscrit en marge et en regard du nom de Jehan d'Albi, la mention « PAUVRE ». Bien que sa taxe ait été modérée, Neumeister ne paraît pas avoir payé. Cette année même, 1498, il avait fermé son atelier et cessé d'être *maître imprimeur*. Il travaillait chez Topié, son ancien associé, comme simple ouvrier. Ce détail nous est fourni par M. Baudrier, magistrat, qui l'avait puisé dans les archives de la Ville : « 1498. *Dalby (sic) n'est pas maistre et at (sic) quitté; travaille chez Toupier.* »

« La qualité de maître imprimeur lui est donnée de nouveau dans un dénombrement des habitants de Lyon fait en 1503 (2).

« Il avait repris ses travaux en dehors de Topié ; mais ce nouvel établissement ne paraît pas avoir duré longtemps, car

---

(1) Page 79.

(2) Voici la copie entière de ce document transmis par M. Vaesen à M. Baudrier :

« Roole de la reveue et serche faicte de tous les habitans de la Ville de Lyon du costé devers l'Empire ou (sic) moys de juillet l'an mil V^c et troys...

« Depuis le puis Pelloux tirant au puis Grillet...

« MAISTRE JEHAN DALBI, imprimeur. »

« *Archives de Lyon*, CC, 237. »

il n'est plus qualifié du titre de *maître* dans un rôle de l'année suivante (1). On retrouve encore son nom dans un registre de 1507, puis on perd ses traces et il s'éteint obscurément.

« Ici se termine l'odyssée de l'élève de Gutenberg, dit, en finissant, l'érudit que j'ai tant copié. Si l'on calcule que Neumeister ne pouvait guère avoir que vingt-cinq ans lorsqu'il devint l'aide de l'inventeur de l'imprimeur à Mayence, et qu'il avait de trente-deux à trente-cinq ans lorsqu'il vint en Italie, on arrive à conclure qu'il dut mourir plus que septuagénaire, à Lyon. »

Et moi aussi j'arrête mes emprunts ; mais comme désormais, et j'en suis triste, mes notices vont être maigres et vides, une fois privé de mon savant appui !

BALSARIN GUILLAUME

M. Monfalcon le cite comme ayant publié en 1498 : *La nef des folz du monde*.

Il était cependant connu plusieurs années auparavant, et de son imprimerie située rue Mercière, près du couvent des Antonins, sont sortis plusieurs bons ouvrages :

Alphonsi a Spina *Fortalicium fidei*... 1487, die XXII mensi maii. in-fol. goth. à 2 col. papier à l'*Agnus Dei*.

M. Péricaud ne sait à quel imprimeur attribuer cet ouvrage et il serait prêt, à en juger par le papier, à le croire sorti des

---

(1) « Chartreau de deux deniers mis sus, pour le pont, l'an 1504...

« Depuis le portal Figuet, tirant par la rue de l'Arbre-Sec, jusques au Sainct-Esperit.., JEHAN DALBI, imprimeur à II• VI• *Archives de la ville de Lyon*, CC, 240, fol. 155, verso.

presses de Guillaume Le Roy : mais Mlle Pellechet le restitue à Balsarin dont la marque bien connue se trouve au colophon.

*Decreta basiliensia et bituricensia...*Lugdoni(*sic*)*in pressa* (*sic*) *anno* Dⁱⁿ 1488, in-4°, goth.

Legenda sanctorum, 1493, in-fol. marque.

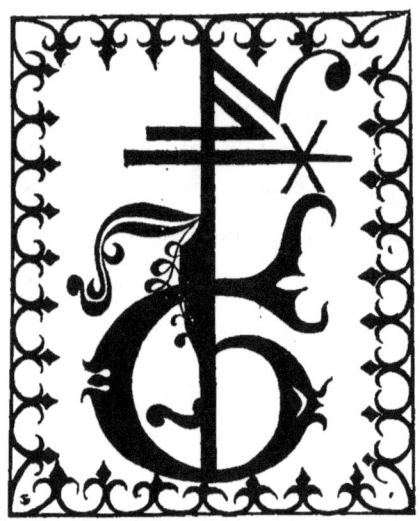

Marque de G. BALSARIN.

Janua logice et phisice (auct. Symphoriano Champerio) imp. per Guillermu Balsarini, 1498, in-4°, goth.

Via salutis, 1498, in-4°, goth.

Pragmatica sanctio, 1498, in 4°, le nom et la marque de Balsarin.

Albertus magnus. *Compendium theologicæ veritatis*, s. d. in-4°, marque.

Theologia naturalis seu liber creaturarum, in-4°, marque.

La nef des folz du monde, XI août 1498, in-fol. grav. bois ; autre édition 1499.

La doctrine et instruction que baillent et monstrent les bons pères à leurs enfans (en vers) et a été nouvellement imprimé en papier, non pas en parchemin. Qui le voudra acheter, vienne chez Guillaume Balsarin, s. d. in-16, goth.

Le testament du père lequel il laissa à son fils... pour l'instruire à vertu et fouir *(sic)* aux vices (en vers). Qui voudra le acheter, vienne chez Guillaume Balsarin, s. d. pet. in-8, goth. 8 feuillets.

La maison de Balsarin, rue Mercière, était portée à 25 livres de revenu ; ses meubles et pratiques à 60 livres, d'après un rôle de 1493.

Il exerçait encore en 1503, date que porte le *Romant de la Rose*, translaté de rime en prose, dernier ouvrage connu imprimé par lui.

Sa marque a été reproduite par Brunet.

JEAN TRECHSEL

« Treschel *(sic)*, dit Pernetti, fut sans contredit le premier et le plus célèbre de tous les imprimeurs étrangers qui s'établirent à Lyon, où l'imprimerie a produit de si grands chefs-d'œuvre et où elle a été exercée souvent par des hommes illustres. »

C'est par erreur ou plutôt par euphonie, que Pernetti, Colonia, Delandine et autres appellent cet imprimeur Treschel, son vrai nom est Trechsel.

Il fut un des plus illustres imprimeurs de notre ville, et *un des premiers* qui aient exercé leur art à Lyon.

Venu d'Allemagne avec tant d'autres, dès les premiers temps de la typographie, *il fut le premier*, déclare Mettaire, qui ait monté à Lyon une imprimerie, mais malheureusement pour sa célébrité, il n'est pas le premier qui, dans notre ville, ait mis une date à son livre.

Ce sont deux rivaux qui lui ont enlevé cet honneur.

Tenant à la pureté des textes autant qu'à l'élégance des éditions, Trechsel avait pris d'abord pour correcteur Jean Lascaris, puis Josse Badius ou Bade, qui, né en 1462, au village d'Assche près de Bruxelles, était venu en 1491, enseigner les humanités à Lyon.

Pour s'attacher plus étroitement ce savant si utile à son imprimerie et qui, avec une érudition profonde, avait tout le charme de la jeunesse, il lui donna en mariage Thalie, sa fille unique, et en fit son associé.

Il n'est donc pas étonnant qu'élevée avec soin, entre son père, homme vraiment supérieur, et Lascaris, un de ces illustres Grecs qui, chassés de leur patrie, contribuèrent à la rénovation littéraire de la France, enfin que femme de Badius, la belle Thalie, si souvent chantée par les poètes, soit devenue elle-même une de ces femmes d'élite dont le nom passe à la postérité et qu'elle ait brillé dans la littérature et la science, comme l'ont proclamé tous les historiens.

Etait-elle née à Lyon ? c'est probable ; Pernetti l'affirme ; mais il se trompe en disant que ce fut en 1487, puisque son mariage avec Badius eut lieu plusieurs années avant le décès de son père, qui mourut à Lyon, en 1498.

Ce fut aux environs de 1475 qu'elle naquit et il y avait longtemps que son père avait commencé cet état qui lui avait donné la considération, la notoriété et la fortune. Espérons que le hasard, les recherches ou le savoir de quelque heureux bibliophile fera pour Trechsel ce que M. Claudin a fait pour Neumeister et que nous connaîtrons un jour à quelle

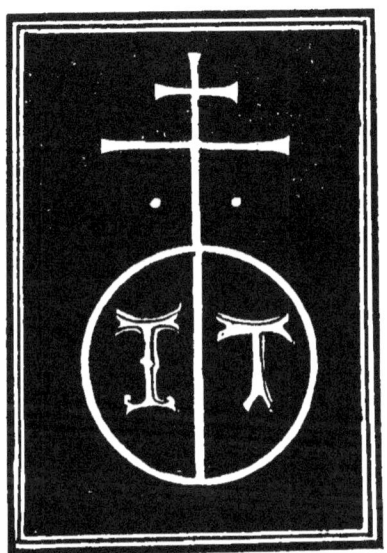

Marque de TRECHSEL.

époque le maître allemand vint se fixer chez nous, s'y maria et y devint père d'une seule fille, il est vrai, mais d'une nombreuse postérité d'imprimeurs.

Josse Bade était encore à Lyon en juin 1501 ; il y resta paraît-il jusqu'en 1510, époque où il alla s'établir à Paris et y créa cette imprimerie célèbre connue sous le nom de *Prœlum*

Ascensianum (1). On sait qu'il s'était fait appeler *Ascensius* du nom du village où il était né.

Thalie suivit son mari à Paris et y brilla au milieu de tous les érudits de ce temps-là.

Des nombreux enfants qu'eurent les deux époux, cinq seulement nous sont connus :

Deux fils, Melchior et Conrad, qui furent imprimeurs, Melchior à Lyon ; Conrad à Lyon, à Vienne et à Genève.

Ce dernier, né à Paris en 1510, a écrit quelques ouvrages et laissé des traductions.

Trois filles dont l'une épousa Robert Estienne ; une autre Michel Vascosan ; la troisième Jean de Roigny, tous trois illustres imprimeurs. On ne connaît pas le sort des autres enfants.

Badius mourut à Paris en 1535, date exacte, et non en 1526 comme l'ont dit quelques écrivains.

Je n'ai pas plus trouvé la date du décès de Thalie que de sa naissance ; ni même certainement le lieu où elle repose ; je présume que ce fut aussi à Paris.

Trechsel, très savant et en relation avec tous les érudits de l'Europe, imprima beaucoup d'ouvrages latins de théologie, de philosophie et de médecine. En voici quelques-uns :

Quadragesimale aureum, 1488, in-8, goth.

Guillermi de Vorrilong opus, 1489, in-fol. papier à la roue dentée.

---

(1) M. Delandine se trompe quand il dit que ce fut en 1495 que Badius alla s'établir à Paris.

« Le premier ouvrage que Badius fit paraître à Paris, ajoute cet écrivain, est le *Philobiblion* par Richard Bury, évêque de Durham, et fondateur de l'Université d'Oxford. Badius rivalisa de gloire avec Alde Manuce et tandis que celui-ci consacrait ses talents à la pureté des éditions grecques, il employa les siens à la correction des auteurs latins. »

A Lyon déjà, on avait remarqué, dans l'associé et successeur de Trechsel, une grande sûreté de goût dans sa composition, une grande sévérité dans ses corrections.

Tractatus de imitatione Christi, 1489, petit in-8, goth. extrêmement rare ; inconnu à la plupart des bibliophiles. Papier à la fleur de lys.

De passione Christi, 1489, pet. in-4°.

Johannis Versoris... in divi Aristoteli philosophie libros glosule, 1489, in-4°.

Practica Valesci de Tharenta, 1490, in-4°.

Opus... Johannis de Tornamira, 1490, in-4°.

Quadragesimale Gritsch... 1492, in-4°.

Speculum finalis retributionis, 1492, in-4°.

Silvæ morales, 1492.

« Dans le *Térence* de Trechsel, de Lyon, en 1493, dit M. Henri Bouchot, on voit un grammairien du xve siècle, dans un appartement complet de l'époque, occupé à écrire sur un pupitre. Ce doit être l'auteur du *Commentaire*, Guy Jouvenel, du Mans. »

Et je ne citerai plus que le suivant, à cause du correcteur :

Roberti Gaguini... de origine et gestis Francorum. Lugd. impensis Johan. Trechsel... *et diligenti accuratione jodoci Badii ascensii*, 1497, in-fol.

La première édition de ce livre est de Paris, 1495.

« Mais, dit M. Péricaud, Gaguin en fut si mécontent qu'il voulait jeter au feu les 500 exemplaires qu'on lui apporta et qu'il fut obligé d'avoir recours à un imprimeur de Lyon pour publier une seconde édition. »

Il paraît qu'alors Lyon pouvait rivaliser avec Paris, pour la correction et la pureté des éditions.

Ce fut Gaguin qui attira Badius à Paris, après la mort de Trechsel.

Lyon possède seize éditions de cet illustre imprimeur ; M. Péricaud en cite un nombre bien plus grand.

Michel TOPIÉ, de Pymont.

Comme associé de Jacques Heremberck, il imprima : *Des sainctes peregrinations de Hierusalem, tiré du latin de Bernard de Breydenbach*, imprimé à Lyon par... Michelet Topié de Pymont... et Jacques Heremberck dalemaigne demourant audict Lyon, l'an 1488.

Ce livre est le premier ouvrage français orné de planches de cuivre. Elles ont été probablement gravées par Heremberck.

Le Recueil des histoires de Troyes, Lyon, 1490, pet. in-fol. Lyon ne les possède pas.

CARCANI

Jean Carcani, ou Carcaigni, ou Carcayn, dit M. Monfalcon, imprima, en 1488 ; mais il ne cite aucun de ses ouvrages.

Janonus ou Johannès Carcanus imprima de 1488 à 1499, répond M. Péricaud ; son nom varie, mais il est probable que la véritable appellation est celle qu'il a prise dans son beau bréviaire lyonnais.

Breviarium camere ad usum Ecclesie lugdunensis, impressit Janonus Carcani, librarius lugduni ; 1498-1499, in-folio goth., marque de l'imprimeur.

La souscription rappelle le nom des prêtres lyonnais qui ont surveillé la correction et l'impression de ce volume, remarquable à plus d'un titre.

On lui doit :

Tractatus alienationum... Janono Carcayn, lugduni impressore, 1488, in-4°, goth.

Quod libet de veritate fraternitatis rosarii... lugduni, per Johan Carcaigni, 1488, in-4°.

Thomae Bricot textus abbreviatus super octo libris physicorum Aristotelis. Lugd. per Janonem Carcan., 1495, in-folio.

La ville ne possède que le *Bréviaire* de 1498, in-folio.

Jehan de LAFONTAINE

Il est connu comme imprimeur entre 1488 et 1490, dit M. Péricaud ; dès 1487, répond M. Monfalcon. Cependant cet historien ne cite que :

Le Roman de Clamades et de la belle Cleremonde, 1488, in-4° goth.

La chirurgie de Lanfranc, 1490, in-4°.

M. Péricaud, toujours plus précis, donne le titre exact :

La cyrurgie practique de maistre Alenfranc (Lanfranc), *de Mylan*, traduite par Guillaume Yvoire, cyrurgien pratiquant à Lyon, in-4°.

Lanfranc avait composé cet ouvrage à Lyon, après son exil de Milan. Il ne demeura dans notre ville que jusqu'à 1495 et alla s'établir à Paris.

Lazarus-David GROSSHOFER

Il n'est connu que pour avoir imprimé une bible.

Biblia latina, Lugduni, per Lazarum Grosshofer, 1489, in-fol. (Editio valde suspecta).

D'après Maittaire et Panzer, Lyon est une des villes de France (aux xve et xvie siècles) où on imprima le plus grand nombre de Bibles en latin.

La ville ne possède rien de cet imprimeur.

Jacques MAILLET

D'après M. Péricaud, cet imprimeur aurait été connu de 1484 à 1515 et peut-être même plus tard.

La Serna croit qu'en 1490 il était à Paris, ce qui est une erreur, à moins qu'il n'eût conservé sa maison à Lyon ; mais on ne trouve aucun ouvrage de lui indiquant qu'il ait été imprimeur à Paris.

On cite entre autres :

Le Recueil des histoires de Troyes, composé par Raoul Le Fevre. Lyon, Jacques Maillet, 16 avril 1484, in-fol. goth. fig. en bois ; cité par Brunet.

Hystoire des deux vaillans chevaliers Valentin et Orson. Lyon, 1489, in-fol. goth.

Fier à Bras, 1489, in-fol.

Des nombreux ouvrages cités par M. Péricaud, la ville ne possède que :

Le songe du Vergier, 1491, in-fol. gravures.

Durandus. *Rationale*, 1497, in-4° et *Ovidius*, 1497, in-4°.

En 1540, un Etienne Maillet, imprimeur, habitait la rue Mercière. Il avait pour marque *un maillet*.

Pierre MARÉCHAL et Barnabé CHAUSSART

Maréchal imprimait déjà en 1490, mais, en 1493, s'étant associé avec Chaussart, leur maison prit une remarquable extension et devint illustre par la beauté de ses caractères gothiques et leur netteté.

Leurs meubles et pratiques, dit M. Péricaud, sont évalués, en 1493, à 48 livres ; ils habitaient alors rue Notre-Dame-de-Confort. Ils allèrent s'établir, plus tard, en la grand'rue du Puys Pelu, à l'imaige de Sainct-Pierre. Maréchal figure jusqu'à 1515, dans les *Annales* de Panzer. Brunet donne la marque de ces imprimeurs qui eurent, ainsi que je l'ai dit, une grande réputation et publièrent un grand nombre d'ouvrages, aujourd'hui très recherchés.

Barnabé Chaussard mourut en 1505 ; son fils, Barnabé, était déjà l'associé de Maréchal. Marque un P. et un B. dans un écusson.

La conqueste du grand roy Charlemagne des Espaignes et les Vaillances des pairs de France et aussi celles de Fier à Bras, Lyon, imp. par P. Maréchal et Barn. Chaussard, 1501, in-4°, fig.

Le second Chaussart est connu jusqu'au milieu du xvi⁰ siècle.
M. Monfalcon ne fait qu'un imprimeur du père et du fils.

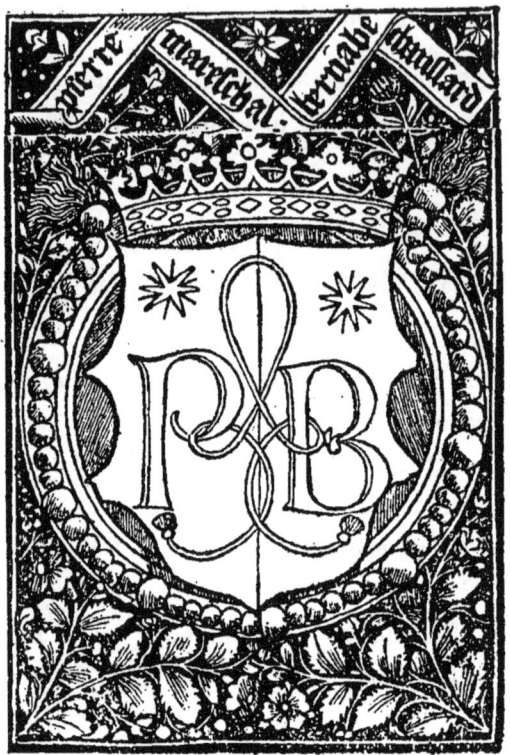

Marque de MARÉCHAL & CHAUSSARD

De leurs nombreuses éditions, la ville ne possède que deux ouvrages : *Georgius Bruxellensis interpretatio in summula Petri Hispani*, in-4°, belle marque.

Ovidius Naso. De arte amandi, 1497, in-4°.

Jacques Maréchal, imprimeur au xvi⁰ siècle, était de la même famille.

Pierre HIMEL

On ne trouve le nom de cet imprimeur que dans le colophon d'un livre italien imprimé de compte à demi avec Clein.

Questa operetta tratta dell'arte del ben morir... Stampata... per Joanne Clein e Piero Himel, de Alamania. s. n. d. ville. 1490. in-4°.

Quoique Clein fût, cette année-là, connu comme imprimeur dans notre ville, Brunet hésite à regarder cet ouvrage comme imprimé à Lyon.

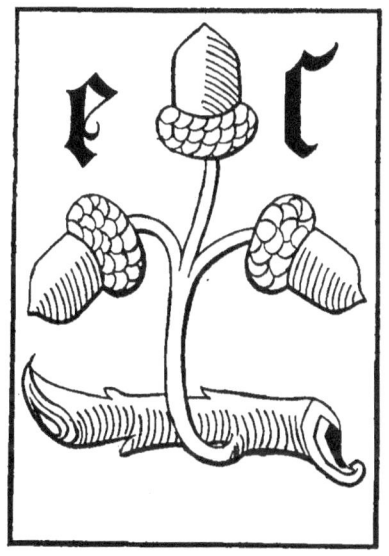

Marque de Schultis

Engelhart SCHULTIS

On ne connaît de cet imprimeur qu'un ouvrage :
Sermones hortuli conscientiæ fratris Petri Dorbelli...

Per magistrum Engelhardum Schultis, natione Allemanum; Lugduni impressus. 1491, in-4°, vignettes sur bois.

Marque : Un rameau de chêne, sans feuilles, portant trois glands et ces lettres, en gothique : E. C.

Antoine LAMBILLON

Il fut associé, en 1491, avec Marin Sarrazin et ils publièrent :

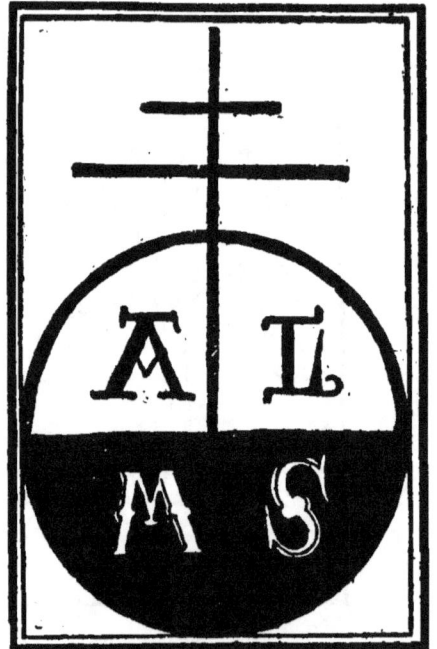

Marque de LAMBILLON & SARRAZIN

Practica excellentissimi medicini monarce domini magistri Bernardi de Gordonio... Lugduni, per Anthonium Lambillionis (sic) et Marinum Saracenum. 1491, in-fol.

Senecæ Tragœdiæ cum commento. Lugd. Anth. Lambillon et Marinum Sarazin. 1491, in-4°.

Aurea practica libellorum .. juris civili Petri Jacobi, de Aureliano. 1492, in-4, avec marque

En 1492, Lambillon a imprimé seul un *Virgile* avec des caractères venus de Venise et :

Terentii Comediæ. Lugd. diligenti opera Lambillonis, 1493, in-4°.

Angeli de Clavasio summa Angelica de Casibus conscientiæ : Lugd. 1494. s. n. d'imprimeur, mais, au frontispice, est un écusson surmonté d'une croix et supporté par deux lions, avec les initiales A. L., marque de Lambillon.

La ville ne possède que deux de ces ouvrages : Le Sénèque et le Jacobus.

Marin Sarrazin, et non Martin, avait imprimé à Venise, en 1478 et années suivantes. En venant à Lyon, il avait apporté une fonte avec lui.

Josse BADE

Venu à Lyon pour y professer les langues grecque et latine, il confia l'impression d'un volume *Silvæ morales* à Trechsel, dont il devint le correcteur, puis l'associé et enfin le gendre.

Panzer l'inscrit parmi les imprimeurs lyonnais.

Silvæ morales. Cum interpretatione Ascencii... Industria Trechsel, 1492, in-4°.

Auctores octo... 1494, in-4°. Sur le titre sont les initiales : P. L., probablement Petrus Lathomi, et J. B. Jodocus Badius.

Juvenalis... Cum Mancinelli et Badii Ascencii explanationæ, impressum per... Gagnardo bibliopola, arte et industria Wolf... Ascensio vitiorum expunctore. 1498, in-4°.

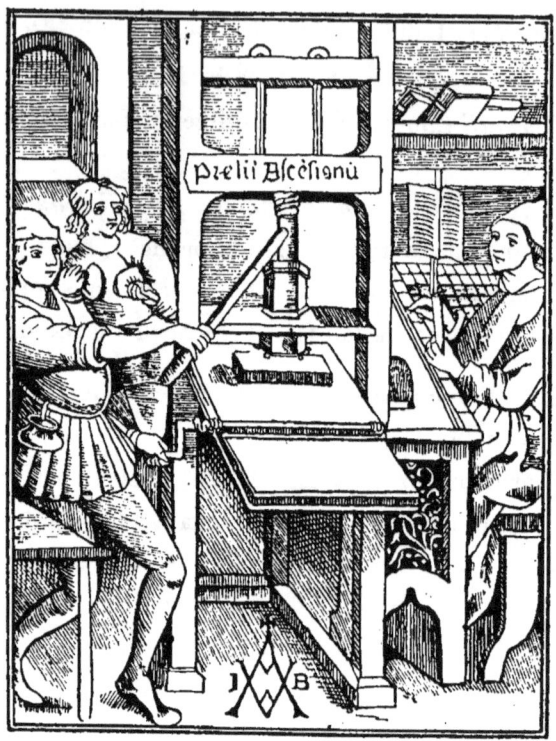

Presse de Josse Bade

La bibliothèque de M. Coste possédait :

Persii familiare comentum... interpretatione ac prefatione per Jod. Badium. Lugd. opera Nicolaï Lupi, Vocabulo teutonico Wolf. 1499, in-4°.

Barthélemy TROT et HUGON

Trot ou Troth, en latin de Trottis, en italien de Trotti, était né à Borgo-Franco, près de Pavie.

D'abord libraire à Lyon, où il est connu de 1492 à 1532, on le trouve établi dans la rue Mercière. Un rôle de 1492 nous apprend que ses meubles et pratiques y sont évalués 120 livres, mais désireux de s'enrichir, il s'associa peu après avec un imprimeur, Guillaume Huyon, et tous deux publièrent des contrefaçons aldines, en petit format, qui eurent le plus grand succès.

Alde eut beau se plaindre et protester ; la propriété littéraire n'était pas protégée alors et Trot, comme les éditeurs belges d'aujourd'hui, se fit une fortune à la source de laquelle il ne fallait pas s'arrêter.

Pierre BOUTE

Cet imprimeur, inconnu à M. Monfalcon, et qui n'a pas laissé trace de ses travaux, n'est cité, par M. Péricaud, que comme *écrivain de forme*, sans doute typographe en lettres moulées. En 1493, il tenait une maison rue de Bourg-Neuf, près de la Rivière. Elle était d'un revenu de quinze livres, et il la vendit à Pierre Solier. Ses meubles et pratiques, d'après un rôle de 1493, sont évalués à 30 livres.

On a cru même qu'il n'était autre que Pierre Boutellier. Voir ce nom.

Guillaume BRUCELLEMENT

M. Péricaud le présente comme imprimeur sans en donner aucune preuve, On serait porté plutôt à croire qu'il n'était que libraire. On n'a rien de lui

Pierre BUYET

Il était imprimeur et demeurait en Bourgneuf, dans la maison de Pierre Riche. En 1493, ses meubles et pratiques furent estimés 30 livres. On ne connaît aucun de ses travaux

Claude DAVOST

Il fut appelé quelquefois Claude de Troye, soit du lieu de sa naissance, soit de la ville dont il venait.

Il était imprimeur près de Notre-Dame de Confort où ses meubles et pratiques furent estimés 150 livres, en 1493. On a de lui :

Sermones Gabrielis Barelete, 1502, petit in-8°.
La Mer des Hystoires, 1506.
De Triplici disciplina, par Champier, 1508 ; d'après le colophon, il avait cette année-là 36 ans.

La marque de Davost est celle de Simon Vincent reproduite par Brunet, t. IV, p. 86.

Gaspard GREELIN

Allemand comme tant d'autres, Greelin avait une petite imprimerie qui n'a pas laissé de traces.

En 1493, il est rappelé comme habitant une partie de la maison de Claude Perrier, son beau-père, rue Neuve. Claude était pelletier.

Jehan MARESCHAL

Celui-ci était bien réellement imprimeur et ses frontispices sont ornés d'un fleuron représentant des forgerons ou maréchaux, avec cette devise : *Ferrum ferro acuitur*.

Je ne connais de lui que :

Les Evangiles des quenoilles faicts et racomptez par plusieurs nobles dames... imprimé à Lyon, par Jehan Mareschal, 1493, in-4°.

On sait quel succès eut cet ouvrage, pendant deux ou trois siècles, quelle quantité d'éditions il a eue, à quel prix sont montés quelques exemplaires rares et quelles discussions passionnées ont eu lieu, soit sur l'exactitude des variantes, soit sur le nom de l'auteur.

Et le suivant :

Champier. *Mirabilium divinorum, humanorumque* IV vol. Lugd. J. Mareschal, 1517, in-4°.

Pierre MARTIN

Cet imprimeur ne nous est connu que pour avoir été taxé, en 1493, à 24 livres ; 6 livres de moins qu'un autre imprimeur, Pierre Buyet, qui la même année, demeurait comme lui, faubourg du Bourgneuf, dans la maison de Pierre Riche, bourgeois de Couzon.

Ces deux typographes étaient-ils associés ? Etaient-ils rivaux ou simplement voisins ? La différence de taxe fait penser que ce n'est pas le même personnage connu sous deux appellations, un nom et un sobriquet. On ne connaît aucun ouvrage sorti de cet atelier.

Guillaume PERRIN

Cet *impresseur de livres*, comme le précédent, ne nous est connu que par la taxe de 30 livres tournois à laquelle il fut imposé en 1493. Il demeurait en la rue tirant de la Grant rue à Saint-Paul. On ne connaît rien de lui.

Pierre ROHAULT

Il était imprimeur rue Vendran et, en 1493, fut taxé à 36 livres.

Guillaume SEIGNORET

En cette année-là, 1493, le fisc frappa une foule d'imprimeurs qui n'ont rien laissé et qui ne sont connus que par la taxe qui leur fut imposée. Etaient-ils de simples ouvriers travaillant chez un patron? Celui-ci possédait une maison, rue Notre-Dame de Confort, du revenu annuel de 7 livres ; ses biens étaient taxés à 64 livres par an.

Gaspard VITERGES

Comme Greelin que je viens de citer, cet imprimeur n'était pas le gendre, mais le beau-frère de Claude Perrier, pelletier, et, à ce titre, il possédait le quart de la maison de celui-ci, rue Neuve. Ses meubles et pratiques furent estimés, en 1493, à 36 livres.

Jean de VINGLE

Celui-ci fut un imprimeur estimé et connu. Sa marque typographique, donnée par Brunet (1), se trouve au roman des *Quatre filz Aymon*. « Imprimé à Lyon, par maistre Jehan de Vingle, demourant en la dicte ville, le 5ᵉ de may, l'an 1495, in-fol., goth, de 133 ff. avec fig. sur bois. » Edition fort rare, ajoute Brunet, ainsi qu'une autre du même imprimeur, de 1497. On peut la décrire ainsi :

Un lion et un lévrier supportant un écusson en forme de cœur, sur lequel sont peintes ou gravées les lettres J. V. Au-dessus de l'écusson est une couronne ducale surmontée d'une banderole sur laquelle on lit : Jehan de Vingle. L'encadrement est formé d'un vaste cep de vigne chargé de raisins dont les grappes remplissent tout le cadre.

Jean de Vingle, Picard de naissance, imprima, dans notre ville, de 1494 à 1511

---

(1) t. IV. p. 1000.

On lui doit entre autres :
Juvenalis, 1495.

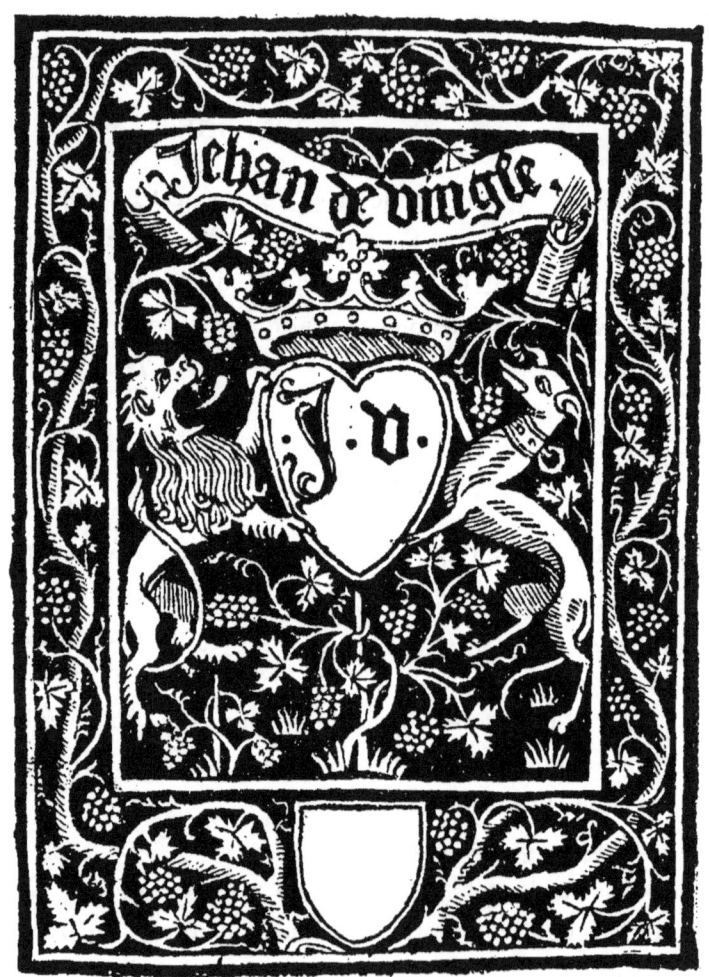

Marque de DE VINGLE

Sophologium magistri Jacobi magni, 1495, in-4°.
Anima fidelis, 1497.
Bélial, en français, 1494.

Fier à Bras, 1496.

Boetius, 1498, in-4°, avec la marque ; autre édition de 1499, in-4°.

Cato moralizatus, 1497, in-4°.

Rationale divinorum officiorum, attribué à Jehan de Vingle, 1499, in-4°.

Maillard. *Sermones*, 1498, in-4°, trois vol.

Piccolomini, Aeneas Silvius, Epistolae, 1497, in-4°.

Pragmatica Sanctio, 1497, in-4°.

Pragmatica Sanctio Caroli VII, Sive decreta basiliensia, 1499, in-8°.

Ces sept derniers ouvrages se trouvent à la bibliothèque de Lyon

Michel de Bâle ; MICAEL DE BASILEA

Sous ce nom, Michel Wensler, qui venait de Bâle, quoiqu'il n'en fût pas, ainsi que le croit M. Péricaud, a publié un *Missel*, daté de Cluny, du 9 juin 1493 et, à Mâcon, un *Diurnale matisconense*, avec les caractères qu'il avait loués ou empruntés à Mathias Husz et dont il ne put régler la note, étant mort insolvable après avoir erré dans divers pays.

Michel, de Bâle, était natif de Strasbourg. Il était ruiné quand il sortit de Bâle pour venir à Lyon et n'avait plus aucun matériel d'imprimerie.

On a cependant de lui :

Sexti libri decretalium compilatio illustrata... Lugduni per... Michaelem de Basilea, die 1 aprilis 1494, in-fol.

Clementis pape quinti constitutiones... Lugduni, per Michaelem de Basilea, anno... 1495, in-fol. goth.

Il est certain que ce n'est pas avec son matériel, à lui, que le pauvre voyageur a opéré.

M. Péricaud ne connaissait rien de lui, sous le nom de Wensler ; la ville possède cependant :

Albertus magnus... Basileae, Michael Wenssler, in-fol.

Summa de Virtutibus et Vitiis. Basilae, Wensler et Fr. Biel, 1475, in-fol.

Voragine (Jacobus) *Legenda Aurea*, Basilae, Michael Wensler, 1475, in-fol.

Missale Cluniacense. Cluniaco, 1493, in-fol.

Quatre ouvrages que Mlle Pellechet a inscrits dans son précieux *Catalogue des incunables lyonnais*, 1893, in-fol.

Jacques ARNOLLET ou ARNOULLET

Cet artiste, qui eut de la réputation, et que M. Péricaud pense être venu de Nevers, imprima, en 1490, à Genève, *Les sept Sages de Rome*, et en 1498 : *Passionale Christi*.

Il imprimait, à Lyon, en 1495 :

L'histoire de Valentin et Orson,, in-fol. Goth.

La nef des dames vertueuses, composée par Symphorien Champier ; au colophon : imprimé à Lyon, sur le Rosne, par Jacques Arnollet (1503 ?), pet. in-4° goth. 86 f., fig. bois, titre en rouge et noir.

La Vie de N. S. Jésus Christ, in-fol.

Les lunettes des princes, par Meschinot, 1500, in-4, ouvrage que possède la Ville de Lyon.

Il est encore dans notre Ville en 1503 ; puis on le perd de vue ; mais au milieu du siècle, vers 1555 et 1556, on retrouve un Balthazard et un Olivier Arnoullet ou Arnollet, demeurant auprès de Notre-Dame-de-Confort. Seraient-ils de la même famille ?

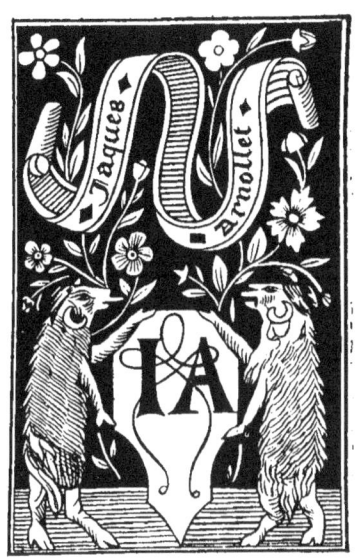

Marque d'Arnollet

Jacques Arnollet avait pour marque d'imprimeur : *Deux chèvres* portant les initiales I. A., entourées de fleurs. Au-dessus, est une banderolle portant son nom.

David EDMUNDUS ou HEMO

Ce typographe n'est guère connu que par deux ouvrages :

Cautele juris Dni Bartholomei Cepole in practica utilissime. Impress. per venerabilem Edmondum David, Lugduni, 1495, in-4°; ouvrage qui se trouve à la bibliothèque de Besançon;

Michaelis de Ungaria sermones. Lugduni, Hedmo David, 1495, qu'on ne connaît que par un mot de M. Mercier de Saint-Léger

La bibliothèque de la ville ne possède aucun incunable de lui.

Peut-être me sera-t-il permis de dire que Barthélemi Cœpolla, célèbre jurisconsulte, né à Vérone, mort en 1477, dont je cite un ouvrage, fut créé comte palatin pour son vaste savoir, et que son ouvrage le plus estimé, *De servitutibus*, fut aussi imprimé à Lyon, en 1660, in-4°.

Bernabé CHAUSSART

Il y a eu deux illustres imprimeurs de ce nom, tous deux associés à Pierre Maréchal ; le premier mourut en 1505 ; le second lui succéda et continua l'association jusqu'à 1515 ; il paraît avoir été le fils du premier. M. Monfalcon n'a pas fait cette distinction et il ne connaît qu'un Chaussart, dont il fait le plus brillant éloge.

Le second Chaussart imprima dans notre ville jusqu'au milieu du xvi° siècle.

La marque de 1511 offre un vaste écusson allemand portant les lettres P et B liées par une cordelière, avec deux étoiles à douze rayons en chef. L'écusson, surmonté d'une couronne de marquis, est entouré d'une rivière de perles et accompagné de branches de feuillages ; sur le tout court une banderolle portant les noms de Pierre Maréchal et de Bernabé Chaussart.

Il me serait impossible de citer tous les beaux ouvrages

sortis de cette maison; presque tous sont en français. J'indiquerai :

1496, *Le romant de Fier-à-Bras;*
1501, *La conqueste du grand roy Charlemagne;*
1504, *Le doctrinal des folles.*

Sans date :

Le caquet des bonnes chambrières;
Cent nouvelles nouvelles;
Le débat de l'homme et de l'argent;
Les faintises du Monde;
La danse des aveugles;
Le recueil des histoires des repeues franches, etc.

La ville possède :

Georgius Bruxellensis, Interpretatio in summulas;
Petri Hispani, s. d. in-4°, avec la marque des deux imprimeurs, et Ovidius. *De arte amandi,* 1497, in-4°.

Tous ces ouvrages, d'un excellent type, atteignent, dans les ventes, des prix élevés.

Nicolaus de BENEDICTIS

Cet imprimeur, d'origine catalane, dit M. Péricaud, fut associé, de 1496 à 1498, à Jacob de Suigo, de Saint-Germain, en Piémont.

Nicolas avait imprimé à Venise, en 1481, puis à Turin, où on le retrouve en 1495 et 1499.

Il revint à Lyon vers 1500 et paraît y être resté jusqu'en 1513. Il avait pour marque un écu à chiffre, suspendu à un arbre et tenu par deux anges.

Suigo est signalé à Turin de 1487 à 1494; il vint à Lyon, y travailla un an ou deux, puis se rendit à Venise, où on le perd de vue, après 1498.

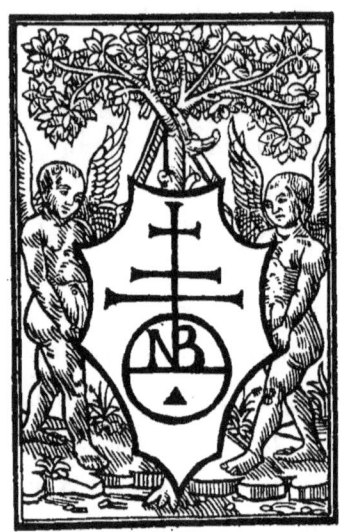

Marque de DE BENEDICTIS

On a d'eux quelques ouvrages :

Petri Care... oratio. Impressa lugd. per Jacobinum de Suigo, de Sancto-Germano, et Nicolaum de Benedictis, socios, regnante Carolo octavo Francorum rege, in-4°;

Rhetorices novæ.. 1497, in-4°;

Opus Baldi de Perusia. Lugd. 1497, in-fol.

De Suigo seul :

Petri Care... Orationes. Impressit Lugduni ad Rodanum, magister jacobinus de Svigo, de Sancto-Germano, 1497, in-4°.

Des deux associés :

Lectura Francisci de Zarabelli... 1498.

De Nicolas seul :

Summa Virtutum ac Vitiorum... Peraldi... 1500, in-4°.
Abbas Panormitanus... 1500, in-fol.

Je m'arrête au xv° siècle, les autres ouvrages sont trop nombreux.

Etienne GAYNARD ou GUEYNARD, alias PINET

Il était non seulement libraire, mais relieur habile et peut-être même imprimeur; il demeurait rue Mercière, près du couvent de Saint-Antoine. Il a édité un grand nombre d'ouvrages; Josse Badius fut son ami, et dans un volume de Boece, imprimé par Jean de Vingle, en 1499, in-4°, Badius l'appelle *Bonus et fidus bibliopola.* Cette attestation mériterait, à elle seule, qu'on le sauvât de l'oubli.

On lui doit :

Champier. *Opuscula varia.* Lugduni, 1507, in-4°, goth.
Champier. *Tropheum Gallorum...* 1507, in-4°.
Ciceronis Opera... Venundantur lugduni a Stephano Gueynard, prope Sanctum Anthonium. Hoc in fronte : Jod. Badii ascensii epistola ad Stephanum Gueynard directa pridie ydus novembris, 1507.
Gabrielis Barelete *Sermones.* Gueynard, 1507, in-8°.

Aureum opus de veritate Contritionis in quo mirifica documenta eterne salutis aperiuntur. Venundantur Lugduni ab Stephano Gueynart ejusdem civitatis bibliopola et cive in vico Mercuriali vulgariter en la rue Merchière, ante intersignium Sancti Ludovici. (Lugduni, circa 1510). Très petit in-4° ou grand in-8° gothique, fig. s. bois.

« Etienne Gueynard, dit M. Claudin, était non seulement libraire, mais relieur. Il faisait travailler pour son compte plusieurs imprimeurs de Lyon tels que N. Wolf, Guill. Balsarin, J. de la Place, Huguetan et autres. Il faisait de très bonnes affaires et possédait de grands biens. Toutes les éditions faites pour son compte sont remarquables par le luxe de l'ornementation des lettres historiées et sont toujours décorées de gravures sur bois. Comme ces illustrations reparaissent chez divers imprimeurs, mais seulement dans les livres portant le nom de Gueynard, on peut supposer que ce dernier était propriétaire d'une partie du matériel de ces éditions. »

A. Claudin. *Archives du bibliophile*, n° 187, janvier 1883.

Sermones de adventu... Parisiis declamati... Lyon, Etienne Gueynard, 1503, in-8°.

Cette édition des sermons d'Olivier Maillard n'a pas été connue de Brunet.

BACHELIER (et non BATHELIER)

Il imprima, en 1496, un *Quadragesimale*, de compte à demi avec Barthelot :

Johannis Gritsch quadragesimale. Lugd, per Johannem Bachelier et Petrum Barthelot, in-4°.

Et seul :

Casus Longi Bernardi super decretales... Impress. per Johan. Bachelier, 1500, in-4°.

Johannis de Tornamira Tractatus de febribus. Lugd. per Johan. Bachelier, 1500.

Claude DAYGNE

Il appartient au xv⁰ siècle par les ouvrages suivants :

Cicero, imprimé par moy Claude Daygne, le xxv⁰ jour de janvier 1496, petit in-folio goth.

Le doctrinal de Sapience, par Guy de Roye, imprimé à Lyon, par Claude Daygne, le 17 mars 1497, in-fol. goth.

Jean PIVARD

On lui doit :

Biblia cum summariis... impresserunt Franciscus Fradin et Johannes Pivard, socii impressores, 1497, petit in-fol.

Seul en 1498 :

Guidonis juvenalis in Terentium familiarissima interpretatio... impres. lugd. per honestum virum Johan. Pivard, 1498, in-4° goth.

On voit comme, à cette époque, les associations se nouaient et se dénouaient facilement.

François FRADIN

Il fut associé de Jean Pivard en 1497 et de Jean Syroben, en 1500. Il demeurait rue Mercière, près Notre-Dame-de-

Confort. Il avait pour marque un écusson à chiffre suspendu à un arbre, sous un portique et soutenu par une sirène et un chevalier.

On lui doit entre autres :

Eximii doctoris Beati Gregorii papae Trentenarius. Lugduni, Franc. Fradin, 1500, in-8°.

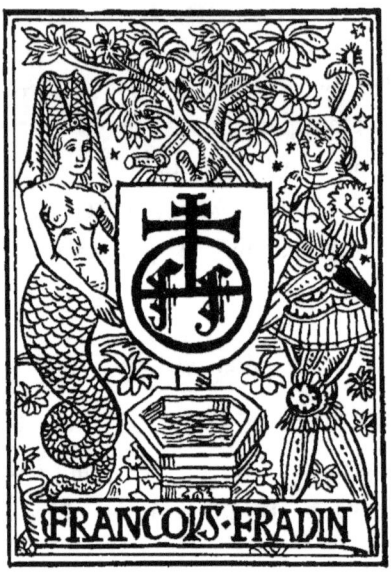

Marque de Fradin

Le 26 septembre 1514, Jacques Sacon, François Fradin et Jean de Cambray, maîtres-imprimeurs, accompagnés de maître Richard, gentilhomme, et de Laurent Yllaire, compagnon, se rendirent au Consulat pour obtenir punition et justice contre certains malandrins et vagabonds qui courent sus aux ouvriers compagnons de leur métier et en ont blessé dernièrement quatre ou cinq jusqu'à la mort.

Le Consulat répondit que tous les torts étaient du côté des imprimeurs qui font maintes insolences par la ville jusqu'à outrager le guet et à blesser M. le lieutenant lui-même.

Par loyal accord, il fut convenu que les imprimeurs remettraient aux mains de la justice ceux qui avaient insulté le guet ; mais, à l'exécution, les imprimeurs déclarèrent que les coupables étaient absents.

Le Consulat fit saisir alors les coupables par ses archers ; quatre furent arrêtés, emprisonnés et condamnés à être bannis, après avoir été fustigés à tous les carrefours par l'exécuteur de la haute justice; ce qui fut exécuté pour trois, le quatrième ayant protesté de son innocence et en ayant appelé aux tribunaux.

On croit que François était le frère de Constantin Fradin qui exerçait encore en 1536 et à qui Louise de Savoie, mère de François Ier, octroya, en 1525, à Lyon, la permission d'imprimer certains ouvrages.

Claude GIBOLET

On lui doit :

Bernardi compostellani casus super Decretales, Lugduni, per Claudium Giboleti, 1497, in-4°.

Tractatus de ecclesiastica potestate... Lugd. per Claudium Giboleti, 1498, in-4°.

Jacques HUGUETAN

Je cite ce libraire surtout parce que l'on a son adresse exacte : Il demeurait : *In vico mercuriali, ad angiportum qui in Ararim ducit.*

Il prétendait être exempt de garde et de guet, comme messager de l'Université de Paris ; mais le Consulat rejeta cette prétention.

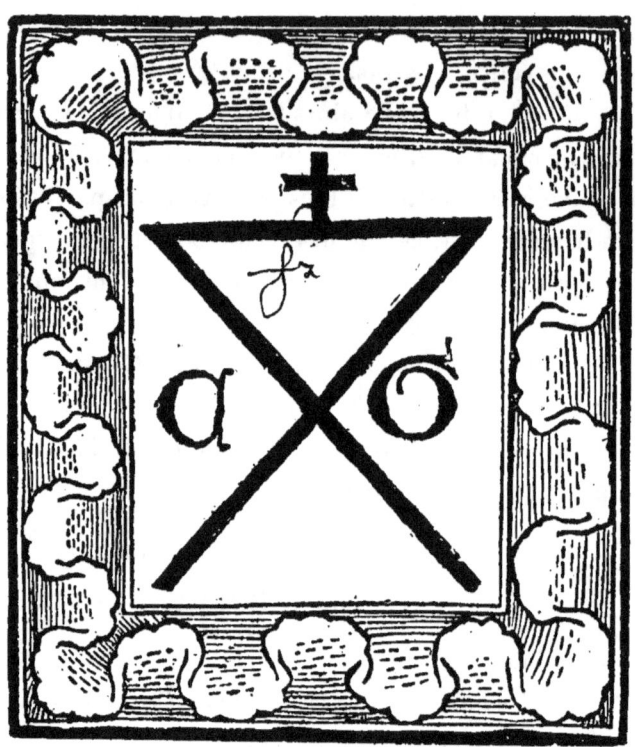

Marque de Gibolet

Il avait pour marque une initiale gothique au-dessus d'un bélier et d'une brebis couchés entre deux troncs d'arbre, en haut desquels sont, d'un côté, un ours couronné ; et de l'autre, un lion accroupi, rappelant la ville qu'il habitait.

Il avait un dépôt à Paris, rue Saint-Jacques, près Saint-Benoît.

Quoique M. Montfalcon n'en fasse qu'un libraire, je crois

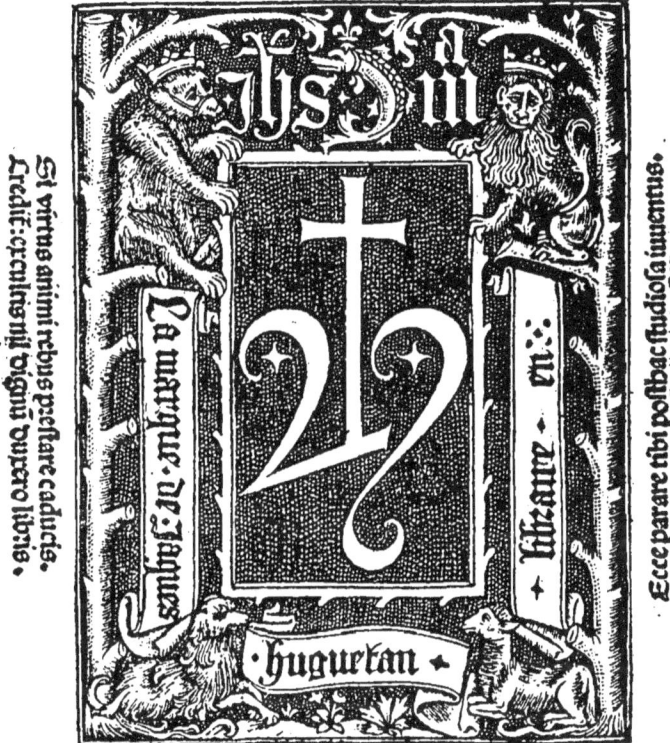

Marque de Huguetan

qu'il imprimait aussi parfois, soit avec ses presses à lui, soit en s'associant, pour un certain temps ou pour publier certains ouvrages, avec d'autres imprimeurs qui mettaient leur nom à côté du sien.

M. Péricaud dit que Jacques, Claude, Jean et Gilles, furent imprimeurs-libraires, sans dire s'ils étaient frères, parents, associés ou indépendants.

La maison de Jacques, rue Mercière, avait, en même temps, une façade sur la Saône.

Un violent incendie la détruisit, le 5 juillet 1507.

« Le samedi 17 juillet 1507, dit Clerjon, le roi notre sire, Louis XII, revenant de Gênes, arriva dans notre ville par la Porte-du-Rhône, accompagné de plusieurs grands princes et seigneurs...

« ... Il faisait maintes promenades en batelet sur la Saône. La saison était belle et la rivière fort tranquille. Louis XII se plaisait surtout dans le grand bassin, sous l'Archevêché, et tous les habitants garnissaient portes et fenêtres ; car leurs maisons, sur les deux rives, baignaient dans la Saône.

« — Hé, Maître, qu'est cela, dit le roi en voyant des ruines et des poutres brûlées du côté de la rue Mercière ?

« — Sire, répondit Claude Patarin qui se trouvait dans le même batelet, à propos de ce, il serait bien urgent que ces galleries, restraits, cabanes, passages en bois et issues que vous voyez garnis de monde et au long des maisons situées sur la Saône, fussent abattus, vu que par icelles très frêles constructions est advenu grand inconvénient par le feu, qui a brûlé douze bonnes maisons de la rue Mercière, et, entre autres celle de maître Huguetan, libraire.

« Nous y pourvoirons, dit le Roi... »

En effet, une ordonnance royale fit, quelques jours après, déblayer les maisons, et Jacques alla s'établir rue Chalamont.

Dans ce nouveau domicile, comme rue Mercière, sa maison fut plus que jamais le rendez-vous des mécontents.

Le samedi 25me jour de mai 1510, le cardinal d'Amboise, légat de France, décéda au couvent des Célestins, ce qui fut un grand malheur, car le cardinal avait l'intention de faire entendre raison au pape Jules II qui voulait la guerre et qui avait une jalousie profonde contre Louis XII et contre la France. Ce pontife ambitieux ne se gênait ni dans sa conduite ni dans ses propos et on savait avec quelle activité il amassait des subsides pour guerroyer contre nous ; ces menaces exaspéraient les Lyonnais qui voulaient la paix pour leur commerce et se détachaient visiblement d'une politique si nuisible à leurs intérêts.

Les mécontents, tous les jours plus nombreux, se réunissaient ostensiblement chez maître Huguetan, dont la nouvelle boutique installée récemment rue Chalamont était devenue le quartier général des ennemis de la papauté, qu'ils fussent libres penseurs ou indifférents. Les imprimeurs, Allemands pour la plupart, protestaient contre les tendances du Souverain-Pontife, et ils furent les premiers à embrasser la Réforme, quand Luther eut engagé la lutte contre l'Eglise romaine si fatalement dirigée par ses chefs.

Jacques SACON

Cet imprimeur, Piémontais, natif d'Ivrée, est aussi connu sous les noms de : Saccon, Sachon et Zachon. Il habita Lyon et y exerça la double profession d'imprimeur et de libraire, de 1498 à 1522. En 1500, il habitait une petite maison vers Notre-Dame-de-Confort, et il y vivait encore en 1538.

Il imprima un certain nombre de bibles latines pour la maison Koburger, de Nuremberg. Une d'elles, portant la date de 1521, servit à Luther pour faire sa traduction allemande.

Nicolas WOLF, en latin LUPUS

Il était natif de Lutter, dans le duché de Brunswick et fut fondeur et imprimeur à Lyon, de 1492 à 1512. Il imprima plusieurs ouvrages pour le libraire Gaynard, de la rue Mer-

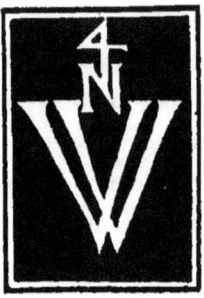

Marque de Wolf

cière, et se fit surtout remarquer par l'impression d'un *Juvénal* qui parut en 1498, corrigé et commenté par Josse Badius.

Sa marque se trouve dans l'ouvrage d'Orlandi.

Aymé ou Aymon de LAPORTE

Noble Aymon de la Porte fut échevin en 1515, 1521 et 1526. Il est cité pour avoir imprimé un *Infortiat*, en 1498, et d'autres ouvrages jusqu'en 1519. Plusieurs imprimeurs et libraires portant ce nom exerçaient dans notre ville au xvie siècle, et avaient pour marque : Samson emportant les portes de Gaza, avec cette devise : *Libertatem meam mecum porto*. Aymon avait adopté la marque ci-dessous qui en diffère totalement.

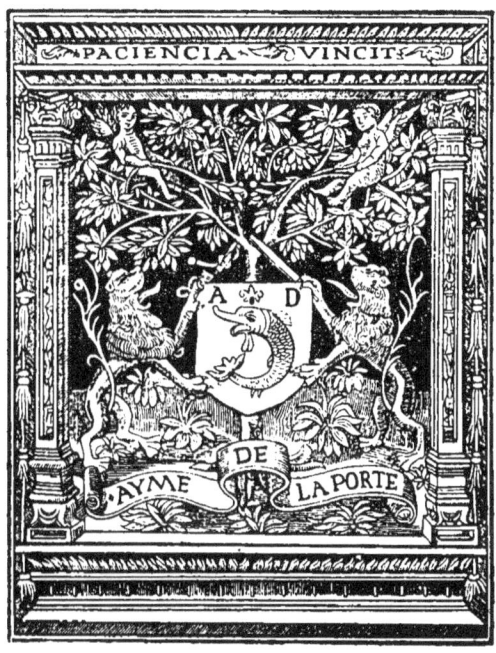

Marque de A. de Laporte

Jean PLACE, Johannes de PLATEÆ

Il est connu comme imprimeur dès 1498, cependant ses principaux travaux datent du siècle suivant, jusqu'à 1527.

Il avait pour marque *un arbre sous une voûte soutenue par deux colonnes*. A l'arbre était suspendu son chiffre dans un écusson.

Il a imprimé un ouvrage portant au frontispice un *Sainct suaire*, marque qui n'était pas la sienne, mais celle du libraire éditeur.

Martin HAVART

Il est tellement près de la fin du siècle, que c'est par grâce et pour avoir imprimé en 1499 que je lui fais les honneurs du xve.

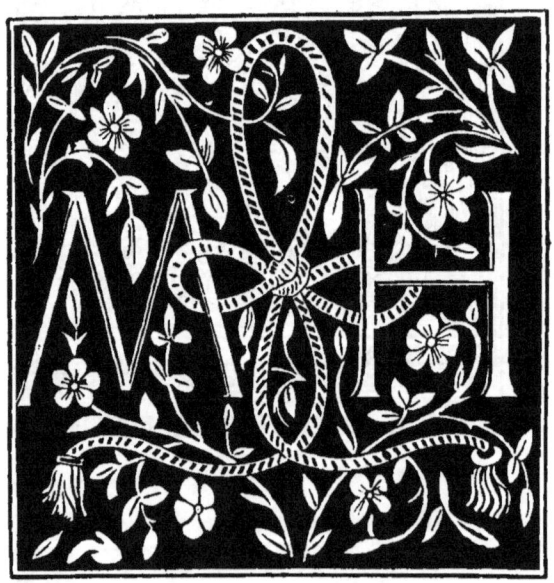

Marque de Havart

Il demeurait rue Raisin, près de Notre-Dame de Confort Sa marque était son chiffre M. H. dans un entrelacs sur fond noir.

On lui doit :

Catholicon parvum, 1499, in-4°.

Compotus... s. d. in-4°, papier à la roue dentée.

Labuze en court, s. d. in-4° goth. Ce livre étant attribué à René d'Anjou, roi de Sicile et ce roi étant venu à Lyon en mai 1476, où se trouvait Louis XI qui lui fit voir les plus belles dames de Lyon, il est probable que Jean Havart l'imprima cette année-là.

Le Chevalier délibéré (en vers) s. d., frontispice avec planche gravée sur bois, in-4°.

Chroniques des roys, ducs et contes de Bourgogne s. d. in-4°.

Les lunettes des princes, composées par noble Jehan Meschinot. s. d. in-4°, marque.

Les quatre fils Aymon, s. d. in-fol. goth.

On sait tout le prix que les bibliophiles mettent à ces romans.

Jehan MOYLIN, Alias CAMBRAY

La Serna prétend qu'il imprima en 1499, mais M. Péricaud ne retrouve ses œuvre qu'en 1511, année où il publia un *Pontificale* qui porte son adresse : *Venundantur Lugduni, in vico Mercuriali, vel in vico Thomassini, sub intersigno nomine Jesus*. On sait que cette marque était celle de la Compagnie de Jésus et que Pillehotte s'en est servi tant qu'il a été l'imprimeur de la Congrégation.

C'est à Moylin, dit M. Péricaud, qu'on doit l'édition la plus estimée de la *Silva nuptialis*, par Jean de Nevizan.

Balthazar d'AST

M. Monfalcon l'inscrit parmi les imprimeurs du xve siècle, quoique ni lui ni M. Péricaud ne puissent citer d'ouvrages imprimés par lui avant 1504.

Il habitait au coin de la rue Tupin dès avant 1500, ce qui lui fait prendre place ici. Ses meubles et pratiques étaient estimés 100 livres, forte somme pour l'époque. Il jouissait d'une honnête aisance et en 1501, il acheta l'immeuble où était son imprimerie et sa demeure.

« En 1504, dit M. Péricaud, il y avait à Lyon un Balthazar de Gabiano qui contrefaisait avec un grand succès les petites éditions aldines » à la grande colère du célèbre imprimeur vénitien qu'on volait.

Si ce dernier est le même que Balthazar d'Ast, ce qui est probable, on sera moins étonné de la fortune rapide que celui-ci sut faire.

Le beau *Suétone*, cependant, qu'il imprima en 1508, n'est point une contrefaçon et on ne peut que l'en louer.

Benoit BONNYN, Boninus de BONINIS

Après s'être perfectionné à Venise, où il travaillait en 1478, puis, de 1480 à 1491, à Brescia et à Vérone, Benoît Bonnyn vint s'établir à Lyon, à la fin du siècle et s'y fit remarquer par un véritable talent.

Il demeurait rue Mercière, fut imprimeur de 1498 à 1525, et avait pour marque : *Trois fourmis au-dessus du mono-*

gramme de l'artiste : BB enfermé dans une couronne de lauriers. Au-dessus de la couronne sur laquelle il s'appuie, le Père éternel lève un doigt en l'air. Devise : « *Beatus es et bene tibi erit, labores manuum tuarum quia manducabis.* »

Il eut pour employé, pendant quelque temps, Barthélemy Trot (voyez ce nom), ce qui ferait supposer que lui aussi s'occupa de contrefaçon.

On a de lui :

Officium divine et immaculate Virginis... impressum Lugduni, expensis Bonini de Boninis, dalmatici, 1499, in-8°.

Missale ad usum Cabilonensis diocesis. Editum Lugduni... Boninus de Boninis, de Ragusia, natione dalmata. in-fol.

Johannes SYROBEN

Cet Allemand fut associé, en 1500, avec François Fradin, pour l'impression d'un *Sacramentarium* à l'usage de l'église d'Uzès, petit in-8° goth.

On lui doit encore :

Duellum epistolare, par Symphorien Champier, 1519, in-8°, caractères ronds. Bibliothèque Coste.

Gérard OZE

Je ne connais aucun ouvrage de cet imprimeur qui occupait une maison dans la rue allant de l'hôpital au pont du Rhône. En 1500, ses meubles et pratiques furent évalués à la modeste somme de 36 livres.

Sixtus GLOGKENGIESER

Je ne puis attribuer à cet imprimeur, inconnu à Panzer, que cet ouvrage :

Tractatus... fratris Augusti de Ancona... de Laudibus Virginis, Impressus vero Lugduni per magistrum Sixtum Glogkengieser, Alemanum de Noedlingen, Retie, pet. in-4° goth.

Gaspard ORTUIN

Il fut associé avec Pierre Schenck pour l'impression, vers 1500, du roman de *Mélusine*. On lui doit :

Les expositions des évangiles en françois, imprimé vers 1500, pet. in-fol.

Pierre SCHENCK

Après avoir travaillé à Vienne en Dauphiné, en 1481, 82 et 83, Schenck vint à Lyon et fut associé un instant, vers 1500, avec Ortuin. (Voir ce nom.)

Jacques MYT

Celui-ci fut un des plus audacieux contrefacteurs des éditions aldines et je présume qu'il en fut récompensé, comme il arrive à tous ceux qui se mettent au-dessus de la conscience et des lois.

On a de lui :

Gaufredi... Collectarius juris ad V libros Decretalium. Lugduni. Jacob Myt, 1500, in-folio.

Aelii Antonii Nebrissensis introductiones grammaticae in linguam latinam... Lugd. Johann. de Platea et Jacobus Myt, s. d. pet. in-fol.

Il est connu de 1500 à 1527, cité plusieurs fois par Panzer.

Claude NOURRY, dit LE PRINCE

Il ne se rattache au xve siècle que par la *Grant danse macabre* qu'on suppose avoir été imprimée avant 1501, et par l'édition du 18 février 1499, in-folio goth.

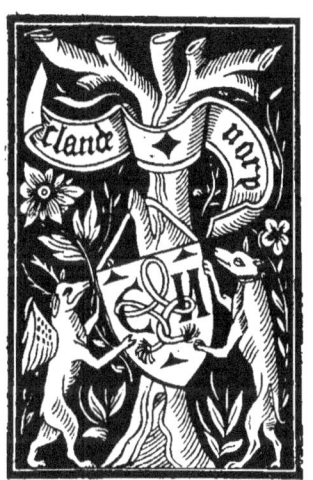

Marque de Nourry

On lui doit aussi quelques ouvrages sans date qui appartiennent à la même époque.

Il demeurait près de Notre-Dame de Confort et avait pour marque : *Un arbre mort dont les branches sont coupées, et qui porte un écusson sur lequel on lit le monogramme :*

C. N. Au-dessous sont un cerf et un chien. A l'arbre est une bandelette sur laquelle est inscrit le nom de *Claude Nory*.

On lui connaît une autre marque : un lion supportant un écusson, avec cette devise : *Cor contritum et humiliatum Deus non despicies.*

De son mariage avec *Glaude (sic) Carcand*, Nourry eut une fille qui épousa Pierre de Vingle.

« La maison située à l'angle méridional de la Grand'Rue de l'Hôpital et de la rue Raisin, dit M. Péricaud, était connue, avant 1789, sous le nom de *Maison de Monsieur le Prince*. On y voyait, dans une niche, la statue d'un prince richement habillé, costumé et empanaché. C'est là qu'habitait Nourry. Elle fut brûlée pendant une émeute de 1834. »

Les bibliophiles connaissent un grand nombre d'ouvrages sortis de ses presses. Je ne citerai que :

Les Miracles de la benoiste et glorieuse Vierge Marie... imprimez à Lyon sur le Rhosne, par Claude Nourry, *alias* Le Prince, 1524, in-4°.

Le livre des trois fils de Roys, c'est à savoir de France, d'Angleterre et d'Ecosse, imp. à Lyon par Claude Nourry, 1503, in-4°.

Le Blason des armes, avec les armes des Princes et Seigneurs de France. Lyon, Claude Nourry, 1503, in-8°.

En 1533, sa veuve, d'autres disent sa fille, épousa un autre imprimeur Lyonnais, Pierre de Sainte-Lucie, connu de 1534 à 1544, qui prit le surnom de Le Prince et continua la maison.

J'ai inscrit dans le xv° siècle tous les imprimeurs que j'ai pu découvrir.

A partir du xvi°, leur nombre est devenu si grand, que désormais je ferai un choix et ne citerai que les plus illustres d'entre eux.

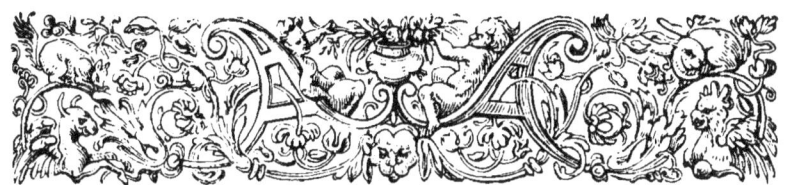

XVIᵉ SIÈCLE

Le seizième siècle fut un des plus beaux, des plus brillants de l'histoire de Lyon.

Non que la ville ait été moins troublée, moins agitée qu'aux autres époques de son existence ; mais quelle énergie ! quelle ardeur chez ses habitants ! quelle fermentation dans les idées ! quels grands hommes, quels érudits, quels écrivains elle possédait ! quel commerce actif, quelle industrie prospère que ne purent anéantir ni les guerres des Protestants, ni la Ligue, ni les erreurs d'une administration centrale qui ne s'occupait que de Paris !

Quel fléau ne l'a pas frappée ? Elle a triomphé de tout.

Manufacturière, elle a vu son peuple périr par la famine ; religieuse d'idées, de mœurs et de sentiments, elle fut déchirée par les catholiques et les protestants ; impatiente du joug, elle dut conquérir toutes ses libertés une à une et les armes à la main ; amie de la paix, cependant, travailleuse, ayant besoin de tranquillité pour prospérer, quand elle n'avait pas l'incendie dans ses murs elle voyait tout flamber chez ses voisins.

Ces luttes ont trempé son caractère ; elle fut toujours plus grande que ses malheurs.

La France entière, d'ailleurs, était dans un pénible enfantement.

Le clergé, après avoir donné, dans sa pauvreté, l'exemple de toutes les vertus, gâté par ses richesses, avait mérité les anathèmes de Gerson comme ceux de Savonarole et plus tard du grand prélat Camus, évêque de Belley.

La noblesse, jadis rude et guerrière, était devenue courtisane, libertine et frivole. Elle préférait les cours d'amour aux tournois et c'est pour elle qu'on écrivait : *Le livre des quenoilles, le caquet des Chambrières* et les poésies de Villon. Aussi n'étaient-ce plus ses héroïques cavaliers qui gagnaient les batailles ; c'étaient les fantassins roturiers, serfs, agriculteurs et bourgeois qui défendaient le trône et mouraient pour le pays.

L'Italie, plus civilisée, était encore plus corrompue que la France, et les hautes classes donnaient le plus fatal exemple au peuple qui ne se gênait plus pour les mépriser.

Le Roman de la Rose, le Roman du Renard, les Cent Nouvelles Nouvelles, nous peignent la grande société d'alors. Jules II et Léon X préparaient d'immenses matériaux pour ce chef-d'œuvre d'architecture qui devait s'appeler Saint-Pierre de Rome et pendant que les plans se dressaient, Luther enseignait la philosophie à l'Université d'Erfurt et Rabelais taillait cette plume terrible qui allait troubler le vieux monde et ébranler toute la civilisation.

Pendant ce temps, Lyon grandissait ; une administration vigilante et zélée travaillait à sa prospérité et la préparait à être une des merveilles du plus beau pays du monde.

Les guerres entre la France et l'Italie avaient amené, à

plusieurs reprises, Charles VIII et Louis XII dans notre ville. La présence de la Cour avait développé, dans la haute société lyonnaise, les goûts d'élégance et de distinction apportés déjà, introduits depuis un siècle par ces banquiers italiens dont les riches hôtels se voient encore aujourd'hui sur la rive droite de la Saône. L'esprit public était fin, délicat, éclairé, bienveillant et on en a pour irrécusable témoignage les écrivains étrangers de passage dans la cité qui tous, dans leurs ouvrages, lui ont donné les plus sympathiques souvenirs.

Les quatre grandes foires annuelles accordées, reprises et enfin définitivement rendues, attiraient au confluent de nos deux rivières le transit du nord au midi, le commerce et l'industrie des provinces de la France et des royaumes voisins (1). De longs convois de bateaux amenaient continuellement les récoltes et les richesses de la Savoie et du Dauphiné par le Rhône ; celles de la Bourgogne et de la Franche-Comté par la Saône et le Doubs (2). Les voies de terre

(1) Le 20 octobre 1462, Louis XI avait permis à tous les marchands, soit nationaux soit étrangers, excepté les Anglais, *nos anciens ennemis*, d'aller aux foires établies à Lyon par Charles VI. *Ordonnance des rois de France.* T. XV.

(2) Parmi les marchandises amenées par le Doubs et la Saône, je ne puis oublier les *bourguignons salés*, causes de tant de rixes et d'échauffourées, jusqu'au jour où, les rixes devenant batailles, les Romains parurent et changèrent la face du pays.
Dès les temps primitifs de la Gaule, les Séquanes (Francs-Comtois) qui élevaient d'immenses troupeaux de porcs dans leurs vallées et leurs forêts, utilisaient les salines du Jura pour préparer des convois de salaisons qui moitié s'arrêtaient à Lyon, moitié descendaient dans le Midi.
Jaloux de cette richesse, les Eduens, maîtres de Châlon et de Mâcon, voulurent établir des droits de péage sur ces convois. Les Séquanes résistèrent et, plus faibles, appelèrent les Allemands à leur secours. Les Eduens firent venir les Romains et la Gaule fut conquise.
Depuis lors, quand les salaisons arrivaient, les crocheteurs lyonnais appelés à décharger les bateaux disaient entre eux : « Voici les *Bourguignons salés* qui arrivent ! » Et l'appellation injurieuse resta, comme tout ce qui est mauvais.
Plus tard encore, quand les armées de Charles-le-Téméraire essuyèrent leurs

n'étaient pas moins fréquentées. A certaines époques surtout, les caravanes de chars, de mulets, de cavaliers et de piétons couvraient les routes, venant de l'Allemagne, de la Suisse, de l'Italie, de la Provence et de l'Orient. Celles que nous envoyaient la Bourgogne et Paris, les plus puissantes et les plus nombreuses, pour l'ordinaire, entraient par la Porte de Vaise, passaient sous la citadelle imprenable de Pierre-Scize, s'engouffraient dans la longue rue du Bourg-Neuf, séparée de la Saône par une ligne de maisons dont la façade orientale baignait dans la rivière. Arrivées devant l'église de Saint-Paul, elles traversaient le quartier des Lombards, des Lucquois et des Florentins, toujours prêts à prêter au commerce l'argent qui lui manquait. Parvenues devant les fortifications du cloître de Saint-Jean, séjour des Chanoines-Comtes et des archevêques, elles quittaient la part du royaume, traversaient le pont de la Saône et se trouvaient, du côté de l'Empire, dans le quartier commerçant, actif, âpre au gain, travailleur et turbulent, apanage des bourgeois.

La rue Mercière, à deux pas de Saint-Jacquème et de Saint-Nizier, était le grand passage, le rendez-vous des étrangers. Là étaient les orfèvres, les marchands de draps, les libraires et les imprimeurs.

Là veillaient les chefs de pennonage, toujours en susceptibilité et en soupçons contre les chanoines-comtes et les archevêques, jadis maîtres temporels de la cité, et prêts, en toute circonstance, à ressaisir le pouvoir, tandis que la bourgeoisie était, à toute heure, prête à prendre les armes et

défaites cruelles, les populations voisines, railleuses et sans pitié, appliquèrent aux vaincus de Granson et de Morat, le sobriquet populaire en y ajoutant le dicton si connu ; « *Bourguignon salé, l'épée au côté, la barbe au menton, saute Bourguignon !* » Mais alors la tradition primitive se perdit et ce ne fut plus que dans les murs de notre ville qu'on se souvint de ce qu'avaient été primitivement les : *Bourguignons salés.*

à se porter sur le pont de la Saône, dès que la cloche de Saint-Jacquème tintait dans les airs.

A l'extrémité de la rue Mercière, les voyageurs se trouvaient sur la petite place triangulaire de Notre-Dame de Confort, entre les Antonins, les Célestins et les Dominicains, forum de Lyon, depuis que le forum des Romains, sur la montagne, avait disparu.

Tout autour se croisaient, s'enchevêtraient ou s'étendaient les rues Thomassin, Raisin, de l'Hôpital, du Bourg Chanin, et les prairies de Bellecour.

La rue de la Barre conduisait de Bellecour au pont du Rhône, route active et fréquentée d'Avignon, de Marseille et de tout le Midi.

C'est donc dans l'espace restreint entre le pont de la Saône et celui du Rhône, que l'imprimerie et la librairie avaient élu domicile, d'abord volontairement, puis par ordre de la municipalité.

C'est autour de la place Confort qu'étaient campées ces forces rivales et ennemies qui allaient bientôt en venir aux mains. Là était le champ de bataille où allaient se heurter les anciennes mœurs et les idées nouvelles ; deux sociétés, deux civilisations, deux nationalités différentes, l'ancien monde et le monde nouveau.

Mais l'imprimerie, déjà surveillée dès sa naissance, n'était plus abandonnée à elle-même et, quoique dans une ville libre, elle se trouvait déjà dans la main de l'autorité.

« Il est à présumer, dit M. Péricaud, que dès l'invention de l'imprimerie, les imprimeurs et les libraires furent soumis à des règlements... A Paris, la Sorbonne surveillait la presse *qui avait pris naissance dans sa maison.* (Ce n'est même que pour la tenir de plus près que l'austère Sorbonne lui avait donné une hospitalité intéressée.) Mais, à Lyon, où il n'y avait pas d'Université, le clergé dut veiller sur la presse..

« Il est à remarquer, ajoute-t-il, que plusieurs ouvrages français où l'on trouve des passages licencieux, tels que *Pierre de Provence* et le *Roman de la Rose*, parurent sans date et sans nom, ni de ville, ni d'imprimeur. »

Ce fut, en effet, par le *Roman de la Rose* que la bataille s'engagea.

On croit que la première édition de ce roman si populaire fut imprimée par Guillaume Le Roy.

« L'exemplaire de la Bibliothèque de Lyon, reprend M. Péricaud, a 148 feuillets de 41 lignes sur chaque colonne.

« Cette édition, qui passe pour la première qui ait été faite de ce roman, est attribuée à juste titre à Guillaume Le Roy et paraît être la seule qui soit sortie des presses lyonnaises du XVe siècle.

Sa publication à Lyon exaspéra l'ancien Chancelier de l'Université de Paris, l'humble et vertueux Gerson.

« Si je possédais un exemplaire du *Roman de la Rose*, s'écriat-il un jour, fût-il unique et valût-il mille livres, je le brûlerais ! »

Hélas ! au siècle suivant, le grand chancelier de l'Université de Paris aurait eu beaucoup à brûler !

Les ouvrages à libre allure ne furent d'ailleurs pas les seuls à paraître et les délicats eurent aussi leur part. Toute l'antiquité ressuscita et si Alde Manuce, de Venise, en eut le premier l'honneur, les contrefacteurs lyonnais y contribuèrent aussi, d'une manière moins honorable, sans doute, mais plus largement.

Cet événement se lie trop à notre histoire pour que je le laisse de côté.

Alde, en essayant de donner à son imprimerie un des

premiers rangs du monde, par l'élégance et la correction de la composition, comme par la pureté de son tirage, eut l'idée de rendre le jour aux chefs-d'œuvre de Rome et d'Athènes, dont les manuscrits étaient délaissés et même presque oubliés. Il s'en ouvrit aux savants qui l'entouraient et reçut leur approbation.

Secondé par Pic de la Mirandole, par le prince Carpi, et, d'autres ; lui-même érudit et homme de goût, il se lança dans la voie des améliorations, renonça au caractère gothique et le remplaça d'abord par le caractère romain, d'une lecture plus facile, puis par un italique si bien accueilli qu'on l'appela longtemps le caractère Aldin.

Ce premier pas fait, il renonça définitivememt à l'in-folio, adopta un in-octavo, léger, commode, portatif, et aussitôt se mit à publier les principaux chefs-d'œuvre de l'antiquité.

Tous les lettrés accueillirent avec enthousiasme ces éditions d'un goût et d'une correction irréprochables. Sa marque d'imprimerie était un dauphin entortillé autour d'une ancre avec ce mot séparé en deux : *Al dus*.

L'ancre et le dauphin eurent un succès universel.

Seulement, les amateurs ne furent pas seuls émus.

Dès que ces charmantes éditions aldines, grecques, latines ou italiennes parurent, elles éveillèrent l'attention des avides et des ambitieux.

D'admirer à imiter il n'y a qu'un pas ; il fut fait.

Comment ? L'espace n'était pas facile à franchir.

En Italie, la contrefaçon n'était pas possible. A Rome, le Souverain Pontife, le Sénat à Venise avaient pris Alde sous leur protection et toute atteinte à la fortune de l'heureux protégé eût été promptement châtiée. Les éditeurs tournèrent la difficulté. Lyon était en dehors de la jurisprudence papale ;

vite, on y choisit d'habiles ouvriers qui, pleins de bonne volonté, mais moins experts que les Vénitiens, imitèrent ces petits livres grecs ou latins, y mirent l'ancre et le dauphin, mais se gardèrent bien d'y ajouter un nom d'imprimeur ou de lieu.

Qui accuser? On désigna Barthélemy Troth, Guillaume Huyon, Baltasard de Gabiano, Jacques Myt, Jacques Maréchal. Mais la preuve? A qui attribuer ces contrefaçons indélicates? En 1504, Alde, irrité, se plaignit avec colère dans son *Monitum in lugdunenses typographos*. Qu'en résulta-t-il? Rien. D'ailleurs, connaissait-on les coupables? Si on était sur la voie, pouvait-on les atteindre? Comment les arrêter dans leur commerce déloyal?

Après s'en être pris aux Lyonnais, on remonta plus haut et on incrimina une grande maison de Venise, soupçonnée de s'entendre avec les contrefacteurs. On nomma les Giunta, on les soupçonne encore ; mais sans preuve. Il y eut des accusations violentes, des pamphlets, des procès qui n'arrêtèrent personne et la contrefaçon triomphante, aidée d'ailleurs par la publicité des foires de Lyon et l'activité de nos compatriotes, prospéra pendant longues années, écoulant, colportant, vendant au loin les livres imités, plus vite et plus avantageusement que Manuce le produit de ses presses célèbres.

Ce fut donc Venise qui dégrossit Lyon, lui donna le vernis, la touche des grands maîtres et les leçons de la Ville des doges ne furent pas perdues pour notre intelligente cité.

La création, dès les premières années du xvie siècle, d'un lieu d'enseignement dans les vignes de l'arsenal, sur les bords du Rhône, externat modeste qui, grâce aux libéralités de la Ville, devait devenir bientôt le célèbre collège de la Trinité, montre avec quelle avidité la population lyonnaise avait soif de s'instruire, avait besoin de littérature, et de savoir ; n'est-ce pas à l'imprimerie qu'on doit ce vigoureux et superbe élan ?

Jacques MODERNE, de Pinguento

D'après M. Monfalcon, cet artiste aurait imprimé à Lyon dès 1499 et, à ce titre, ses œuvres auraient dû être classées parmi nos premiers incunables ; mais il ne donne aucune preuve de ce qu'il avance et ne cite aucun livre de cet imprimeur.

Mlle Pellechet, dans son savant *Catalogue des Incunables de la ville de Lyon*, 1893, in-8°, n'a rien décrit, parce qu'elle n'avait rien rencontré.

D'après M. Péricaud, Moderne, dit le Grand Jacques, n'aurait exercé que de 1527 à 1557.

Une note manuscrite de M. Léon Boitel, nous apprend que le Grand Jacques fut d'abord maître de chapelle de l'église Notre-Dame de Confort, de Lyon, et imprimeur de musique près de cette église.

Il publia beaucoup de recueils de motets et de chansons françaises, à plusieurs voix, qui renferment des morceaux de sa composition d'un vrai mérite.

Il était d'origine espagnole. La bibliothèque Coste possédait un ouvrage bizarre, sans nom d'auteur, intitulé : *Epilogue de céleste supplication auctorisé de maintes belles sentences de la saincte Ecriture sur les Oraisons du Confitemini, adressé aux nobles dames lyonnoises* par leur Orateur benivole, Recteur du Clergé royal. — *En foi parfaite*. (Trouverait-on dans cet anagramme le nom de l'auteur ?) Imprimé à Lyon, par Jacques Moderne, (sans date) in-32.

Noël ABRAHAM

Cet imprimeur peu connu a fait paraître :
Le libelle des cinq villes dytallie contre Venise, faict et composé par Maistre André de la Vigne, s. l. ni date, in-4° de 8 ff.

Comme cet opuscule parut pendant que Louis XII était à Lyon en 1498. Il faudrait, peut-être, ajouter Noël Abraham à la liste de nos typographes lyonnais du xve siècle.

Jannot de CAMPIS (DESCHAMPS)

Cet imprimeur, dont je n'ai vu aucun ouvrage, exerça de 1505 à 1507. Il avait pour marque de son industrie : *Un ange les ailes déployées et portant son monogramme* : J. C.

Martin HAVART

Celui-ci, aussi peu connu, avait son monogramme dans un entrelacs sur un fond noir. Il exerçait, paraît-il, en 1508.

Martin BOILLON ou BOUILLON

Il exerça, comme imprimeur-libraire, de 1500 à 1530, à peu près.

Sa marque était : *Deux anges portant un oméga et un*

sigle, accompagné, à droite et à gauche, de deux monogrammes, celui du Christ et celui de la Vierge.

Tout autour et faisant encadrement, ces mots en gothique :

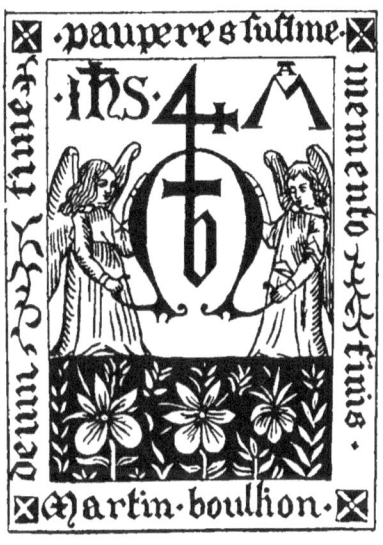

Marque de BOILLON

Pauperes sustine. Deus time. Memento finis. Martin Boullion.

Sous les anges, des fleurs en blanc sur fond noir.

Vincent de PORTUNARIS

Il ne paraît pas que Portunaris ait été imprimeur. Il était libraire, rue Mercière, et avait pour marque : *Un ange debout, vêtu d'une longue robe traînante, portant contre sa* poitrine un tableau à volets ouverts, plutôt qu'un livre ; de chaque côté, les lettres M. P. deux fois répétées, dans un branchage. Autour de lui, faisant encadrement, la légende : *Vincentius de Portonariis, de Tridino de Monte-Ferrato*.

Il exerça de 1510 à 1540, à peu près.

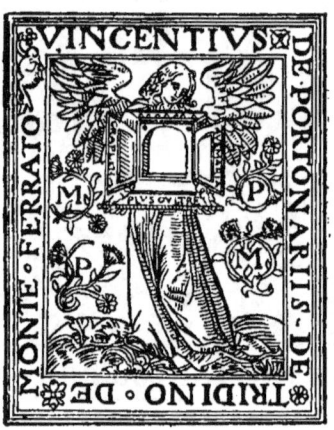

Marque de PORTUNARIS

Je ne citerai que :

Excellentissime legum interpretis domini Matthei de Afflictis, Neapolitani,.. tractatus. Impressum Lugduni per Johannem Crespin, alias de Carre ; impensis honesti Viri Vincentii de Portonariis de Tridino de Monteferrato, anno 1533, in-4°.

Gilbert de VILLERS

Il fut imprimeur de 1511 à 1526.

On connaît de lui :

Antonini Moncinelli, *Opera grammatica*. Impress. Lugduni per Gilbertum de Villers, 1511, in-4°.

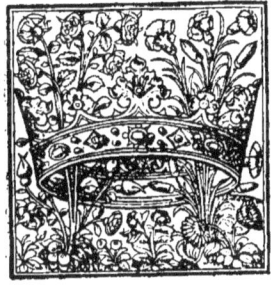
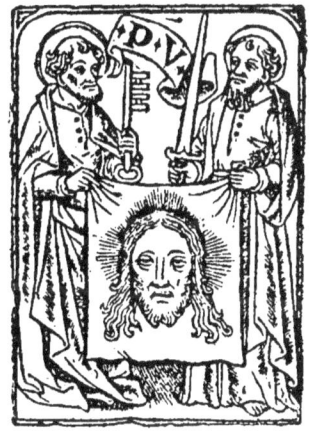

Titre et marque de l'ouvrage de Gazio
imprimé par Gilbert de Villers pour Simon Vincent
aux frais de Barthélemy Trot.

Symon VINCENT

Imprimeur et libraire, Vincent mit son nom à plusieurs ouvrages, imprimés ou simplement édités par lui, de 1509 à 1525.

On lui connaît plusieurs marques pour sa double industrie :

1º Une femme et une licorne supportant son monogramme, un V et un S accolés ;

2º Deux évangélistes portant un saint *suaire* avec cette légende : *Salve, sancta facies* ;

3º Une main tenant deux branches de lauriers pliées et une tige surmontée de l'œil de la Providence.

Etienne BALAND

On le trouve comme imprimeur en 1509.

Sa marque assez originale et qui mérite d'être conservée, était : Un ange tenant un bâton. A côté, un homme monté sur un âne, lève son bras armé d'un fouet. Au-dessous, un cartouche soutenu par deux anges ou deux génies, porte en toutes lettres le nom de E. Baland.

J'ai cherché à deviner cette allégorie, sans y parvenir.

On lui doit :

Le Traicté intitulé : de la différence des scismes et des concilles de leglise et de la preeminence des concilles... par Jan Le Maire de Belges, judiciaire et historiographe. *Expensis propriis*. Par Etienne Baland, imprimeur de Lyon, demourant en la Grand'Rue du Puis-Pelu, au lieu dit : Paradis. Au moys de may, 1511, in-fol.

Jean de CHANNEY

La marque typographique de cet imprimeur est : *Un dauphin entourant une ancre*, rappelant les éditions aldines, ce qui ressemble fort à une usurpation.

Au-dessous se lit le nom de l'artiste : Jean Channey.

Il exerçait en 1510.

La vie de Jésus-Christ, Lyon, Jean de Channey, 1510, in-4°, cité par Panzer

Constantin FRADIN

Il était imprimeur et libraire, connu de 1515 à 1525, et avait pour marque : *Une sirène et un guerrier antique soutenant un écusson appuyé contre un arbre couvert de fleurs.*

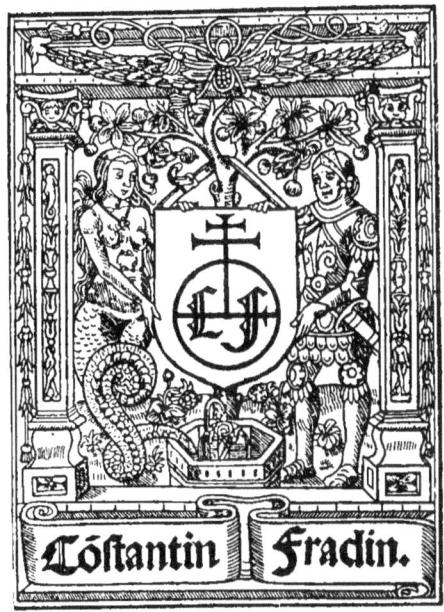

Marque de Constantin Fradin

Dans l'écusson est le monogramme de Fradin : C. F. Au-dessus de l'écu on lit : *Constantine, in hoc signo vinces* ! Au-dessous le nom du propriétaire, imprimeur et non empereur, quoique Constantin.

Il demeurait près de Notre-Dame de Confort.

C'est à lui que Louise de Savoie, mère de François Ier, accorda, le 17 novembre 1525, en passant à Lyon, l'autorisation d'imprimer certains ouvrages, entre autres :

Joannes de terra rubea contra rebelles suorum regum. Lugduni, in-4°.

Cet ouvrage, dû à Jean de Terrevermeille, docteur en droit à Beaucaire, fut composé, en 1420, lorsque les villes des bords du Rhône se déclarèrent pour le parti Bourguignon contre la royauté française. Le privilège est daté de Sainct-Just sur Lyon, le dix-huitième jour de novembre 1525 et signé de la régente du royaume.

Le frontispice porte la marque de Constantin Fradin avec le labarum.

Un François Fradin a imprimé l'ouvrage suivant :

Infortiatum, Lugduni, opera Francisci Fradin, 1511, in-folio.

Pierre BALET

La marque de cet imprimeur était : *Une Sainte-Vierge couronnée et soutenue par deux anges.* Un tronc d'arbre, au pied duquel deux lions sont couchés, porte le monogramme P. B. Deux anges tiennent dans leurs mains une banderolle, avec ces mots : *Je vis en espérance. Pierre Balet.*

Jacques MARÉCHAL, dit ROLLAND

Il fut imprimeur-libraire et avait pour marque : Deux personnages grotesques soutenant un écu pendu à un arbre. Dans l'écusson, le monogramme J. M., et au-dessous : Jacques Maréchal.

Antoine BLANCHARD

Après avoir été imprimeur à Limoges, Blanchard vint exercer à Lyon, où il est connu à peu près de 1518 à 1530. D'après M. Claudin, il travailla pour les Juntes et autres libraires lyonnais.

Jean BESSON

Il fut imprimeur en 1516.

Je n'ai pas plus trouvé de travaux de lui que de Jean Marion, de Bernard, de Gilbert de Villers et de Jean Flageolet qui étaient imprimeurs à la même époque.

Pierre de VINGLE ou de WINGLE

Parent, peut-être fils, de Jean de Vingle, imprimeur lyonnais, originaire de Picardie, et connu à Lyon, comme typographe, de 1494 à 1511.

Pierre de Vingle, surnommé Pirot-Picard, à cause de l'origine de sa famille, fut chassé de Lyon en 1531, pour y avoir imprimé un *Nouveau Testament* en français, ce qui le rapprochait des réformés. Il partit, établit d'abord ses presses à Genève et, en 1533, transporta son domicile à Neuchâtel. La plus importante de ses publications est la *Bible* d'Olivetan, parue en 1535. Après cette époque, on n'entendit plus parler de lui.

Guillaume HUYON

Il fut l'un des contrefacteurs des éditions aldines. Il exerça de 1505 à 1522.

Sébastien GRYPHE

En allemand Gryph, et Greyff: en latin Gryphius.

Il fut un de nos plus célèbres imprimeurs.

Né à Reutlingen (Souabe), en 1491, suivant les uns, en 1493 suivant les autres.

Mort à Lyon, le 7 septembre 1556.

Son père, Michel Greyff, était un des deux typographes de la petite ville allemande. Actif, habile, intelligent, érudit, sérieusement instruit, Sébastien ne crut pas Reutlingen un théâtre digne de lui et, dès qu'il sentit qu'il pouvait se tirer d'affaire, comme tous ses compatriotes, il descendit vers le Midi.

Fort des connaissances qu'il possédait dans son art, confiant dans un savoir varié et profond, et certain d'être un des premiers partout, il brava la foule et la concurrence, vint à Lyon et s'y établit bien certainement avant 1520.

Cependant, on ne connaît d'ouvrages signés de lui que de 1528 à 1556; j'ai ces deux dates sous les yeux. C'est donc, sans en être bien certains que les biographes disent qu'il imprima de 1520 à 1555; c'est par erreur que la *Biographie Générale* de Didot s'arrête à 1547. On croit, on suppose pourtant que c'est lui qui imprima, UN PEU AVANT 1520, à Lyon, *Romani Aquilæ de nominibus figurarum græcis et latinis ex exemplis earum liber de Alexandro Numenio*, in-8°, s. d. et, depuis lors, plusieurs ouvrages auxquels il ne mit pas son nom. Ce sont de simples présomptions.

Les imprimeurs lyonnais du xve siècle s'étaient peu servis de caractères grecs, et seulement dans de courts passages et

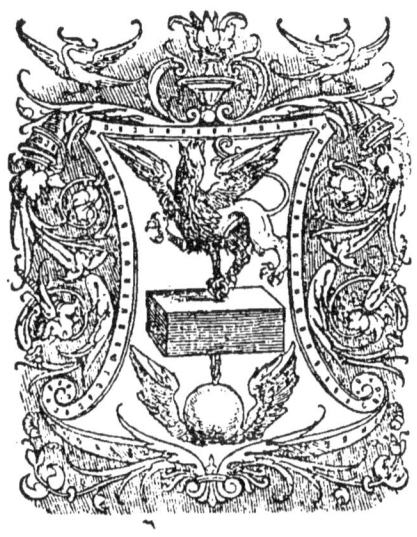

Marque de S. Gryphe

des citations. Gryphe paraît être le premier qui ait publié un ouvrage entier dans cette langue; ce fut le *Precationes aliquot celebriores e Sacris Biblis desumptæ, hebraïcæ, græcæ et latinæ*. Lugduni, 1528, in-8°.

Cependant, M. Renouard se trompe, dit M. Péricaud, quand il prétend que ce volume fut le coup d'essai de Gryphe dans l'imprimerie. Notre illustre imprimeur exerçait avant la publication de cet ouvrage. M. Péricaud aurait dû nous dire sur quoi il se basait pour réfuter l'érudit parisien.

Il avait ses presses et son logement dans un antique logis, à l'angle de la rue Thomassin et de la rue Mercière, quartier des libraires.

La rue Thomassin était neuve alors, n'ayant été ouverte qu'en 1499, sur un terrain appartenant à Claude de Thomassin, conservateur des privilèges des foires de Lyon.

Plus tard, pour donner plus d'extension à ses travaux, il ouvrit un atelier de l'autre côté des prairies de Bellecour, rue Sala, dans la maison qui devint ensuite le bel hôtel de Liergues, non loin de l'abbaye d'Ainay.

Rue Thomassin, comme rue Sala, il fit sculpter, au-dessus de sa porte d'entrée, sa marque typographique, celle qu'on voit sur tous ses ouvrages : *Un griffon sur un cube, lié par une chaîne à un globe ailé,* avec cette devise, empruntée aux lettres de Cicéron à Plancus : *Virtute duce, comite Fortuna.* »

La fortune, en effet, lui fut fidèle.

La maison de la rue Sala portait, en outre, une date : « 1556. » Ce fut l'année de son décès.

M. Monfalcon, en nous apprenant dans son *Nouveau Spon*, page 52, que Sébastien Gryphe avait imprimé de 1528 à 1566, oublie complètement que l'illustre typographe était mort en 1556, c'est-à-dire dix ans auparavant.

Outre Jean de Tournes, qui devait suivre la même carrière, devenir son rival, en restant son ami, deux autres de ses correcteurs sont devenus illustres : Sussanneau, un des plus élégants poètes latins du XVIe siècle, et l'infortuné Etienne Dolet, à qui Paris vient d'ériger une statue pour le consoler de son affreux bûcher.

A ce moment, la science et les arts, Paris à part, étaient cultivés à Lyon plus et mieux que dans aucune ville de la France et son imprimerie l'emportait sur celle de Paris. Champier, Sève, Benoît Court, Guillaume du Choul, du Peyrat, mille autres représentaient l'esprit grave et sérieux des Lyonnais ; les banquiers italiens, si riches et si nombreux, le génie artistique de leur patrie. Thalie Trechsel nous avait quitté; mais quel essaim de femmes, belles, poètes, aimables, faisaient le charme de la ville ! C'était : Louise Labé, que M. Charles Boy, son dernier éditeur, fait naître en 1524, mais que M. Félix Desvernay, administrateur de la Bibliothèque de la ville, affirme être née entre 1510 et 1512, date qui n'avait jamais été proposée, et qu'il déclare pouvoir maintenir en toute sécurité ; Pernette du Guillet, Clémence de Bourges, musicienne et poète, que le Consulat présentait aux souverains de passage comme la perle des demoiselles lyonnaises, et qui mourut de désespoir en apprenant la mort de son fiancé ; Marguerite de Bourg, dame de Gage, Claudine et Sibylle Sève, les deux sœurs de Jean Pérréal, Marie de Pierre-Vive, Philiberte de Fuers, Catherine de Vauzelles, Sibylle et Marguerite Bullioud, Jeanne Creste, Jeanne Faye, Claudine Péronne, Jeanne Gaillard, que Marot avait surnommée la *Plume dorée* ; enfin Jacqueline Stuart, la femme de Grolier, trésorier général de Crémone, et qui dans son bel hôtel, à l'angle de la Place du Change et de la rue Saint-Jean, charmait par sa beauté, sa grâce et son esprit la haute société lyonnaise ! Avec cet ensemble unique et ravissant, était-il étonnant de voir accourir vers Lyon toutes les illustrations de la France, tous les beaux esprits de Paris et de la Cour, Baïf, Marot, Pontus de Tyard, Syméoni, Olivier de Magny, Paradin, Charles Fontaine, Saint-Gelais, Le Maire de Belges, Voulté, qui dans leurs œuvres ne cessent de louer la brillante société lyonnaise et l'accueil qu'ils en ont reçu ?

Louise Labé, outre ses œuvres qui l'ont rendue immortelle, avait un savoir au moins égal à celui des femmes de nos jours. Elle faisait des vers italiens et latins, parlait l'espagnol, lisait et comprenait le grec, et presque toutes ses amies en faisaient autant.

Mais dans ce monde si érudit dont j'esquisse l'histoire, puis-je oublier deux hommes dont le nom ne périra pas : Rabelais et le malheureux Dolet?

Je commence par Rabelais ; Dolet aura sa place à côté des imprimeurs.

Un des plus sympathiques professeurs de la Faculté des lettres de Lyon, M. Alexis Bertrand, dans une étude sur le *Séjour de Rabelais* dans notre ville (1) rappelle ces deux noms et ces deux amitiés. C'est un tableau trop vivant pour que je ne le mette pas sous les yeux de mes lecteurs.

« De tout temps, les Lyonnais furent des travailleurs et des laborieux, dit-il, mais personne à Lyon ne laboura et ne travailla avec plus d'ardeur et de succès que Rabelais ; ce furent des années de prodigieuse fécondité. Jusque-là ; il avait ensemencé ; il récoltait.

« Fécond aussi fut son séjour en amitiés durables. On pourrait reconstituer la vie intellectuelle lyonnaise de cette belle époque, rien qu'en relevant les noms qu'il cite et qui s'offrent en foule à ma plume. Contentons-nous d'en rappeler quelques-uns.

« Voici d'abord Sébastien Gryphe, à l'atelier duquel il avait peut-être travaillé comme correcteur, l'impeccable et inimi-

(1) Lyon, Storck, 1894.

table imprimeur, *Calcographus ad unguem consummatus et perpolitus*, qui, le premier, selon le bibliophile Jacob, joignit à ses admirables éditions grecques et latines des *errata* en témoignage du travail minutieux de la correction des textes ; François Juste, dont la boutique hospitalière était le rendez-vous des savants et des poètes ; Etienne Dolet, un autre imprimeur, qui passait pour être un fils naturel de François Ier et qui, selon toutes les apparences, avait servi à Lyon d'introducteur à Rabelais. Moins habile ou moins heureux que son ami, Dolet devait expier sur le bûcher les hardiesses de sa pensée et de sa parole.

« Citons encore parmi les grands imprimeurs lyonnais : Claude Nourry, l'éditeur du premier ouvrage authentique de Rabelais, édition en caractères gothiques du premier livre de *Pantagruel* signée de l'anagramme de son nom Alcofribas Nazier (1532) et Michel Parmentier dont la boutique avait pour enseigne « *A l'Ecu de Bâle* » sous le couvert duquel Rabelais expédiait ses lettres à Rome, à l'évêque de Maillezais. L'industrie de la soierie n'est pas plus florissante à Lyon que ne l'était à cette époque le métier ou plutôt les arts du livre ; ce sont ces grands imprimeurs qui firent vibrer et lancèrent aux quatre points cardinaux ce que Rabelais appelle les *paroles dégelées*, ingénieuse allégorie qui désigne, sans doute, les paroles cristallisées dans les vieux manuscrits, paroles d'émancipation ou de menaces, grosses des révolutions futures. Voici Symphorien Champier, savant universel, écrivain fécond qui fonda le premier collège qu'il y ait eu à Lyon pour l'éducation de la jeunesse ; Jean Grolier, bibliophile fameux dont Rabelais s'appropria le délicat *ex libris* : « Ce livre est à moi et à mes amis » ; Jean Bourgeois, fondateur du couvent des Cordeliers de l'Observance à qui Panurge trouva plaisant d'emprunter ses bésicles et sa rhétorique pour prêcher, aux moutons de Dindenaut qui vont périr dans la mer « les misères du monde, le bien et l'heur de l'autre vie » ; le médecin Pierre Tolet avec lequel Rabelais avait joué à Montpellier, *la morale comédie de celui qui avoit épousé une femme muette,* dont s'inspira Molière qui reprenait son bien où il le trouvait, et Jehan Canappe auquel Rabelais avait généreusement fait don de deux instruments de chirurgie pour en orner sa traduction de Galien, mais qui n'eut aucun scrupule à se mettre sur les rangs des concurrents qui se présentaient pour le remplacer à l'Hôtel-Dieu ; Philibert Delorme, qui lui, commente Vitruve et qu'il nomme le « grand architecte du roi Mégiste. » Si l'énumération n'était aride par nature, on pourrait aisément la continuer. Clément Marot et Etienne Dolet paraissent être ceux que Rabelais a le plus goûtés et qui lui payèrent avec le plus d'abandon un ample retour d'amitié et d'admiration. Il ne paraît pas avoir trop souffert à Lyon de ces deux vices « communs, dit Tacite, aux grandes et aux petites cités et qui sont l'ignorance du bien et l'envie. »

Tous ces gens que M. Bertrand vient de citer, tous ces érudits, ces artistes, ces poètes, ces femmes illustres, ces banquiers amis des arts, ces voyageurs célèbres accouraient chez Gryphe, s'y groupaient, y discutaient comme dans un salon neutre où quiconque avait un grand nom pouvait se présenter.

A ce titre, Rabelais avait le premier rang et nul doute que sa présence n'augmentât, dans de vastes proportions, le nombre des visiteurs.

Ce fut Gryphe qui imprima cette fameuse édition d'*Hippocrate et de Galien* si savamment annotée et qui lui fit tant d'honneur ; c'est sans doute pour en préparer une seconde plus savante et plus complète encore qu'il collationna et enrichit de réflexions une traduction latine d'Hippocrate que venait de donner Léonard Fuchsier, joli in-4° de 1532, traduction précieuse que Lyon possède aujourd'hui ; c'est chez Gryphe certainement et à l'issue de conférences avec ses

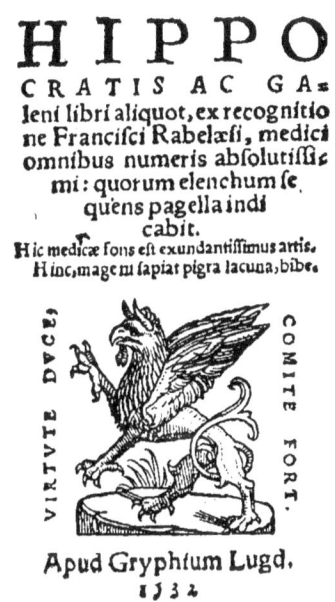

Titre de l'Hippocrate annoté par RABELAIS

savants amis, qu'il prépara tant de travaux divers sur toutes les sciences : philosophie, droit, médecine, philologie ancienne et moderne, après lesquels et pour se délasser il donnait ces Almanachs fameux, délices de nos pères, qui parlaient de tout, qui eurent une si brillante vogue, un si vibrant succès, et que n'a point fait oublier l'épopée de Gargantua.

Car Rabelais ne fut point ce que prétend notre légèreté vantarde, un baladin, un bouffon, un joyeux compère, humant le piot, levant le broc, disant des riens ou des folies, raillant tout et ne croyant à rien.

Demandez ce qu'en pensaient Sébastien Gryphe, ce savant de premier ordre, ce géant de l'imprimerie lyonnaise ; Jean

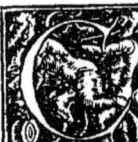

CLARISSIMO
DOCTISS. QVE VIRO
D. Gotofredo ab Eſtiſsaco Mallea꞊
cenſi epiſcopo Franciſcus Rabelæ꞊
ſius medicus, S. P. D.

V M anno ſupe
riore Monſpeſsuli
aphoriſmos Hip꞊
pocratis, & dein꞊
ceps Galeni artem
medicam frequenti auditorio publi꞊
cè enarrarem, Antiſtes clariſsime,
annotauerà loca aliquot, in quibus
interpretes mihi non admodum ſa꞊
tisfaciebant. Collatis enim eorum
traductionibus cum exemplari græ
canico, quod, præter ea quæ uulgo

Dédicace de l'Hippocrate annoté par RABELAIS

de Tournes, le typographe élégant, François Juste, Junte, Dolet, Marot, et cette pléiade brillante qui fut la gloire de Lyon au XVIe siècle : les frères Vauzelles, malgré leur austérité, Champier, Aneau, du Choul, Claude de Bellièvre, Maurice Sève, du Peyrat, qui tous le regardaient comme un des penseurs les plus profonds de cette époque privilégiée.

Quant à moi qui ai vu et décrit cet *Hippocrate* publié par Fuchsier et annoté en marges par Rabelais ; qui ai touché ce précieux volume qui a certainement appartenu au médecin de l'Hôtel-Dieu du pont du Rhône, et que celui-ci a couvert de réflexions en grec et en latin, je crois à son sérieux, à son érudition, à sa profonde philosophie et j'aime à me le représenter, grave, austère, tout à son œuvre, dans son petit logis de l'Hôtel-Dieu, étudiant, la plume à la main, à la lueur d'une lampe fumante, tandis que le fleuve mugit sous ses fenêtres ; annotant du grec ou du latin, suivant avec attention la pensée et l'enseignement du plus grand médecin de l'antiquité ; approuvant, doutant, niant et oubliant, dans une méditation profonde, les bruits du dehors, les inquiétudes si vives de l'humanité, Rome, Genève, Paris, la cour, les idées nouvelles, qui font craquer la vieille société, les découvertes qui changent le monde, les querelles théologiques, philosophiques, sorbonniques ; puis, à la fin, las de creuser dans le sombre ou le vide, relevant la tête, soufflant bruyamment et souriant avec joie et malice à l'idée biscornue, insensée de faire noyer cinq cent mille Parisiens dans une inondation comme jamais on n'en avait entendu parler.

Gryphe était digne d'être l'ami de ce colosse de savoir. Immensément érudit lui-même, autant qu'artiste hors ligne dans sa profession, il était en correspondance suivie avec tous les savants de l'Europe. Avec qui n'était-il pas en relation ? Dolet lui dédiait un livre de ses *Carmina* ; Gesner, un livre de ses *Pandectes* et lui disait : « *Innumeris, optimis libris, optima fide summaque diligentia elegantiaque procusis, maximam tibi gloriam peperisti.* » L'âpre Scaliger lui écrivait : *Tuam, mi Gryphi, veram pietatem, excellentem eruditionem, insignem humanitatem, his nostris lucubratiunculis et processe volui et moderari.* »

Jean Verdier lui adressa ces vers, qui le comparaient à ceux des plus grands imprimeurs de Paris :

De Colinaeo, Stephano et Gryphio

Inter tot norunt libros qui cudere, tres sunt
  Insignes : languet cætera turba fame.
Castigat Stephanus, *sculpit* Colinaeus ; *utrumque*
  Gryphius *edocta mente ; manuque facit.*

Et pour en finir, citons encore ces vers de Nicolas Bourbon.

Sunt hodie multi et (Superis sit Gratia) docti
  In Gallia typographi :
At merito in tanta palmam sibi vindicat arte
  Sebastianus Gryphius.
Quippe fides cujus, pietas, solertia, vivit
  Ubique clara gentium.

Du Verdier rappelle que les types hébreux, grecs et romains de Gryphe père étaient neufs, élégants, très beaux et il termine son éloge en disant :

« Son imprimerie fut le réceptacle des gens Sçavans ; il fut diligent et curieux à chercher partout les bons livres qui estoient perdus, au moins bien esgarez, par l'injure du temps, pour iceux trouver, les retrouver (publier), et faire jouir la postérité d'un tant rare trésor, dont le seigneur Antoine Gryphius, son fils, en a encore une bonne partie à imprimer, et, comme son père n'a rien espargné pour les recouvrer et après fidèlement mettre en lumière, ainsi il n'est chiche ni de son labeur ni de son bien à les faire sortir en public. »

Du Verdier a raison. La beauté des caractères de Gryphe, et surtout la correction des éditions sorties de ses presses, lui ont fait une place au premier rang dans la pléiade si renommée des imprimeurs lyonnais. Il travailla énormément, eut une grande vogue, qui le conduisit à la fortune et publia, non seulement plusieurs ouvrages hébreux et un grand nombre de livres grecs, mais aussi presque tous les classiques latins, ce qui fait un nombre immense d'éditions élégantes, fines et recherchées.

Par contre, il imprima peu de livres français.

On est même allé jusqu'à dire qu'il n'avait publié aucun ouvrage en cette langue ; ce qui est une exagération. Il me sera permis de citer comme preuve du contraire :

Le Chant natal, par Barthélemy Aneau, et *La Police de l'Aulmosne de Lyon*, imprimé par Sébastien Gryphius ; *avec privilège pour deux ans, comme il appert à la fin du livre*, in-8°, 56 pages.

Le frontispice porte deux écussons accolés ; celui de l'*Aul- mosne* et celui de la *Ville de Lyon*, gravés sur bois.

Au verso, est une planche ; à la fin, deux écussons, même sujet, mais plus allongés.

On sait que cette plaquette est de toute rareté.

Parmi ses travaux les plus admirés, on cite sa *Biblia latina*, Lyon, 1550, trois volumes in-folio ; *Commentaria linguae latinae*, par Dolet ; 1536, deux volumes in-folio, un des chefs-d'œuvre de la typographie lyonnaise, et le *Thesaurus linguae sanctae*, en hébreu, par Santes-Pagnini, 1529, in-folio.

Beaucoup d'autres volumes le leur disputent en beauté.

J'ai dit que le nombre des livres qui portent le nom de Gryphe est immense.

Ici un détail :

« Il a publié plus de trois cents éditions, déclarent quelques bibliophiles qui n'ont pas bien compté.

« On en connaît plus de quatre cents, reprend à son tour M. Monfalcon qui a fait de grandes recherches sur la typographie lyonnaise, et, ajoute-t-il avec conviction, elles se trouvent *presque toutes* dans la grande bibliothèque de la ville de Lyon. »

Ces assertions peuvent être discutées.

En voici la preuve :

Au mois de septembre 1885, le Bibliothécaire de la Ville reçut une lettre de M. le comte Politi-Flamini, de Recanati, province de Rome, qui, moyennant 4,000 francs, lui proposait l'achat de six cents volumes provenant de la succession de M. l'avocat François Bubani, de son vivant député italien. Tous ces volumes, imprimés à Lyon par les deux Gryphe, le père et le fils, entre 1528 et 1586, étaient sans doubles et dans un état parfait de conservation.

Le Bibliothécaire se hâta d'en prévenir l'Administration.

Dévoué aux intérêts intellectuels, non moins qu'aux intérêts matériels de la cité, le Maire de Lyon approuva ce projet ; il en modifia les conditions et rallia le Conseil municipal à son avis. L'achat, en principe, fut décidé.

Le 2 novembre, devant une délégation de la Commission des Bibliothèques, le comte Politi-Flamini, qui avait accomgné le convoi, fit apporter, dans le cabinet du Bibliothécaire, neuf grandes caisses qu'il fit ouvrir, et on reconnut 592 volumes en excellent état.

En voyant la beauté de ces éditions, la Commission en vota l'achat d'urgence et le prix en fut arrêté à 3,300 francs, payables en deux annuités.

Quelques mois après, le comte Flamini envoyait encore une quarantaine de volumes, ne faisant point double emploi, et dus aux presses des mêmes imprimeurs. C'était donc plus de six cents éditions portant le griffon ailé qui venaient enrichir la Bibliothèque. On voit si le chiffre de quatre cents était dépassé.

Et même, est-il bien certain que la Ville possédât tous les livres, sans exception, sortis des presses de nos célèbres imprimeurs ? Qui voudrait en jurer ?

Ce qu'il y a de certain, c'est que la Bibliothèque de la ville, grâce à la générosité de l'administration municipale, possède la plus belle collection de Gryphe, la plus complète qui existe.

Parmi ces beaux volumes, je puis citer :

Erasmus. *Commentarius in Nucem Ovidii...* ejusdem commentarius in duos hymnos Prudentii, ad Margaretam Roperam, Thomae Mori filiam. Lugduni, apud Sebastianum Gryphium, Germanum, anno 1528, in-8°, demi rel. dos et coins maroq. olive. Au Colophon, grande marque des Gryphe.

Josèphe. *Flavii Josephi Judaei, historiographi graeci opera quaedam.* De Antiquitatibus judæorum : De Bello judaïco et de Imperatrice ratione, liber unus, in quo martyrium Machabæorum describitur. Lugduni, 1528, couverture vélin antique, trois volumes.

Dolet. *Stephani* Doleti dialogus, de imitatione Ciceroniana, adversus Desiderium Erasmum Roterodamum, pro Christophoro Longolio. Lugduni, 1535, in-4°, demi rel. parch. rare.

Dolet, *Stephani Doleti De re navali liber* ad Lazarum Baytium. 1537, in-4°, demi rel. Veau fauve ; cité par Brunet. Rare et précieux.

Dolet, *Stephani Doleti Orationes duæ in Tholosam;*

ejusdem Epistolarum libri duo ; ejusdem Carminum libri duo ; ad eumdem Epistolarum amicorum liber,s. n. de V. ni d'imp. S. d. (Lyon, Séb. Gryphe, vers 1553.) Veau marbré. D'après Charles Nodier, de toute rareté. Exemplaire de Jean Pellisson.

Bible. *Biblia latina*, Lyon,1550, trois vol. in-folio.

Bible. *Biblia sacra juxta Vulgatam editionem ad vetustissima exemplaria castigata*. Pentateuchus Moysi, Josue, liber judicum, Ruth, 1556, in-32, veau marbré.

Et parmi ses chefs-d'œuvre les plus admirés :

Dolet. *Commentariorum linguae latinae tomi duo*, Lugduni, 1536-1538, in-folio. Complet avec la table. Deux volumes, frontispice gravé, in-folio. ; cuir du levant olive, filets, tranches dorées, dentelles intérieures, dos orné. Exemplaire hors ligne, beau papier, grandes marges, splendide reliure anglaise de Hollo-Way. D'après une note manuscrite, l'ouvrage avait coûté 132 francs ; la reliure 370, total 502 fr.

Cette belle et rare édition, longuement décrite par Brunet, avait, à la vente de la Vallière, et dans des conditions inférieures, atteint la somme de 320 francs.

Oserai-je citer encore, ce sera la fin :

Psalterium Sextuplex, Hebraeum cum tribus latinis, Graecum septuaginta interpretum, cum latina Vulgata. 1530, in-8°.

Macrobii Opera ex recensione Arnoldi Vesaliensis. Lugduni, per Sebastianum Gryphium, 1532. in-8°.

Hermogenis de Arte Rhetorica, Lugduni, 1538, in-8°.

Laurentii Vallae lucubrationes... 1532, in-4°.

Nicolaii Leonici Thomaei de Varia historia libri tres. 1532, in-8°

Aemilii Perroti, Parisiensis jureconsulti... glossae, 1533, in-4°.

Q. Horatii Flac. Opera. 1533, in-8°.

Juvenalis et Persius. 1533, in-8°

Ciceronis de Oratore libri tres, a Philippo Melancthone scholiis et notulis illustrati. 1533 in-8°.

Augustini Steuchi... Veteris Testamenti ad veritatem hebraïcam recognitio. 1533, in-8°.

Le vaste savoir de Gryphe, son aménité, la solidité de son caractère, l'étendue de ses relations, son habileté comme imprimeur, l'avaient lié avec les écrivains les plus illustres. Ceux même qui ne lui confiaient pas l'impression de leurs ouvrages lui envoyaient les louanges, les félicitations et les compliments les plus flatteurs. Scaliger, Gesner, Dolet, Voulté le louèrent avec toutes les hyperboles admises à cette époque. Tous lui prédirent la gloire et l'immortalité. Ils n'ont pas menti. Etienne Forcadel, jurisconsulte français, né à Béziers en 1534, lui dédia son livre bizarre : *Necromantia sive de occulta jurisprudentia Dialogi*.

« *Stephanus Forcatulus Blyterensis Sebastiano Grypio salutem do* », lui dit-il.

« *Cæterum quicquid id est, in lucem exire volui, quod ut cæteros tui ordinis homines longe artificio præcellis, ita et majorem industriam diligentiamque ad hunc primum ingenii nostri partum excudendum te adhibiturum confiderem. Vale*.

« Quoi qu'il en soit, d'ailleurs, j'ai voulu mettre mon livre au jour et voyant que tu surpasses de beaucoup par ton habileté tous les hommes de ta profession, j'étais certain que tu mettrais plus de soin et plus d'art qu'eux tous à l'impression de ce premier produit de mon génie. »

On a vu que notre auteur était encore fort jeune quand son livre parut.

Mais quel que fût son savoir et quel que fût son âge, il montra de suite qu'il savait manier la louange comme un vieux courtisan.

Gryphe écrivait en latin avec autant de facilité que dans sa langue maternelle et c'est en latin que ses amis lui répondaient.

Quand il mourut, Charles Fontaine lui dédia ce quatrain devenu si fameux et qu'on voit partout :

> La grand Griffe qui tout griffe
> A griffé le corps de Gryphe ;
> Le corps de ce Gryphe... mais
> Non le los ; non, non, jamais !

Il mourut, à Lyon, riche, considéré et regretté, laissant sa fortune à ses deux enfants, un fils naturel, dont l'histoire suit, et une fille légitime qui aurait épousé le riche imprimeur Guillaume Roville, le bienfaiteur des hospices de Lyon.

M. le président Baudrier croit que Roville n'aurait pas épousé la fille de Gryphe, mais celle de Portunaris, et en aurait eu quatre filles et deux fils.

Il ne trouve aucune trace de l'existence d'une fille de Gryphe. Quant à l'époque de sa mort, elle est certaine ; elle nous est révélée par l'épitaphe du tombeau qui se voyait autrefois dans l'église de Saint-Nizier et qui lui avait été élevé par les soins de Françoise Mermet, sa veuve. Il décéda le 7 septembre 1556, à l'âge de 63 ans, ce qui reporterait sa naissance à 1493. M. Baudrier est tenté de croire que Gryphe n'eut point d'enfant de sa femme Françoise Mermet, ce qui contredit le récit de tous nos historiens.

La municipalité lyonnaise, reconnaissante envers nos grands hommes, a honoré la mémoire de notre illustre imprimeur en donnant son nom à une rue de nos nouveaux quartiers.

Sébastien eut un frère, François Gryphe, qui, de 1532 à 1542, fut imprimeur à Paris.

D'autres du même nom exercèrent à Padoue et à Venise.

Aucun d'eux n'a effacé la gloire de l'imprimeur lyonnais.

Antoine GRYPHE

Né à Lyon.

Décédé dans la même ville, après 1593.

Fils d'une domestique de son père ; légitimé à St-Germain-en-Laye en 1561.

Elevé dans une maison riche et sur un grand pied ; adulé, choyé par les premiers citoyens de la cité; entouré, dès son enfance, de savants qui se plaisaient à développer son intelligence, et de ces femmes célèbres qui ont fait l'ornement, l'orgueil de la cité et qui s'amusaient de sa gentillesse comme de la précocité de son esprit; gâté par son père, qui ne sut régler ni sa conduite ni son imagination, Antoine devint un érudit, un savant, un artiste brillant, un homme du monde, mais un déplorable administrateur.

Preuve nouvelle qu'il est plus facile de créer que de maintenir une fortune.

On lit dans la *Revue du Lyonnais* de septembre 1879, page 224 :

« Est-il bien certain, bien prouvé, qu'Antoine Gryphe fût le fils de Sébastien ?

« Dans une note recueillie d'après un document authentique de 1566, la veuve, morte elle-même à cette date, la veuve, dis-je, de Sébastien Gryphe est qualifiée *tante* d'Antoine Gryphius.

« Si le contemporain qui a écrit cela et qui connaissait bien Antoine et sa famille, n'a pas commis un *lapsus calami*, il est évident que Sébastien était l'oncle d'Antoine et non son père ; car la désignation de *tante* donnée à sa veuve ne peut fournir d'autre interprétation : à moins que l'on ne veuille dire que *tante* s'entend ici pour *belle-mère*. Mais qui connaît une semblable désignation dans ce sens ? »

Cet article est signé d'un de nos plus sérieux érudits, M. André Steyert.

La *Revue du Lyonnais* de novembre s'empressa de répondre :

« Le contemporain d'Antoine Gryphe qui, dans la note citée par M. Steyert, a dit que la veuve de Sébastien était la tante d'Antoine ne s'est pas trompé, et Antoine n'en était pas moins le fils de Sébastien.

« Ce n'est pas à dire que la désignation de belle-mère soit synonyme de celle de tante : mais on peut être tante et belle-mère en même temps.

« La réponse à la question de M. Steyert est dans les *Lettres de légitimité* obtenues par Antoine Gryphe, fils naturel de feu Sébastien Gryphe, qui était marchand-libraire à Lyon, et de ... lors sa servante.

« Elles sont datées de Saint-Germain-en-Laye, au mois de décembre de l'année 1561. Elles ont été transcrites sur le registre intitulé *Papier du Roy*, qui a servi, de 1560 à 1566, à l'enregistrement des actes royaux adressés à la Sénéchaussée de Lyon. Si le document trouvé par M. Steyert donne le nom de famille de la veuve de Sébastien Gryphe, on peut avoir ainsi le nom de famille de la servante qui était devenue la femme du marchand-libraire et la mère d'Antoine.

« C'était bien un familier de la maison, ce rédacteur de la note de 1566, car, en cette qualité de familier ou d'indiscret, il révèle, par la mention du lien de parenté qui unissait Antoine Gryphe à la veuve de Sébastien, le nom que Sébastien, sa seconde femme et Antoine avaient désiré voir *prétérir*, au moins dans la transcription des lettres de légitimité.

« *Signé :* Brouchoud, avocat. »

Ainsi Antoine n'était que le fils naturel de Sébastien et il ne fut légitimé qu'après la mort de ses parents.

Quoi qu'il en soit, il soutint, dans sa jeunesse du moins, l'illustration paternelle par son savoir et ses travaux ; mais, après sa chute, fut tellement oublié de ses concitoyens et des historiens, qu'on ne connaît la date certaine ni de sa naissance ni de sa mort.

Il paraît qu'à la mort de son père il ne put pas entrer de suite en jouissance de l'héritage que celui-ci lui avait laissé. Sa sœur essaya-t-elle de le lui disputer ? Y eut-il simplement quelques formalités judiciaires à remplir ? Quoi qu'il en soit, la maison paraît avoir été fermée pendant deux ans.

Elle se rouvrit en 1558 et, jusqu'en 1564, tous les livres furent signés des *Héritiers de Sébastien Gryphe*, avec, d'ailleurs, toutes les marques de Sébastien.

Pendant ces six années parurent : un *Hérodote*, 1558, in-32 ;

Lucrèce, 1558, in-32 ; *Oldendorpius*, 1558, in-8° ; *Caton*, 1559, in-8° ; *Cicéron*, in-32, deux vol. ; *Diodore de Sicile*, 1559, in-32, 1127 pages ; *Linacer*, 1559, in-8° ; *Stace*, 1559, in-32 ; *Fazio*, 1560, in-4° ; *Sadolet,* 1560, in-8° ; *Pierre Angelio*, 1561, in-4° ; *Cicéron*, 1561, in-32 ; *Claudien*, 1561, in-32 ; *Crinitus*, 1561, in-32 ; *Paul Jove*, 1561, in-32 ; *Contarini*, 1562, in-8° ; *Varron*, 1563, in-8°, et *Cicéron*, de Officiis, 1564, in-32.

Quand il eut été légitimé, il reprit la direction de la maison et en continua les grandes traditions.

Il publia un très grand nombre d'ouvrages, parmi lesquels une seconde édition du :

Trésor de la langue sainte, par le savant orientaliste Sante-Pagnini, et la seconde édition du :

Thesaurus linguæ latinæ, de Dolet, contenant plus de 3,000 colonnes grand in-folio.

Ce magnifique ouvrage eût suffi pour immortaliser son nom, et combien d'autres lui ont succédé !

Je puis citer encore :

Mémoires de l'histoire de Lyon, par Guillaume Paradin, de Cuyseaulx, doyen de Beaujeu, avec une table des choses mémorables contenues en ce présent livre. *Lyon*, A. Gryphe, 1573, in-fol., relié, avec les privilèges, franchises et communautez octroyées par les Roys très chrestiens aux consuls, eschevins, manans et habitans de la ville de Lyon et à leur postérité. *Lyon*, Gryphe, 1574, in-fol., veau, *superbe frontispice*, très rare, et les

Privilèges de Lyon, par Rubys, in-4°.

Mais rien ne put le sauver de la ruine.

Les temps étaient difficiles ; la prise de Lyon par les protestants avait détruit le commerce; la Saint-Barthélemy ne le fit pas renaître. La mort et l'exil frappèrent une partie de la population. Plus artiste, plus érudit que négociant, il fut mis en prison pour dettes et cassé de son grade de capitaine-penon, le 10 février 1589, parce qu'il était sous les verrous depuis sept ans.

Il se servait de la même marque et de la même devise que son père.

Le dernier ouvrage que je connaisse de lui est de 1593. Avec lui s'éteignit son nom à Lyon.

En résumé, les divers envois du comte Politi-Flamini ont procuré à la ville 638 volumes portant le nom des Gryphe et formant plus de 600 ouvrages.

Ils sont datés :

Pour Sébastien Gryphe, de 1520 à 1556;

Pour les héritiers de Sébastien, de 1558 à 1564;

Pour Antoine Gryphe, de 1566 à 1593.

Ce qui n'implique point que ces illustres typographes n'ont rien produit ni plus tôt ni plus tard.

Ainsi, on croit qu'en arrivant à Lyon, vers 1520, Sébastien Gryphe aurait imprimé : *Romani Aquilæ de nominibus figurarum græcis et latinis et exemplis earum liber ex Alexandro Numenio*, in-8°, et que, de 1520 à 1528, il aurait publié plusieurs ouvrages auxquels il n'aurait mis ni marque, ni date, ni nom.

La bibliothèque possède, en outre, un Cicéron qui porte une adresse d'imprimeur incomplète :

Epistolæ familiares M. T. Ciceronis cum argumentis, scholiis et Græcorum interpretatione. Armes et devise des Gryphe ; sans nom de ville. *Gryphius*, 1558, in-8°.

Mais à quel Gryphe ce livre appartient-il ?

Sébastien était mort depuis deux ans ; aucune indication, ni au frontispice, ni au colophon, ne nous apprend si on doit l'attribuer aux héritiers de Sébastien, à Antoine ou à quelque Gryphe de Venise ou de Paris.

Le texte est italique, 570 pages, jolies vignettes sur bois.

Antoine Gryphe n'a jamais exercé à Paris, comme on l'a dit. Ce fut son oncle François, frère de Sébastien, qui fut imprimeur à Paris, de 1532 à 1542. Deux autres Gryphe ont imprimé à Venise et à Padoue. Théodore Leubscher a eu la patience de faire des recherches sur cette famille, et il a découvert plus de trente Gryphe qui ont été plus ou moins obscurément écrivains, littérateurs ou imprimeurs.

Comme imprimeur à Lyon, je citerai seulement et pour mémoire :

Jean MARION, imprimeur en 1517 ;

BERNARD, imprimeur en 1518; Simon BEVILACQUA, en 1520; Gilbert de VILLERS, en 1520 ; Jean CRESPIN, en 1521 ; Jean FLAGEOLET, en 1520 ; Vincent de CŒURSILLY, en 1522.

Claude DAVOST, alias de TROYES

On lui doit deux éditions de la *Mer des hystoires*, l'une sans date, l'autre de 1506.

Simphoriani Champerii de triplici disciplina... Au colophon : impressum... expensis honestissimi bibliopolae Simonis Vincentii ; arte et industria Claudii Davost, alias de Troye, anno 1508, in-8°.

François JUSTE

Libraire et imprimeur, il demeurait rue Notre-Dame de Confort, et il s'y est illustré en publiant la première édition du premier livre de Rabelais. 1535, in-16, goth.

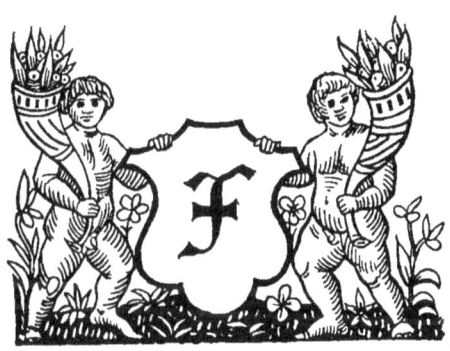

Marque de F. Juste

Il avait pour enseigne, d'après M. Péricaud, la *Marque d'Jcarus;* pour marque typographique, d'après M. Monfalcon : *Deux génies portant des cornes d'abondance et un écusson où sont accolées les initiales de François Juste.*

Je ne puis que citer, sans m'y arrêter d'autres imprimeurs lyonnais :

Jean PLANFOYS, 1525 ; Jean DAVID, *alias* Lamouche, 1529 ; Anthoine DU RY, 1529 ; Balthazard de THUERD, 1531 ; Claude VEYCELLIER, 1531, qui n'ont pas laissé de grands souvenirs.

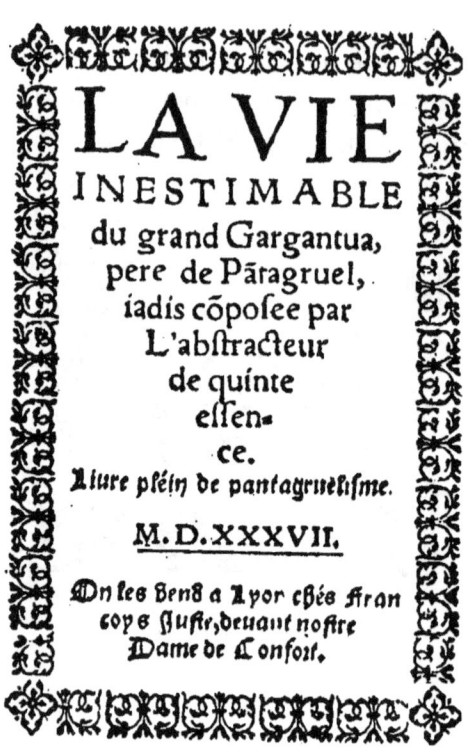

Titre du *Gargantua*, imprimé chez FRANÇOIS JUSTE.

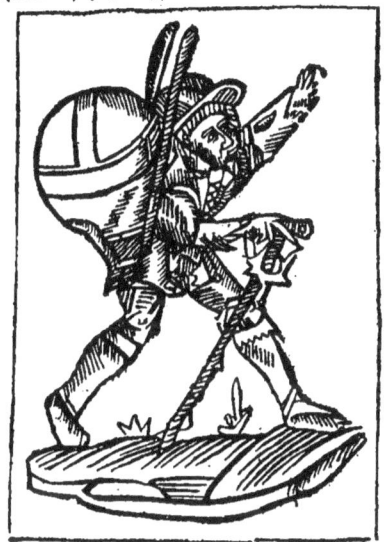

Les Chronicques, imprimées par Claude Nourry.

Denis de HARSY

Il fut imprimeur estimé, même à une époque où il y avait tant d'imprimeurs célèbres. Il est connu de 1523 à 1544. Il est cité par Van-Praet. Il avait pour marque typographique : *Deux nègres supportant le monogramme : D D H, entre deux arbres, l'un vert et couvert de feuilles, l'autre desséché.* On trouve son nom dans plusieurs ouvrages imprimés pour le libraire Antoine Vincent.

Antoine de HARSY

Il fut imprimeur-libraire comme Denis, dont il fut le fils ou le petit-fils. Sa marque était : un *Lévantin tenant un papillon*,

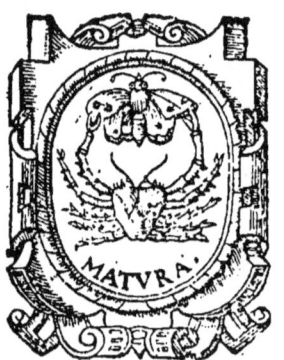

Marque de Antoine de Harsy

et ce mot : *Matura*. Il a pris quelquefois *Un crabe et un papillon*. « Il est connu de 1531 à 1574, » dit M. Monfalcon. Ce serait alors le fils de Denis.

« Il a exercé de 1574 à 1614, dit M. Péricaud. Ce serait alors son petit-fils. Sa veuve l'avait remplacé en 1619. On compterait alors trois imprimeurs de ce nom : Denis et deux Antoine.

François et Olivier ARNOULLET

Ils furent imprimeurs et libraires de 1517 à 1558.

Ils ont produit, ensemble ou séparément:

Les gestes des Tholosains, 1517.
Les nobles prouesses de Galien Restaure, 1525.
Le romant de la belle Hélayne, 1528.
Le livre de maistre Reynard et de dame Hersant, 1528.
La chronique de Cleriadus, 1529.
Menus propos de la mère Sote, 1533.
Petit fatras d'ung apprentis, 1538.
Disputation de l'âne, 1538.
La danse des aveugles, 1543; *Mélusine*, 1544; *Geoffroy à la grant dent*, 1549; *Artus de Bretagne*, 1550; *Maugis d'Aygremont*, 1551; *Ogier le Danois*, 1556. — *Hector de Troye; Huon de Bordeaux; Les quinze joies du mariage; Gérard de Roussillon*, etc., etc.

Ces publications nous ont valu cette sortie du P. Ménestrier :

« Quatre ou cinq siècles d'ignorance, dit-il avec colère, dans la préface de son *Histoire de Lyon*, ont rempli le monde de fictions impertinentes des *Quatre fils Aymon*, de *Huon de Bordeaux*, de *Robert le Diable* et de pareilles fadaises... »

On voit que notre austère historien n'était pas membre de la Société des traditions populaires, qui a tant de succès et de vogue aujourd'hui.

On doit à Olivier un grand nombre de romans de chevalerie, très estimés et très recherchés des bibliophiles.

On doit à François :

Le temps passé, de Claude Mermet, de Saint-Rambert en Bugey, œuvre poétique, sententieuse et moralle, pour donner profitable récréation à tous gens qui aiment la vertu. Lyon, 1585, in-8°.

Cette édition est particulièrement recherchée des bibliophiles ; elle disparut instantanément.

On se souvient de cette épigramme charmante que ce volume contient :

> *Les amis de l'heure présente*
> *Ont la nature du melon ;*
> *Il en faut essayer cinquante*
> *Avant d'en rencontrer un bon.*

Notre sage Bugiste l'avait-il rencontré ?

Guillaume HUYON

Imprimeur, calcographe, graveur. Un des plus hardis contrefacteurs des éditions aldines. A exercé de 1505 à 1528.

Symphoriani Champerii primus introductivus in practicam Galeni ; secundus ægritudinum animorum curativus. Lugduni, per Guillelmum Huyon. 1528, in-8°.

Laritmethique (sic) nouvellement composée par maistre Estienne de la Roche dict Villefranche. Imprimée par maistre Guillaume Huyon, pour Constantin Fradin, marchant et libraire audict Lyon. 1520, goth., in-fol. Magnifique ouvrage de toute rareté, fig. sur bois. Vendu 200 francs chez MM. Bernoux et Cumin, de Lyon.

Thomæ de Aquino, *Catena aurea* in Evangelium Johannis ; per Guil. Huyon, impensis Jacobi Francisci de Giunta et Sociorum, s. d. in-4°.

SAINTE-LUCIE (Pierre de), dit LE PRINCE

En 1533, il épousa la fille, d'autres disent la veuve de Claude Nourry, imprimeur-libraire, près de la place Notre-Dame de Confort, prit le surnom de Le Prince et continua la maison de 1533 à 1544.

Il avait pour marque son chiffre en rébus et au-dessous une main tenant un grand bassin dans lequel sont deux yeux, avec cette inscription : « *Oculi mei semper ad Dominum.* » Psalm. 24.

Les bibliophiles cherchent avec curiosité l'ouvrage suivant : « *Estienne de l'Aigue. Traicté des tortues, escargots, grenouilles et artichaux.* Lyon, Pierre de Sainte-Lucie, s. d. (1536), pet. in-8°, goth. »

Estienne de l'Aigue n'est cité ni par Pernetti, ni par Breghot, Péricaud, Monfalcon, ni surtout par Rochas, quoique Estienne de Laigue fût d'une ancienne et chevaleresque famille du Dauphiné.

La bibliothèque de Lyon possède un ouvrage par Stephanus Aquæus, sur l'*Histoire naturelle de Pline*, Paris, 1530, in-fol.

Ce qui a fait perdre les traces de cet écrivain, c'est que, devenu un personnage, gentilhomme de la Chambre de

François Ier et son ambassadeur en Allemagne, de l'Aigue, de Laigue ou Aquaeus crut devoir, pour être à la hauteur de ses dignités, se faire appeler Etienne de Beauvais. C'est depuis lors que l'auteur de l'ouvrage sur les escargots et les grenouilles a disparu.

Melchior et Gaspard TRECHSEL, dits TRECHSEL frères

Ils étaient fils de Jean ; Gaspard fut imprimeur à Vienne, en Dauphiné, en 1541 et 1542 ; mais il revint à Lyon en 1544.

Symphoriani Campegii Hortus gallicus... Lugduni, per Melchior et Gaspar Trechsel fratres. 1533, in-8°.

Symphonia Galeni ad Hippocratem Cornelii Celsi ad Avicenam... a D. Symphoriano Campegio equite aurato... composita. Item Clysteriorum Campi contra Arabum opinionem pro Galeni sententia... *Sine loco et anno*, in-8°.

Jolie édition en lettres italiques, et de toute rareté.

« Rabelais s'est moqué de cet ouvrage, dit Brunet, quand il l'a placé dans la bibliothèque Saint-Victor : « *Campi clyste-* « *riorum* per S. C. » entre le ramoneur d'astrologie et le *tire p...* des apothicaires. »

« Leur marque typographique est difficile à décrire, dit M. Monfalcon. On y voit trois têtes, une de vieillard et les deux autres de femmes, portées sur un socle ailé. Une couronne est placée au-dessus de la figure du milieu ; d'un anneau placé au haut du socle partent deux chaînes qui aboutissent : l'une à une tête ailée dont les yeux sont bandés ; l'autre à un globe surmonté d'une croix. Devise : *Usus me genuit*. Deux dragons s'enroulent autour du piédestal et l'un d'eux s'élance vers les trois têtes. »

On trouve quelquefois des variantes dans cette bizarre composition.

On peut encore citer parmi leurs travaux :

Champier. *Galliæ Celticæ ac Antiquitatis Lugdunensis civitatis Campus*. Lugduni, Trechsel, 1537, in-4°.

Champier. *De Monarchia ac triplici imperio...* Lugduni, Trechsel, 1537, in-4°.

Champier. *De Monarchia Gallorum Campi aurei*. Lugd. Trechsel. 1537, in-4°·

Caroli Stephani. *De re hortensi libellus*. 1536, in-8°.

Udalrici Zasii in usus feudorum epitome. 1536, in-8°.

Ce furent les Trechsel qui, les premiers en France, dit Beuchot, publièrent cette *Danse des Morts* qui devint si populaire ; mais les bois, dessinés d'après Holbein, avaient déjà servi, car ils paraissent fatigués. Le titre du livre était : « *Les simulachres et historiées faces de la Mort, autant élégamment pourtraictes que artificiellement imaginées*. Imprimé, pour François Frellon, par Melchior et Gaspar Trechsel. Lyon, 1538, pet. in-4°, fig. »

Jean BARBOU, dit LE NORMAND

Etabli à Lyon vers 1524 ; connu de 1524 à 1542, date de sa mort.

Le chef de cette célèbre famille d'imprimeurs, le premier qui se soit fait un nom dans une industrie que ses descendants devaient si brillamment illustrer, se fit lui-même remarquer, dès ses premiers travaux dans notre ville. On admira surtout, dans les ouvrages sortis de ses presses, l'élégance et le goût de la justification, la beauté du caractère et la sévérité de la correction.

C'est lui qui imprima les *Epigrammes* de Voulté.

En 1539, il donna une édition tout à fait remarquable des œuvres de Clément Marot, pour François Juste ; petit in-8°, caractères italiques, impeccable correction. Ce fut un des premiers ouvrages portant la fameuse devise de Marot : *La Mort n'y mord*.

La devise des Barbou était : *Meta laboris honos*. Le but du travail est l'honneur.

Leur marque était: *L'ange de la Justice tenant une balance*, avec cette légende : *In statera Domini pendemus omnes*. Autour de cette composition se trouvent deux autres légendes, l'une en grec et l'autre, qui en est la traduction, en latin : *Justitia Domini manet in eternum*.

Jean mourut à Lyon, en 1542, laissant une fille, mariée au libraire Arnoullet, imprimeur-éditeur, et un fils qui lui succéda.

Hugues BARBOU

Hugues, fils de Jean, naquit à Lyon et y continua la réputation de son père.

En 1567, il quitta Lyon et alla s'établir à Limoges, laissant sa maison à son beau-frère Balthazar Arnoullet.

A Limoges, il donna, en 1580, une très belle édition, en caractères italiques, des *Epîtres* de Cicéron à son ami Atticus, avec les corrections et les notes estimées de Siméon Dubois, lieutenant-général de Limoges.

Un imprimeur limousin, M. Paul Ducourtieux, a fait un travail important sur cette illustre famille. Je ne puis qu'y renvoyer mes lecteurs.

FRELLON

Ils furent deux frères, Jean et François, qui, de 1530 à 1570, soutinrent vaillamment l'honneur de la typographie lyonnaise. Conrard Gesner leur a, en 1548, adressé une épître flatteuse, que l'histoire a conservée

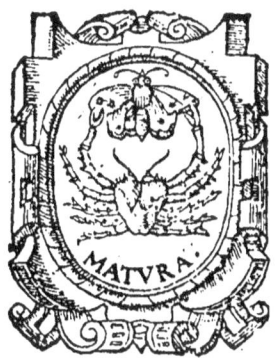

Marque de Jean Frellon

Ils avaient pour enseigne : *A l'écu de Cologne*; pour marque : *La Justice tenant un glaive*, avec cette légende : JUSTITIA : *in statera Domini pendent omnes, unus quisque nostrum pro se rationem reddet Deo.*

On voit combien cette légende se rapproche de celle des Barbou.

Un modèle plus grand offre celle-ci : *Unus quisque nostrum pro se rationem reddet Deo.*

En 1536, Jean avait Guillaume de Guelques pour associé. On le trouve seul en 1547.

Il prit alors pour marque un *Crabe tenant un papillon entre ses serres*, avec le mot : *Matura.*

Quelquefois, il a ses initiales J. F. dans un écusson suspendu à un arbre, entre deux lévriers. Pour emblème, il eut tantôt un, tantôt deux *frelons* voltigeant dans sa marque ; parfois, il eut le mot *Matura* seul dans un riche encadrement.

On doit à cette importante maison d'excellentes éditions des saints Pères, parmi lesquelles les œuvres de saint Ambroise méritent une attention particulière.

Le chef-d'œuvre de leurs presses est une *Histoire naturelle de Pline,* de 1562

On peut rappeler ici l'entrée à Lyon de la reine Eléonore d'Autriche, seconde femme de François Ier. Les imprimeurs s'y firent brillamment remarquer.

Le 26 mai 1533, la reine, les enfants de France, les princes et princesses, la Cour, partirent de l'île Barbe et, à Vaise, du haut d'une estrade richement ornée, eurent le plaisir de voir défiler tout ce que Lyon avait de plus élevé et de plus grand : les comtes et chanoines de Saint-Jean, les autorités civiles et militaires, le gouverneur, les gentilshommes de la ville, les arquebusiers avec leurs officiers et leurs drapeaux ; les Florentins, en pourpoints de velours noir et hauts-de-chausse de satin cramoisy, déchiquetez et relevez de broderies; le capitaine du Bourgchanin avec 350 hommes en bel ordre ; les bouchers, les massons, les couturiers, les cordonniers, les selliers, les teinturiers, le Puy-Pelu, le Saint-Esprit ; rue Neuve, 100; les pelletiers, 150 ; les imprimeurs, 200 ; **ceux-ci** vestus de tafetas cramoisy et de satin vert, avec la devise de la reine en broderie ; leur enseigne blanche avec un lion rouge ! Comme ce luxe diffère de la simplicité austère des imprimeurs d'aujourd'hui !

Je m'arrête à eux, les seuls qui m'intéressent, et je laisse de côté les Lucquois, les Allemands, les notables de la ville, les trompettes, les étendards, les riches costumes, l'or, la soie, les broderies qui éblouissent les yeux quand on lit nos vieux historiens.

JUNTE

Grande et illustre famille, venue de Florence où, dès le xve siècle, elle exerça l'art de l'imprimerie. Elle y était connue longtemps auparavant. Ce fut Philippe Giunti qui obtint, en

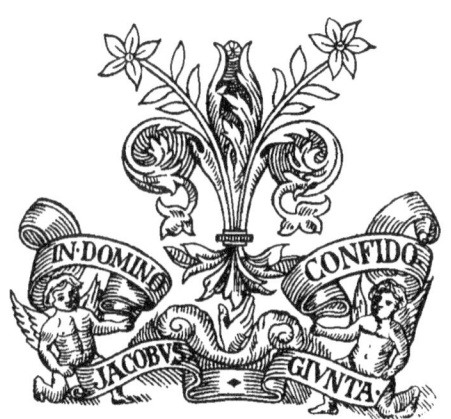

Marque de DE JUNTE

1516, de Léon X, le privilège d'imprimer à Florence tous les auteurs grecs et latins, avec menace d'excommunication, pendant dix ans, contre les contrefacteurs.

Ce fut probablement un de ses fils, Jacques, qui vint s'établir à Lyon et y fut connu dès 1520. Il avait pour marque une *fleur de lys* qui rappelait sa ville natale ; il y ajouta bientôt toute une composition représentant la fleur de Florence entre les branches d'un arbre, avec deux lions debout, un de chaque côté.

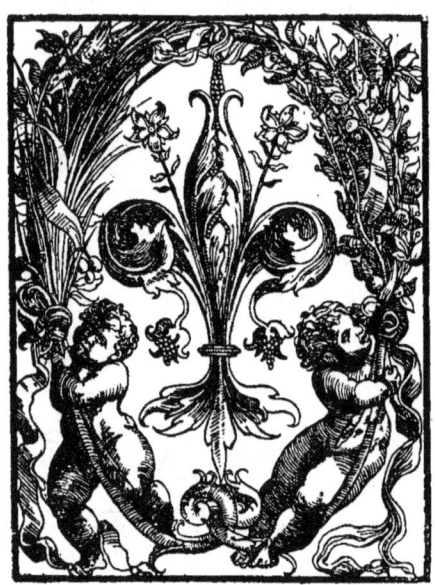

Marque des Héritiers de de Junte

Il mourut à Lyon en 1561 et ses héritiers exercèrent avec honneur jusqu'en 1572, rivalisant avec les Junte de Venise et de Florence.

Je ne citerai de la maison lyonnaise que les *Lettres de Léon X*, écrites par son secrétaire Pierre Bembo, plus tard cardinal ; et la traduction latine des œuvres de Sante-Pagnini, savant orientaliste mort à Lyon, en 1536

OBERT

Encore un imprimeur qui a laissé peu de traces.

Il exerçait à Lyon, en 1540, et avait pour marque la *Piété et la Justice* assises, ayant chacune à la main une palme, avec cette légende explicative : *Pietate et Justitia*.

ETIENNE DOLET

Comment parler de celui-ci, convenablement et sans injustice ?

Est-il permis de traiter à la légère un homme à qui Paris a érigé une statue, après l'avoir brûlé sur un affreux bûcher ? Qu'en dire ? Qu'en penser ?

A-t-il été coupable ou imprudent ?

Avait-il mérité le cruel supplice qui lui a été infligé ?

Etait-il athée, alors crime irrémissible. Avait-il travesti un mot de Platon ? Etait-il simplement un meurtrier et a-t-il été traité comme tel ? L'histoire le dira un jour ; en ce moment nul n'est sûr de la vérité.

Ce qui est certain c'est que, hardi, audacieux, turbulent, il s'était fait un jeu de braver l'autorité ; savant de premier ordre, mais violent écrivain, vindicatif, haineux, il s'était fait des ennemis qui ne lui ont pas pardonné, Erasme surtout qui fut dur et sans pitié.

Ce qu'on ne peut nier, c'est qu'à Lyon il avait agi comme à Toulouse, à Paris et en Italie. Partout il avait prêté le flanc aux jalousies et aux rivalités, quand il ne les avait pas provoquées. Fougueux, emporté, indiscipliné, contempteur des croyances et des lois, il se plaisait à braver l'opinion publique, les mœurs des citoyens et le pouvoir. A ce jeu, ordinairement, on succombe. En pleine rue, il avait tué un peintre, Compain, son ennemi ; en se défendant, affirmait-il ; en l'assassinant par surprise, disent ses antagonistes aussi acharnés que nombreux. Etait-ce bien la raison vraie ? Cette mort fut-elle la cause de son emprisonnement, de son jugement, de sa condamnation et de sa mort ? On en a douté. A cette époque, à Paris, à Florence, à Rome, artistes et gentilshommes s'entr'égorgeaient sans qu'on y prît garde. Mais le Parlement et la Sorbonne en voulaient à l'incorrigible railleur. Il fut pris, jugé, gracié, repris, et, la passion des hommes aidant, malgré les protestations de l'infortuné qui niait les accusations portées contre lui, exécuté par la main du bourreau qui, comme le canon, est la suprême raison du plus fort.

Et pourtant, à Lyon, il avait eu des amis ; c'était : Hortensius Lando, venu dans notre ville pour surveiller l'impression de son ouvrage : *Cicero relegatus*, confié aux presses de Sébastien Gryphe, un autre fidèle des bons et mauvais jours ; Rabelais qui ne l'abandonna jamais ; Maurice et Guillaume Sève, hommes de probité et d'honneur ; Claude Fournier, poète latin appartenant à une grande famille lyonnaise ; de Tournes, et surtout les trois Vauzelles dont l'orthodoxie et la vie austère ne sont pas à discuter.

N'était-il pas reçu dans l'intimité de cette belle et vertueuse Catherine de Pierre-Vive, la compagne adorée d'Antoine de Gondi, seigneur du Perron, la gouvernante des enfants de France, qui recevait à Lyon, dans ses salons, la plus brillante société de la ville et qui ne les eût pas ouverts à un criminel ?

Rabelais aussi avait joué avec le feu, mais il avait toujours su en éviter les étreintes.

Je n'ai d'ailleurs à voir ni le philosophe ni le libre penseur. Il est nôtre comme imprimeur, et c'est à ce point de vue seul que j'ai à m'en occuper.

Qu'il me soit même permis de trouver plus de haine que de justice, plus d'imprudence que de culpabilité dans le fait, le procès, la condamnation et la mort de ce malheureux.

On connaît sa vie ; en voici le résumé :

1508. — 26 décembre, naissance de Dolet à Orléans.

« Je suis né, dit-il, (second discours à Pinache) de parents qui n'avaient nullement composition basse ou inférieure ; ils occupaient dans le monde un rang honorable et même distingué. »

On a même dit qu'il était fils de François Ier, ou d'un grand seigneur de la cour de France.

Les historiens, les savants, les érudits ont nié, ont protesté ; mais quand un bruit s'est mis à courir, il est difficile de l'arrêter.

1521. — Sa famille l'envoie à Paris compléter son éducation.

1525. — Il y suit les cours d'éloquence latine de Nicolas Béraud.

1526. — Départ pour Padoue. Il y suit les leçons de Simon de Villeneuve.

1530. — Villeneuve étant mort, Dolet lui compose une épitaphe et part pour Venise.

1531. Il se rend à Toulouse.

1535. — 25 mars. Il est arrêté, mis en prison et relâché. Un arrêt du Parlement de Toulouse le chasse de la ville.

1533. — 1er août, il arrive à Lyon, entre chez Gryphe, comme correcteur et se lie d'amitié avec l'illustre imprimeur,

1534. — Dolet se rend à Paris et y arrive le 15 octobre.

1535. — On lui accorde un *Privilège* pour ses *Commentaires* dont il confie l'impression à son ami.

1536. — Il revient s'établir à Lyon pour suivre l'impression de son ouvrage.

1536. — Gryphe imprime les discours de Cicéron, avec une dédicace adressée au cardinal du Bellay, dont Dolet est certainement l'auteur.

1536. — 31 décembre. Il rencontre le peintre Compain et le tue.

1537. — Il s'enfuit de Lyon ; se rend à Paris où le roi lui accorde sa grâce.

1537. — Il obtient du roi un brevet d'imprimeur à Lyon, valable pour dix ans.

1538. — Mariage de Dolet à Lyon. — Il organise son imprimerie et sa librairie dans un passage étroit allant de la rue Mercière à la Saône, le long du couvent des Antonins, l'Allée Marchande, aujourd'hui.

1539. — Naissance de Claude Dolet. Etienne fait un poème en l'honneur de son fils.

1542. — *2 octobre*. — Accusé d'avoir remplacé Dieu par le Destin ; d'avoir imprimé la *Bible* en français pour la mettre aux mains du vulgaire ; d'avoir *douté* de l'immortalité de l'âme ; je dis : *douté* et non nié, car il a vivement protesté de la sincérité de sa croyance ; enfin, d'avoir, pendant le carême, fait usage d'aliments gras, qui, disait-il, lui avaient été ordonnés par le médecin, il fut, par ordre du grand inquisiteur Mathieu Orry et par Estienne Faye, custode de l'église de Sainte-Croix, vicaire général de l'archevêque de

Lyon, abandonné au bras séculier comme schismatique et hérétique. C'était la mort.

Il appela du jugement et s'adressa directement au roi qui, après quinze mois d'incarcération, le fit mettre en liberté.

Mais Dolet ne se corrigeait pas pour si peu.

Ayant imprimé les œuvres de Platon, il ajouta un mot à la phrase célèbre : *Post mortem nihil est*, et il écrivit : « *Après la mort, tu ne seras rien du tout.* »

On ne s'en souvint que trop lors de son grand procès.

1544. — *5 janvier*. — Dolet est arrêté de nouveau à Lyon.

Le 7, il s'échappe et se réfugie en Piémont.

1er mai, publication du *Second enfer*.

Dolet revient clandestinement à Lyon.

Il est arrêté par Jacques Devaux qui le conduit à Paris.

4 novembre. — On nomme une commission pour examiner ses ouvrages. Il est condamné et livré au bras séculier.

1546. — Dernier ouvrage : *Cantique d'Etienne Dolet, prisonnier à la Conciergerie.*

2 août.— Arrêt du parlement de Paris qui condamne Dolet à être pendu, puis brûlé sur la place Maubert.

3 août. — Exécution du jugement pour la fête de saint Etienne, en l'absence de François Ier qui n'eût pas permis ce forfait.

On voit quel rôle avait joué la ville de Lyon dans l'existence du pauvre infortuné ; Lyon, la ville des contrastes, qui vit éclore le livre de l'*Imitation*, élan d'ascétisme et de foi, et le *Gargantua*, le pamphlet du doute et de l'ironie qui a détruit le vieux monde et changé la civilisation !

Pendant les dix ans que Dolet a passé dans notre ville, il y composa un certain nombre d'ouvrages et en imprima quatre-vingt-trois.

De ces livres, sortis de ses presses, il est un qui, dans un auto-da-fé, fut livré aux flammes et retiré avant d'être consumé. Il est conservé avec vénération dans la bibliothèque de Lyon.

C'est un petit in-8°, dans son ancienne couverture de parchemin.

Les Epistres familiaires de Marc. Tulle Cicero... nouvellement traduites en françoys, par Estienne Dolet, natif d'Orléans... (marque de l'imprimeur, *la doloire tenue par une main qui sort d'un nuage et un arbre renversé*) à Lyon, chés Estienne Dolet, 1542, avec privilège pour dix ans.

Le bois n'a pas d'autre encadrement que la devise de l'imprimeur : « *Scabra et impolita ad amussim dolo atque perpolio.* »

Au verso du frontispice est l'*Extrait du Privileige* donné à Moulins, le vi° jour de mars 1537 et de ce règne le vingt quatriesme.

Les feuillets 2 et 3 contiennent une *Epître de Dolet* au lecteur.

Au colophon, isolé au milieu du 208° feuillet, on lit : *Ce présent œuvre fut achevé d'imprimer le xxviii° d'avril 1542*, à Lyon, chés Estienne Dolet, pour lors demeurant en rue Mercière, à l'enseigne de la Dolouere d'or. Lequel Dolet mesme a été traducteur de ces épistres familiaires de Cicéro.

Au verso de ce 208° feuillet, se trouve la grande marque de l'imprimeur : *La Doloire tenue par une main sortant d'un nuage, à dextre, et frappant le tronc rugueux d'un arbre couché à terre.*

Au-dessous, est le mot : DOLET. Et plus bas, la devise douloureuse, prédestinée, qui n'est pas celle d'un homme qui ne croit à rien : « Préserve-moi, O Seigneur, des calomnies des hommes ! »

Pourquoi cette prière n'a-t-elle pas été entendue ! Mais, dans quel bûcher ce malheureux livre avait-il été jeté ?

A Paris, dans le dernier ? je ne le pense pas.

A Paris, l'exécution avait eu lieu publiquement et juridiquement, sous la protection de la force armée.

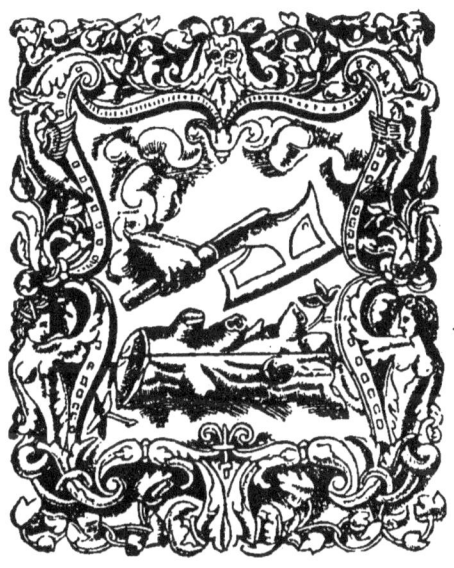

Marque de DOLET

Le volume jeté dans les flammes y eût infailliblement péri. Nul n'eût osé s'opposer à cet acte d'autorité ; d'ailleurs, la foule devait être tenue à distance.

A Lyon, en 1542, quand il fut question de détruire sa bibliothèque ?

Mais elle échappa au supplice, ainsi que Dolet, grâce à la clémence du roi.

Je ne vois qu'un autre bûcher pour ce livre

A la fin de septembre 1567, les catholiques avaient failli être surpris par les calvinistes qui entouraient la ville.

Au jour, le 1ᵉʳ octobre 1567, les citoyens, exaspérés du danger qu'ils avaient couru, rasèrent les deux temples protestants et, le lendemain, saccagèrent le logis de quelques religionnaires, parmi lesquels celui de Jean de Tournes, rue Raisin.

Le mobilier, les livres, les papiers de l'illustre imprimeur furent brûlés à côté de sa demeure, sur la place des Jacobins, en face du couvent des Dominicains. Lui-même eût été massacré si on ne l'eût enfermé dans le couvent des Célestins et, de là, emprisonné dans le fort de Saint-Sébastien, au-dessus du Rhône.

Amateur sérieux et devinant la valeur qu'on donnerait plus tard aux livres et aux écrits de Dolet, il possédait les œuvres et les impressions de son infortuné confrère. Au milieu de l'émeute, on se rua sur ces volumes ; on les lacéra, on les mit en pièces ; on les jeta dans le brasier ; mais, dans la foule, il y avait des calvinistes, des savants, des bibliophiles, des amateurs, des curieux. Rien d'étonnant que nombre de ces pauvres ouvrages n'aient été enlevés aux flammes avant d'être entièrement consumés.

Dernièrement, un livre imprimé par Dolet, *la plaisante et Joyeuse histoyre du grant géant Gargantua*, par Rabelais, a été misé jusqu'à la somme de 14,000 francs.

A quel prix pousserait-on les *Epîtres* de Cicéron, après le baptême de feu qu'elles ont eu à subir, si la ville de Lyon voulait les livrer à un amateur ?

Quelle que soit la valeur qu'on y attache, il ne sera pas possible de citer tous les ouvrages sortis de la plume de Dolet, encore moins ceux qu'il a simplement imprimés.

Voici quelques-uns des premiers :

Exhortations à la lecture des sainctes lettres. 1542, in-16, rare.

Cato christianus. Stephano Doleto, Gallo Aurelio autore. Lugduni apud eundem Doletum. 1538, in-8°.

Très rare, inconnu à D. Clément, Maittaire, Niceron, et à bien d'autres. L'ode qui se trouve à la fin : *De laudibus Virginis Mariae*, n'a pas empêché ce livre d'être condamné au feu.

Stephani Doleti, de re navali liber... Gryphius. 1537, in-4°.

Formulæ latinarum locutionum illustriorum. 1539, in-fol. rare.

Commentariorum linguæ latinæ tomi duo ; apud Gryphium. 1536-1538, in-fol. 2 vol. Précieux.

La manière de bien traduire une langue en aultre, 1540, in-8°.

Stephani Doleti... carminum libri quatuor, 1538. in-4°.

Francisci Valesii Gallorum regis fata, 1539, in-4°.

Genethliacum Claudii Doleti, Stephani Doleti filii. 1539, in-4°.

L'Avant-naissance de Dolet, 1539, in-4°.

Les gestes de François de Valois, roy de France, 1543, in-8°.

Le second Enfer d'Estienne Dolet... Troyes, 1544, in-8°.

Et pour finir :

Les quatre livres du Courtisan, du comte Balthazar de Castillon, reduyct de langue ytalique en francoys, par Jacques Colin, d'Auxerre, et Etienne Dolet, d'Orléans s. l. (Lyon, Denys de Harsy) 1537, in-8°, lettres rondes, rare.

La plaisante et joyeuse histoire du grand géant Gargantua... Lyon, Etienne Dolet, 1542 ; *Pantagruel,* Lyon,

Etienne Dolet, 1542 ; tiers livre, à Paris, 1547, ensemble trois parties en un volume, in-16, se sont, comme je l'ai dit, vendues 14,100 francs à la vente Techener, en 1887.

M. Péricaud, dans ses *Notes et documents pour servir à l'histoire de Lyon*, puisés cependant, avec soin, dans nos archives, dit que : Le 1er mai 1529, les imprimeurs de la ville plantèrent un pin devant l'hôtel de Théodore Trivulce, maréchal de France, gouverneur de Lyon, et qu'à cette occasion, Etienne Dolet fit et offrit au gouverneur les vers suivants :

TYPOGRAPHI LUGDUNI

« *Fuerit Tityro ille Deus ei qui permisit*
Quæ vellet agresti calamo ludere et agnos
Bovesque ducere libere per florentes
Campos ; eris nobis Deus qui permittis
Solita frui nos lætitia et libertate ;
Ob id viridum pinum consecratam
Accipe vultu atque animo tibi quo consecrata est. »

Ces vers sont-ils bien de Dolet ? S'ils sont de lui, ont-ils été composés à l'occasion de la fête du 1er mai 1529 ? Cette année-là, Dolet n'était-il pas étudiant à Padoue ?

BERNARD

Bernard, imprimeur et en même temps escuyer ne m'est connu que pour avoir imprimé :

Le Livre des créatures ou le livre de l'homme... Compile par révérend Raymond... et nouvellement imprimé à Lyon par Bernard, escuyer, aux dépens de Claude Daulphin... et fut achevé le VII jour du mois de décembre mil CCCCC et XIX, in-fol. goth.

Ce volume, aussi rare que précieux, figure dans le premier catalogue de la Vente Cailhava où, par une coquille malheureuse, il porte la date renversante : *imprimé à Lyon en 1419 !*

Traduction rare d'un ouvrage autrefois célèbre qui avait attiré l'attention de Montaigne. Il est mentionné dans le *Nouveau Spon* de M. Monfalcon. Il n'a été connu ni de Brunet ni de M. Péricaud.

Pierre de TOURS

Il habitait la rue Mercière, était libraire, en même temps qu'imprimeur, et avait l'honneur d'être le fournisseur attitré du Consulat.

On le connaît, de 1540 à 1556, année où sa femme, Madelaine Triffet, annonce, au mois de décembre, qu'elle est devenue veuve. De son mari, on connaît peu de chose et cependant son nom restera, grâce à un volume précieux sorti de ses presses :

Lyon Marchant, satyre françoise. Sur la comparaison de Paris, Rohan (*sic*), Lyon, Orléans, et sur les choses mémorables depuys l'an mil cinq cent vingt-quatre. Soubz allegories et enigmes par personnages mysticques, jouée au Collège de la Trinité à Lyon, 1541. Par Barthélemy Aneau. 1542. On les vend à Lyon, en rue Mercière, par Pierre de Tours. Petit, in-8° goth. de 20 feuillets non chiffrés.

L'exemplaire de la Bibliothèque Coste, venant de M. de Solenne, avait, à la suite du *Lyon Marchant,* deux pièces :

Oraison ou Epistre de Cicéron à Octave... tournée en françois (par Barthélemy Aneau.) On les vend... par Pierre de Tours, 1542 et : *vers de Corneil Sévère, poète romain, sur la mort de Cicéron ; tournez en vers françois* (aussi par Aneau), chez Pierre de Tours, pet. in-8°, 8 feuillets.

La rareté du volume et surtout la fin malheureuse de l'auteur, principal du Collège de Lyon, massacré par la populace le jour de l'Octave de la Fête-Dieu, 12 juin 1561, date exacte, donnent un grand prix à cette œuvre. On sait, d'après les recherches de M. Breghot du Lut, que, malgré sa mort due à une poignée de fanatiques, Barthélemy Aneau n'était point huguenot. Ce fut donc un crime sans but et sans motif.

Les exercices littéraires, introduits dans le Collège de Lyon par l'infortuné principal, et qui, à la fin de chaque année, accompagnaient la distribution des prix, donnèrent un grand renom au collège ; ils étaient très suivis, furent imités partout et, résultat inattendu, donnèrent naissance à l'Opéra Comique, de même que les *Mystères* furent l'origine et le berceau du théâtre français.

La Bibliothèque de M. Cailhava possédait séparément :

Oraison ou Epistre de M. Tulle Cicéron à Octave, depuis surnommé Auguste Caesar, tournée en françois. Vers de Corneil Sévère, poète romain, sur la mort de Cicéron. On les vend à Lyon,... par Pierre de Tours. 1542, in-8° goth.

Pièce rarissime imprimée avec les caractères du *Lyon marchant*; admirablement conservée et reliée en mar. rouge, fil. tranches dorées; vêtement superbe, digne de ce livre précieux.

Sulpice SABON

Il était imprimeur libraire, rue Mercière. Sa marque était : *un rocher battu par la tempête, au milieu de la mer*
Devise : *Adversis duro*.

On lui doit plusieurs éditions estimées.

Délie, par Maurice Sève. 1544, pet. in-8.

Roland amoureux, par Boyardo, traduit par Jacques Vincent du Crest, 1544, in-folio.

Œuvres de Clément Marot. 1545, in-8.

On lui connaît une autre devise : *Adversis constantia durat*.

Ducher lui a fait un distique parvenu jusqu'à nous, amusement du savant oisif :

> *Si Cui non sapiat Sapidus sapidissimus, ille*
> *Saccharon acre putet, dulcia mella neget.*

Jean de TOURNES Ier
Né à Lyon, en 1504.

Mort de la peste, dans la même ville, en 1564, et non en 1550, ainsi qu'on l'a dit au Congrès de la Société Bibliographique, en 1891, d'après Pernetti, Saint-Olive, et bien d'autres. Voir les beaux ouvrages que Jean Ier a publiés de 1550 à 1560, et qui l'ont mis à un rang si haut, ainsi que son fils.

Nous sommes, en effet, arrivés au zénith des belles éditions. Jamais on n'a mieux fait que ces deux typographes, à considérer surtout les procédés et l'outillage des imprimeurs de ce temps-là.

Mais aussi quels hommes que ces érudits, ces artistes, ces penseurs qui écrivaient avec tant d'élégance et de pureté en français, en italien, en latin, étudiaient si profondément toutes les questions qui agitaient le monde ; étaient au courant des découvertes, aimaient le beau, le cherchaient partout, étaient liés avec tous les savants de l'Europe ; traitaient d'égal à égal avec les gentilshommes de la cour, les banquiers florentins, les administrateurs de la cité et recevaient chez eux familièrement Clément Marot, Syméoni, du Choul, Sève, Nicolas de Langes, Roville, Gryphe, Rabelais, Dolet, Louise Labé, Pernette du Guillet, Clémence de Bourges, Salomon Bernard, Philibert de l'Orme, tout ce qui écrivait, pensait, travaillait, avait un nom à Lyon ou ailleurs.

Il y eut tout une dynastie de Jean de Tournes ; je parlerai d'abord des deux premiers, laissant les autres pour le siècle suivant.

Le père fut plus habile comme imprimeur ; le fils fut plus illustre comme érudit.

Jean Ier était né à l'aurore de ce siècle qui produisit tant de célébrités, et son nom vivra aussi longtemps qu'aucun autre. Sa famille était originaire de Noyon, en Picardie ; elle était venue à Lyon au siècle précédent.

Il fit son apprentissage dans la maison Trechsel et non chez Gryphe, ainsi qu'on l'a dit ; mais il entra de bonne heure chez cet illustre maître, pour se perfectionner et y apprendre tous les secrets de son art.

Vers 1540, il s'établit pour son propre compte, non loin de la place Notre-Dame de Confort, aujourd'hui, place des Jacobins. Ses ateliers étaient rue Raisin, devenue rue Jean de Tournes, grâce à un arrêté dont on doit savoir gré à la municipalité

Mais, dès son entrée dans l'industrie, le nouvel imprimeur eut à traverser une crise qui mit en péril toute la corporation.

Quelques années avaient été mauvaises; tout était plus cher, et les ouvriers, quoique nourris chez leurs patrons, crurent pouvoir profiter de l'occasion pour demander une augmentation de salaire à leurs chefs.

Mais ceux-ci n'étaient pas plus heureux. Les uns avaient des conventions pour leurs travaux ; d'autres luttaient contre une concurrence acharnée. On ne s'entendit pas.

« En 1540, disent nos vieux historiens, il y eut procès entre les maîtres imprimeurs et leurs compagnons qui *s'étoient bandez* pour avoir plus gros gaiges et nourriture plus opulente. Les maîtres imprimeurs, faute d'ouvriers, étoient sur le point de quitter la ville pour aller s'établir à Vienne, en Dauphiné; mais le Consulat intervint et obtint un arrangement.

« Considérant, dit le procès-verbal des séances du 25 novembre 1540, que ce seroit gros dommage en ceste ville de perdre une si grosse et belle manufacture de l'imprimerie qui a cousté beaucoup pour l'y attirer et la retenir, le sieur Hugues de la Porte, imprimeur et échevin, promit de conférer avec les libraires et maistres imprimeurs. Ceux-ci consentirent à fournir la moitié des frais du procès si le Consulat vouloit fournir l'autre moitié. Le Consulat l'ayant accordé, il fut arresté d'envoyer à Paris maistre Pierre Gravier, fils du secrétaire de la ville, aux gages accoustumez de 35 sols par jour. »

Les difficultés avaient commencé vers 1538; elles prirent fin le 28 décembre 1541. Ce jour-là parut un édit du roi contenant *règlement* de l'imprimerie pour la ville de Lyon et défense d'imprimer aucun livre sans permission du grand scel.

Ce règlement ne paraît pas avoir donné raison aux ouvriers, puisque le préambule blâme ceux-ci de s'être mutinés : « pour avoir voulu contraindre les maîtres imprimeurs de fournir à leurs employés plus gros gages et nourriture plus opulente que, par la coustume ancienne, ils n'avoient jamais eu... »

Mais la paix ne fut que passagère et le conflit reprit en 1571.

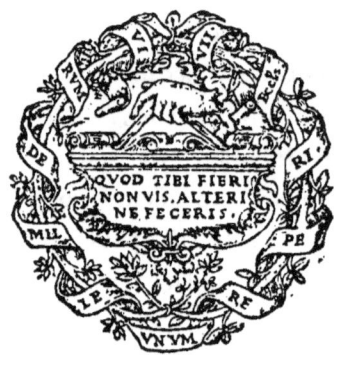

Une des marques de Jean de Tournes

Cependant, pour le moment, le danger étant écarté, le nouvel imprimeur put commencer le cours de ses magnifiques publications.

Rien n'est beau comme ce caractère rond, élégant et pur, dont il s'est servi.

Son enseigne était : *deux vipères entrelacées, avec cette épigraphe* : « *Quod tibi fieri non vis, alteri ne feceris.* » Conseil prudent, pratique et loyal qu'il serait peut-être bon de rappeler aujourd'hui.

Cette marque se retrouve dans ses livres, gravée par le

Petit-Bernard; le bas-relief de pierre qui était au-dessus de sa porte a été donné au Musée de Lyon.

Quelques-unes de ses éditions portent : « *Un ange debout avec cet anagramme :* « *Son art en Dieu* »; d'autres : Une banderolle nouée avec ces mots : *Nescit labi virtus;* — *un ange ou un génie entouré de flammes, tenant d'une main un arc, de l'autre montrant le soleil,* avec cette devise : *Per ipsum facta sunt omnia*; une tablette portant l'épigraphe de son enseigne : *Quid tibi fieri non vis, alteri ne feceris.* La tablette, attachée par un ruban, est supportée par une main gauche, sortant d'une manchette; le tout, entouré d'une couronne de laurier, avec ces mots du roi Salomon sur un ruban : « *Virum de mille unum reperi.* » Mais sa marque la plus connue est celle de son enseigne : *Deux vipères entrelacées qui se mordent la tête, tandis que la femelle donne le jour à ses petits.* Au centre du groupe, est une tablette contournée portant les mots que je viens de donner : « *Quod tibi fieri non vis, alteri ne feceris.* »

Il s'en servit pour la première fois dans sa ravissante édition de Marot de 1549.

Quoique sa famille fût noble, il ne crut pas déroger en se faisant imprimeur. Ses armoiries nobiliaires étaient : *d'argent, à la bande d'azur; au chef de gueules, chargé d'un croissant d'or...*

C'est à tort que parfois on a écrit Detournes, en un seul mot, surtout dans les biographies de Michaud et de Didot. Il signait en latin : *Tornaesius.* Le Pétrarque de 1545 porte, comme nom d'imprimeur : « *Giovani di Tournes.* » Les historiens genevois et lyonnais lui accordent la particule sans hésiter.

Savant, comme tous les typographes de son temps, homme

du monde, généreux, mettant l'art bien au-dessus de l'industrie ; ayant un goût exquis, aimant le beau, il se distingua de ses rivaux et il l'emporta sur ses confrères les plus illustres et les plus réputés, par l'élégance de ses caractères, la pureté de ses impressions, la qualité supérieure des encres et du papier ; surtout par la sévérité de ses corrections qu'il dut à une surveillance active et au talent des érudits qu'il eut le bonheur d'avoir pour employés ou correcteurs. Mais quoique le succès le favorisât et que sa maison eût pris une haute extension, ami fidèle et sûr, il resta lié avec la plupart de ses collègues, surtout avec Sébastien Gryphe, pour le compte et sous le nom de qui, sans arrière-pensée de jalousie ou de rivalité, il publia un grand nombre de belles éditions.

Cette générosité, plus commune alors que de nos jours, doit être fidèlement relevée par l'histoire et comptée parmi ses plus éminentes qualités.

Son mérite hors ligne, reconnu et apprécié, même par le Gouvernement central, lui valut le titre si ambitionné d'*Imprimeur du Roi*. Son caractère aimable et facile, sa bonté lui procurèrent de nombreuses sympathies et de hautes relations. J'ai nommé quelques hommes. Bonaventure des Perrier lui dédia des vers (1) et Syméoni, dans une lettre charmante où il le remercie de lui avoir généreusement offert une précieuse médaille trouvée dans son jardin des bords du Rhône, l'appelle : *Huomo diligentissimo nel suo mestiere*. On sait qu'il était l'imprimeur de prédilection de ce célèbre érudit.

Parmi les éditions qui lui firent dès lors le plus grand honneur et sont si vivement recherchées aujourd'hui, on peut citer :

(1) *Annales poétiques*, tome III, p. 224.

Problèmes d'Aristote et autres filozofes et médecins selon la composition du corps humain, avec ceux de Marc-Antoine Zimara. Lion, par Jan de Tournes, 1554, in-8°.

Plusieurs des mots de ce titre rappellent l'*ortografe* fantaisiste de M. Marle.

Microcosme (poème) à Lion, Jan de Tournes, 1562, in-4° Une des perles de la Bibliothèque Cailhava.

« *Pétrarque*, en italien, 1545, in-16 ; ce charmant volume contient une Epître de Jean de Tournes à son ami Maurice Sève ; *Le Dante*, 1547, in-12 ; les *Marguerites des Marguerites de la reine de Navarre*, 1547, in-8° ; *Vitruve*, avec de fort jolies vignettes, 1552, in-8° ; les *Chroniques* de Froissard, 1559-1561, in-fol. quatre volumes ; et les deux premières éditions des *Œuvres de Louise Labé*, de 1555 et de 1556, si rares, si correctes, si précieuses, avec des encadrements, des vignettes et des culs-de-lampe qui sont restés comme des modèles pour les typographes lyonnais.

MM. Monfalcon et Cailhava ont imité ces bois, en faisant imprimer, chez Simon Raçon, l'édition de Louise Labé, qu'ils ont donnée en 1853, in-8°. Mais en supprimant les talus entre le texte et les encadrements, ils ont enlevé aux pages modernes toute leur gracieuse légèreté.

Les savants ne sont pas tous artistes ; les amateurs ne sont pas tous du métier.

Je ne puis oublier non plus les *Poésies* de Pernette du Guillet, si rares, Lyon, 1545 et 1552, in-12 ; le joli *Clément Marot* de 1549 ; le *Contre amye de cour*, par Charles Fontaine, 1541 ; les *Commentaires de César*, 1545 ; la *Micropædie*, de Jean Paradin ; *Saulsaye*, par Maurice Sève et, pour finir, la *Chronique de Savoye, revue et nouvellement augmentée*, par Guillaume Paradin ; *avec les figures de toutes les alliances de la maison de Savoye*. A Lyon, par Jean de Tournes, imprimeur du Roy, 1561, in-folio, avec à peu près cent cinquante blasons gravés sur bois.

M. Péricaud attribue cette seconde édition à Jean II, croyant, avec Pernetti, trop facilement suivi par M. Humbert Mollière, un de nos érudits les plus sérieux (1), que Jean Ier était mort en 1550. Mais M. Monfalcon, appuyé d'ailleurs par les écrivains genevois, MM. Revilliod, Cartier, Galliffe et de nos jours, par M. d'Arcollières, de Chambéry, qui ont vu les papiers de famille, fait justice de cette assertion. Il déclare positivement que Jean Ier est mort de la peste à Lyon, le 7 septembre 1564 et que c'est lui, non son fils, qui a imprimé les deux premières éditions de la *Chronique de Savoye*; Jean II n'ayant naturellement succédé à son père, qu'après septembre 1564.

Les ravissantes vignettes, les jolis fleurons, les fins et gracieux encadrements qui ornent les éditions de cet illustre imprimeur sont dus à Bernard Salomon, dit le petit Bernard, à Cruche, et quelques-uns, peut-être, à Geoffroi Tori.

Un de nos compatriotes, bibliophile et historien, M. Gustave Véricel, possède un Jean de Tournes d'une extrême rareté : *Des jugements astronomiques sur les nativitez*, par Oger Ferrier, médecin. Lyon, 1555, in-12, marque des *Vipères*. Reliure primitive, volume d'une admirable conservation.

Les écrits calvinistes, se propageant rapidement à Paris et à Lyon, plus spécialement objet d'une propagande active, ainsi que dans les montagnes du Dauphiné et les Cévennes, où les ministres de l'Eglise réformée retrouvaient tous les

---

(1) *Coup d'œil sur l'histoire de l'imprimerie à Lyon*, aux xve et xvie siècles, 1891. in-8.

souvenirs des Vaudois, le gouvernement français promulgua, le 27 juin 1551, un édit attribuant tant aux Cours souveraines qu'aux juges présidiaux la connaissance, punition et correction des hérétiques.

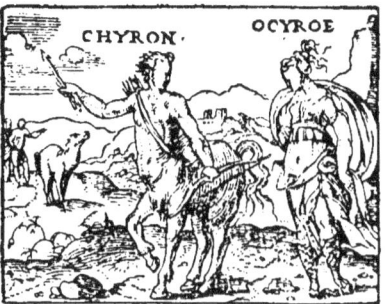

140 LE II. LIVRE DE LA

Difant, helàs, les chofes diuines
Font auancer trop toft mes deftinees.
Ie fents en moy la parole faillir:
Plus de mon corps ne peut ma voix faillir.
Maudit foit l'art (tant peu vaut & merite)
Qui contre moy l'ire des Dieux irrite.
Las, beaucoup mieux m'euft valu abftenir
De tant fçauoir des chofes aduenir.
Ià m'eft aduis que de fille la face
En moy fe perd : & peu à peu s'efface.
Ià de defir,ià d'appetit fuis pleine
D'herbe manger, & courir en la plaine:
Ne fçay quel Dieu en iument me transforme:
Prendre m'en vois de mon pere la forme.
Mais pourquoy doy ie eftre toute iument?
Demi cheual mon pere eft feulement.

Ainfi

Métamorphoses d'Ovide, traduites par Marot
JEAN DE TOURNES 1558.

Cette ordonnance est la quatrième lancée par Henri II contre les dissidents. Les imprimeurs y sont traités avec sévérité.

« Ne sera imprimé ne vendu aucuns livres, dit-elle, concernant la saincte Ecriture et religion chrestienne, faits et composez *depuis quarante ans...* que premièrement ils n'ayent été veus et visitez ; c'est à scavoir ceux qui sont imprimez ès ville de Paris, Lyon et aultres villes circonvoisines du dict Paris, où il n'y a Faculté de théologie, par la Faculté de théologie du dict Paris et ès villes où il y a Faculté de théologie par les docteurs et députez d'icelle. Et pour autant qu'en notre ville de Lyon, il y a plusieurs imprimeurs et qu'ordinairement il s'y apporte grand nombre de livres de pays étrangers, mesme de ceux qui sont grandement suspects d'hérésie, nous avons ordonné et ordonnons que, trois fois l'an, sera faicte visitation des officines et boutiques des imprimeurs, marchans et vendans livres en ladite ville, par deux bons personnages, gens d'Eglise, l'un député par l'archevesque de Lyon, ou ses vicaires ; l'autre, par le Chapitre de l'Eglise du dict lieu et avec eux le lieutenant du séneschal du dict Lyon, qui pourront saisir et mettre en nostre main tous livres censurez et suspects. Et si, en procédant ès dites visitations, ils trouvent faute notable, ils nous en advertiront pour faire procéder contre ceux qui les feront et y donner telle provision que nous verrons estre à faire. »

La première victime de cet édit fut Claude Monier, natif d'Issoire, maître d'école à Lyon, qui, le 31 octobre 1551, fut mis à mort sur la place des Terreaux (1).

Cet affreux supplice n'arrêta pas la propagande, car, dit M. Péricaud « Calvin et ses sectateurs redoublèrent d'efforts pour propager leurs doctrines. Genève, devenue l'arsenal de la Réforme, inonda la France de brochures dogmatiques et, le plus souvent, satiriques et incendiaires qui, à la faveur du

---

(1) Bèze. *Hist. Eccl.*, t. I.

voisinage, se glissaient dans le commerce de Lyon et de là dans toute la France. »

Quoique partisan des idées nouvelles, Jean Ier ne fut jamais ardent, comme la plupart des membres de sa corporation, ni imprudent comme son fils.

En 1556, Jean prit pour associé Guillaume Gazeau dont le nom se trouve uni au sien jusqu'en 1559. A cette époque, il s'en sépara et prit son fils pour aide, plus tard pour successeur.

Quant à Gazeau, ce fut lui qui, en 1562, fut chargé par le baron des Adrets, maître de la ville, d'inventorier les reliques, l'argenterie et les meubles de l'église ainsi que du couvent des Dominicains, mis à sac par les protestants, comme toutes les églises de la ville.

Quelques années après, les massacres faits par les calvinistes furent cruellement expiés.

En racontant ces jours de deuil, les historiens ne voient que le crime du moment, sans se rappeler, le plus souvent, que l'épée a provoqué l'épée.

A nous aujourd'hui de flétrir tous les coupables, à quelque parti qu'ils aient appartenu.

Les impressions de Jean de Tournes étaient sur papier si ferme, si égal, si bien choisi que le temps n'a pu en altérer la beauté.

Sa fortune loyalement acquise était considérable. Calviniste, il fit des legs à l'Eglise réformée et aux pauvres. Ils furent fidèlement acquittés par son fils (1).

---

(1) Voir Alfred Cartier : *Annales typographiques de Jean Ier et de Jean II* Genève ; Galiffe : *Notices généalogiques sur les familles genevoises* ; Genève, t. III, p. 186-189 ; Revilliod : *Notes sur la famille des de Tournes*, Genève, in-8 1856.

Jean de TOURNES II

Né à Lyon en 1539. Mort à Genève en 1615.

En 1582, Jacques-Auguste de Thou vint, à Lyon, visiter sa *boutique*, puis celle de Roville. Il y vit Deschamps qui travaillait, en ce moment, à son ouvrage sur *Pline*, et qui corrigeait *la Botanique*, ouvrage que Roville imprimait. Voir les *Mémoires* de M. de Thou. Amsterdam. 1513 in-8°.

A la mort de son père, Jean II conserva le titre honorable d'*Imprimeur du Roi* et il maintint les traditions de la maison. Aussi habile dans son art que son célèbre prédécesseur, il fut plus érudit, plus brillant, écrivit, fit des traductions et publia, en 1575, un *Pétrone* contenant des leçons diverses recueillies par lui et maintenues dans les éditions données en 1618, par Paul Frellon, in-8° un vol. et en 1741, par Burmann, deux vol. in-4°.

Mais la guerre civile avait exercé les plus cruels ravages dans la malheureuse ville de Lyon.

La férocité du baron des Adrets, lors de la prise de notre ville, le 1er mai 1562 et les crimes qu'il ne cessa de commettre dans toute la province ; l'affreuse réaction et les vengeances de la Saint-Barthélemy, dix ans plus tard, mirent une page de sang ineffaçable dans notre histoire. Impossible d'étudier cette époque sans éprouver de profonds sentiments d'horreur.

Après avoir terrorisé Lyon, les protestants furent vaincus.

Le 2 octobre 1567, pendant une émeute contre les dissidents, Jean II, spécialement désigné à la fureur du peuple, avait eu sa maison saccagée et pillée par les catholiques ; on avait brûlé ses livres sur la place des Jacobins et spécialement les œuvres de Dolet, objet d'un acharnement particulier. Lui-même eût péri, si ses ennemis, d'autres disent ses amis, ne l'eussent enlevé et emprisonné dans le couvent des Célestins qui était voisin. Pendant la Saint-Barthélemy, on put le sauver encore, en l'enfermant dans la citadelle de Saint-Sébastien ; mais il comprit que le séjour de Lyon lui était devenu impossible et que sa vie n'y était plus en sûreté.

Henri III, presque aussi aveugle que son frère, ayant rendu en 1585, un nouvel édit contre les protestants, Jean II qui, depuis 1572, avait pu reprendre l'exercice de sa profession, céda devant ce nouvel orage et, le 13 novembre, il partit, désespéré, pour Genève où son imprimerie et ses meubles l'avaient précédé.

Doux et bienveillant, ce fut le cœur brisé et les yeux en pleurs qu'il abandonna sa ville natale où il avait tant d'amis.

Edicto Regis cogor patriam, dit-il, *domum Mœcenatesque plurimos, amicos innumeros relinquere ; Genevamque petere cum uxore et socero, tribusque ejus liberis, qui quarto demum die appulimus.*

Qui ne comprend les amertumes, les tristesses et les désolations qu'on rencontre à chaque pas sur la terre de l'exil ?

A Genève, il remonta son imprimerie et y ajouta un petit commerce de librairie qui eut un certain succès.

Ce fut le travail qui le consola.

Quod felix faustumque sit, reprend-il, une autre fois, *hoc die cœpi Genevœ in œdibus du Galiaris editionem placitorum curialium a Papone collectorum.*

Le 19 avril 1596, il fut élu bourgeois de Genève. En 1604, il devint membre du Conseil des Deux Cents : mais quoique ses affaires furent prospères, les dernières années de sa vie ne furent ni sans amertume, ni sans chagrin.

— 222 —

Il avait voulu donner, à Genève, une troisième édition de la *Chronique de Savoye*, l'avait dédiée au roi Henri IV et, comme on était à l'année 1602, il avait continué jusqu'à ce jour le volume de Paradin, en offrant comme étant de lui la suite des événements, jusqu'à la paix de 1601.

Mais cette *continuation*, il l'avait empruntée et copiée, mot par mot, sur une *Histoire de la conqueste des pays de Bresse et de Savoie*, par le sieur de la Popelinière et il avait oublié d'en citer l'auteur.

L'usurpation fut découverte : on s'en émut, et, malgré les raisons plus ou moins bonnes, les excuses plus ou moins entortillées qu'il présenta, il fut pris à partie par les écrivains, vivement attaqué par les érudits et blâmé par le public.

Il ne put s'en relever. Le vol est vol partout, même dans la république des lettres. Ce fut l'avis des Genevois comme des Français.

On a cru et on a dit que cette troisième édition de la *Chronique* de Paradin, aurait bien pu avoir été imprimée à Lyon. Quoiqu'elle ne porte point de nom de ville, on peut être certain que c'est à Genève qu'elle a vu le jour.

Elle est datée du mois de juin 1602 ; reproduit environ 150 blasons gravés sur bois, et porte la marque des de Tournes au commencement et à la fin.

Jean II mourut à Genève, en 1615, laissant sa fortune à son fils Jean III. Celui-ci continua modestement et fort obscurément son double commerce de libraire et d'imprimeur. Aucun des ouvrages sortis de ses presses ne mérite l'attention. En 1726, deux de ses fils, Jean IV et Jacques, revinrent à Lyon. Ils y achetèrent la librairie et l'imprimerie des Anisson.

Nous aurons peu de chose à en dire alors. Le grand nom de Jean Ier, sa réputation et sa gloire étaient complètement effacés.

Antoine du RY

Panzer cite particulièrement :

Comprehensorium feudale dni Jo. Raygnaudi juris Cesarei et pontificii doctoris. Cum privilegio. *Lilium.* P. B. (Pierre Ballet, libraire à Lyon). Au colophon : *impressum quidem Luguduni (sic) per Antonium du Ry, impressorem excellentissimum, idibus novembris 1516*, in-4°, rare.

Inconnu de M. Monfalcon.

MACÉ-BONHOMME

Il fut imprimeur-libraire, et travailla beaucoup, sans chercher à être un des premiers de son art. L'enseigne de sa maison était une *clé d'or*, et sa marque : *Persée présentant la tête de Méduse qu'il vient de trancher*; quelquefois, *un faisceau de dards entourés de lacs*.

On le connaît de 1536 à 1560.

Brunet cite particulièrement son *Ovide*.

Trois premiers livres de la Métamorphose d'Ovide, traduictz en vers françois, le premier et le second par Clément Marot, le tiers par Barthélemy Aneau, mythologisez par Allegories historialles, naturelles et morales... illustrés de figures et images convenables... Lyon, Guillaume Roville. Au colophon : imprimé par Macé-Bonhomme, à Lyon, 1566. pet. in-8° de 22 ff. et 266 pp.

Ce beau volume est orné de gravures sur bois et ce qui lui donne une véritable valeur, chaque page est entourée d'une bordure avec figures d'un goût charmant.

On lui doit les *Emblèmes*, d'Alciat, illustré par le Petit-Bernard, qui a souvent travaillé pour cet imprimeur.

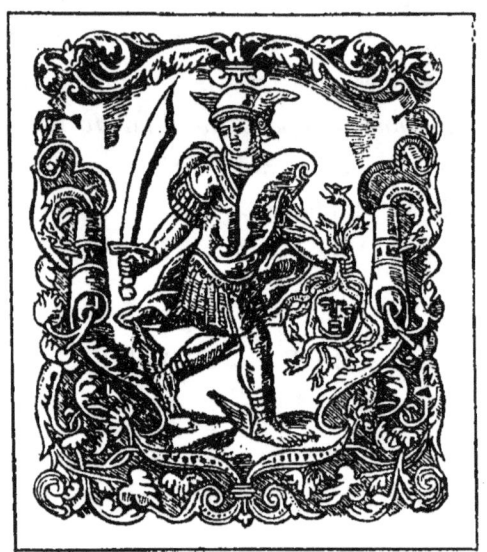

Marque de MACÉ-BONHOMME

BALTHAZARD ARNOLLET ou ARNOULLET

Fut imprimeur-libraire, rue Confort, de 1542 à 1558.

Il avait pour marque : *Un cheval marin portant une balance* et parfois : *un oiseau nageant sur les flots*, avec cette légend : *jeubilo in extremis*.

L'imprimerie était sous la direction de son beau-frère, Guillaume Guéroult.

On lui doit :

Vie de Notre Seigneur Jésus-Christ, 1542 ; *Epitome gestorum regum Franciae*, 1546 ; *Platine*, en françois, 1548 ; *Les sentiments de Marc-Tulle* Cicéron, 1550 ; *Les chroniques des Empereurs d'Occident*, par Guéroult, 1552 ; *Le trésor des remèdes secrets*, 1557.

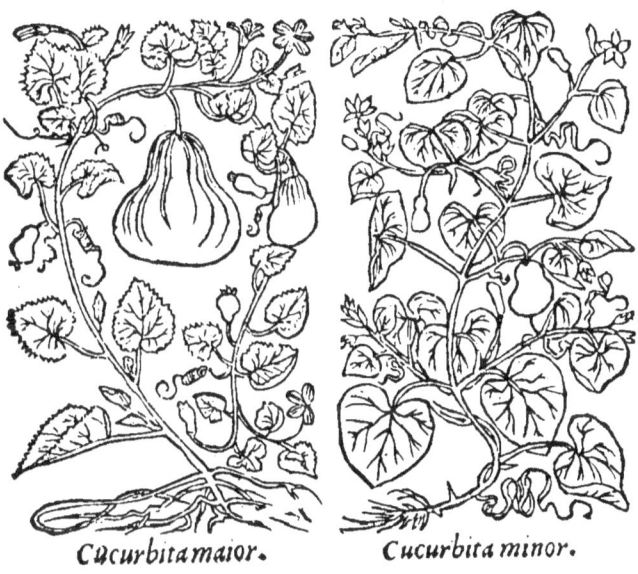

Figures de *Historia Stirpium*, imprimé par Balthazard Arnoullet

Olivier ARNOLLET ou ARNOULLET

Il fut le plus illustre de tous ceux de ce nom et ses nombreux romans de chevalerie sont très recherchés.

Il demeurait près de Notre-Dame de Confort ; il est connu à peu près de 1517 à 1558.

L'Histoire et Chronique du noble et vaillant Baudoin, comte de Flandres, lequel épousa le Diable. imp. à Lyon, par Olivier Arnoullet. s. d. in-4°. Bibliothèque de la Vallière, cité par Panzer, inconnu à M. Monfalcon.

On a de lui, entre autres: les *Gestes des Tholosains*, 1517; *Le jardin de Plaisance*, 1520; *le Cathon*, en françois, 1521; *Galien Restaure*, 1525; *Valentin et Orson*, 1526: le *Blason des couleurs*, 1528; *Belle Helayne*, 1528; *maistre Regnard et dame Hersant*, 1528; *Duguesclin*, 1529; *Cleriadus*, 1529; *Chronique de Florimont*, 1529; *Olivier Maillard*, 1529; *Guerin Meschin*, 1530; *Milles et Amys*, 1531; *Menus propos de la mère Sote*, 1535; *la Danse des aveugles*, 1543; *Mélusine*, 1544; *Geoffroy à la grant dent*, 1549; *Artus de Bretagne*, 1550; *Maugis d'Aygremont*, 1551; *Guillaume de Palerme*, 1552; *Ogier le Danois*, 1556.

Et une foule d'autres que les bibliophiles se disputent: *Hector de Troyes; Huon de Bordeaux; Gérard de Roussillon; les Quinze joyes du mariage.* Voir Panzer, Brunet, Monfalcon et tous les écrivains qui se sont plus spécialement occupés de cette littérature légère, joie de nos aïeux.

Vincent de PORTUNARIS

M. Monfalcon ne le donne que comme un libraire de la rue Mercière. Je crois qu'il a été aussi imprimeur.

Il avait pour marque: Un ange debout, les ailes déployées, tenant devant lui un livre ouvert et les lettres V. P. dans un écusson. Autour, en légende: *Vincentius de Portunarii de Tridino de Monte-Ferrato.*

Il fut connu de 1510 à 1540.

Un André Portunaris fut imprimeur à Salamanque et y publia, en 1555, les *Œuvres* d'Aelien.

Germain ROSE

Cet imprimeur, signalé en 1538, avait pour marque : *Un rosier en fleur autour duquel rampe un serpent.*

Toujours l'emblème de l'envie qui cherche à étouffer le talent.

Godefroy et Marcel BERING, ou BERINGHEN

Les Bering frères furent imprimeurs à Lyon, en 1531, dit M. Auguste Dériard qui ne donne pas d'autres détails.

Ils sont connus de 1544 à 1551, répond M. Paul Delalain qui reproduit leur marque et il ajoute : ce sont « *Deux mains entrelacées, tenant un ruban auquel est suspendue une bague avec diamant;* et la devise : *Bona fide.* »

D'après M. Monfalcon, ils avaient parfois pour devise : *Sine fraude.*

Brunet cite :

Agrippa. *Opera, quaecumque hactenus vel in lucem prodiere vel inveniri potuerunt, omnia in duos tomos concinne digesta...* Lugdini (sic), per Beringos fratres ; (absque, anno); deux tomes en trois vol. pet. in-8°. Bonne édition imp. en lettres ital. avec portrait d'Agrippa, gravé en bois.

Panzer donne un autre ouvrage :

Henrici Cornelii Agrippae Opera, scive de occulta philosophia in Geomanticam disciplinam lectura, de magia... Lugduni, per Beringos fratres. 1531, in-8°.

Hugues de la PORTE, Hugo a PORTA

M. Péricaud le regarde comme un libraire faisant faire ses travaux par Trechsel.

MM. Delalain et Monfalcon en font un véritable imprimeur.

Ils ont raison, puisque Panzer cite des ouvrages sortis de ses presses et, entre autres :

Santis-Pagnini, Lucencis, Ord. Praed. Isagoge ad sacras litteras et ad mysticas S. Scripturae sensus. Lugduni, per Hugon à Porta, 1536. in-fol.

M. Monfalcon ajoute que La Porte imprima plusieurs ouvrages pour les frères de Gabiano, et que sa maison existait encore en 1610.

Sa marque était : *Un portique sous lequel passe Samson, emportant les portes de Gaza, avec une tête de Janus au fronton.* Devise : *Libertatem meam mecum porto.*

Parfois, autour de la tête de Janus, on lit : *Recondita pando*, et au-dessus du portique : *Aeternitati.*

Il avait succédé à Aymon a Porta. En 1557, il prit pour associé Antoine Vincent. La marque devint alors : *Un double portique avec Samson d'un côté, qui emporte les portes de Gaza, et de l'autre côté, le Victorieux portant le sceptre illuminé*, avec cette devise : *Libertatem meam mecum porto. Vincenti.*

M. Monfalcon présente une variante et dit :

« *Sous l'autre portique, on voit Apollon terrassant des monstres*, avec ces mots : *Vincenti.* »

Cette famille était originaire de Provins; plusieurs membres, à commencer par Aymon, cité plus haut, furent imprimeurs et eurent les honneurs de l'échevinage qui les confirma dans leurs titres héréditaires de noblesse.

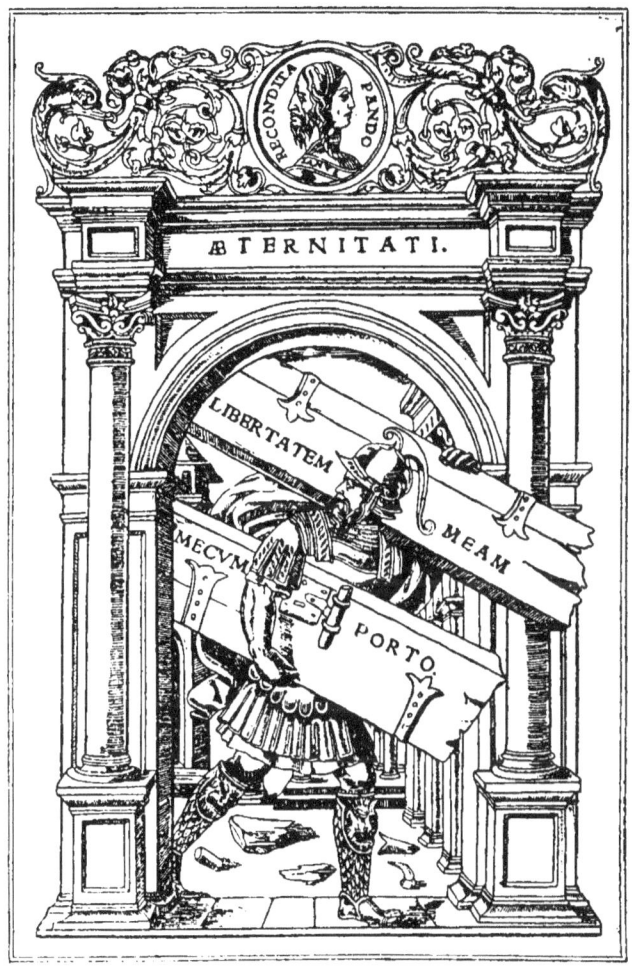

Marque de Hugues de la Porte

Leurs armes héraldiques étaient : *Coupé denché, au premier d'or, à trois étoiles de sable ; au deuxième de sable.* Voir l'*Armorial du Lyonnais*, par M. André Steyert.

Noble Hugues de La Porte, sieur du Bartas, imprimeur-libraire, fut échevin en 1529, 1535, 1539, 1545, 1550.

Noble Jean de La Porte, sieur du Bartas, imprimeur-libraire, mêmes armoiries héraldiques et même marque typographique, fut échevin en 1548 et 1563.

Noble Antoine de La Porte, sieur du Bartas, imprimeur-libraire, mêmes armoiries et même marque, fut échevin en 1580 et 1585.

Un autre Porte, ou La Porte, Antoine, *Antonius a Porta*, né à Lyon le 31 janvier 1536, fut receveur général des finances dans cette ville, et se fit connaître par quelques bons ouvrages dont il fut l'auteur. Il avait une Bibliothèque et un cabinet de médailles souvent visités.

Il fut échevin en 1578, 1581 et 1585, dit Pernetti, copié par Dériard; il était seigneur du Bartas, et venait de Provins, reprend Pernetti, copié par Péricaud; et cependant, M. André Steyert hésite à le croire de la même famille.

Il portait : *Emmanché d'or et de sable, à trois étoiles de sable*, dit Pernetti; *d'azur à un croissant d'argent* surmonté d'une colombe du même, tenant au bec un *rameau d'olivier de sinople*, et s'intitulait seigneur de Saint-Bernard, et non seigneur du Bartas, comme nos quatre imprimeurs, dit l'*Armorial* de Chaussonnet.

Ces différences ne pourraient-elles pas donner raison à M. Steyert, dont les recherches sont si sérieuses et si sûres?

Guillaume ROVILLE ou ROUVILLE

Né à Tours vers 1518, suivant l'opinion la plus commune; ou peut-être à Loches, d'après les recherches de M. le Président Baudrier; mort à Lyon, le 20 juin 1589, inhumé aux

Célestins. Roville fut riche, considéré de son vivant, vénéré après sa mort, habile comme imprimeur, et bienfaiteur de nos hospices, qui jouissent encore aujourd'hui des biens que leur a légués son intelligente générosité.

Il exerça de 1549 à 1570, dit M. de Monfalcon (1), de 1545 à 1589, répond M. Delalain (2) et c'est aussi l'avis de l'homme qui a le mieux étudié la vie de notre célèbre imprimeur, M. le Président Baudrier, qui cite à l'appui l'ouvrage suivant : *Parabolæ Salomonis ad veritatem hebraicam castigatæ et per Dominum Thomam de Vio Caietanum in lucem editæ* ; apud Gulielmum Rovillium, 1545.

Ce précieux volume prouve deux choses :

Que l'atelier de Roville était ouvert avant 1545, puisqu'en cette même année, la maison livrait un ouvrage qui n'était peut-être pas le premier ; puis, que l'illustre typographe se donnait à lui-même le nom de *Rovillium*, en français Roville et non Rouille ou Rouillé, ainsi que l'ont dit quelques écrivains.

Dans les querelles élevées entre la famille Rouillé, de Tours, et les écrivains Lyonnais, la brochure de M. le Président Baudrier (3) me paraît avoir si bien étudié la question que je ne crois pas opportun de revenir sur ce sujet.

C'est sous le nom de Roville ou parfois de Rouville que la ville de Lyon vénère sa mémoire ; je ne me permettrai donc pas de modifier le nom que l'illustre imprimeur avait pris chez nous.

Malgré l'opinion de M. Baudrier, un autre biographe, M. Chalmel maintient l'opinion que Roville, après avoir travaillé

(1) *Nouveau Spon*, p. 29.
(2) Inventaire des marques d'imprimeurs et de libraires. Paris, 1886, in-4°.
(3) *De l'orthographe du nom Guillaume Rouville...* Lyon, Brun, 1883, in-8°.

à Paris, vint s'établir à Lyon, y monta une librairie qui prit bien vite une vaste extension, y joignit un atelier d'imprimeur qui lui fit une brillante réputation ; *qu'il épousa en premières noces la fille de Sébastien Gryphe* dont il devint l'émule et le rival, (1) et en secondes noces la fille de Portunaris, dont il eut quatre filles, seules citées dans son testament; il y eut même un troisième mariage; voir plus loin.

Ses belles éditions latines, italiennes et françaises ressemblent à celles de son beau-père par l'élégance, le tirage et la correction. Elles en diffèrent en ce que Roville n'employa que le caractère romain et surtout parce que la plupart des ouvrages sortis de ses presses furent illustrés de gravures qui en rendaient la lecture agréable, instructive, et captivaient vivement le public

C'est donc à lui qu'on doit le goût des illustrations qui, dans la librairie moderne, règne si exclusivement aujourd'hui.

Je citerai : *Promptuarii iconum insigniorum a sæculo hominum...* etc. Lugduni. Guillelmus Rovillius, 1553, in-4°. Le privilège lui accorde la faculté de le publier en latin, français, italien et espagnol.

Je ne puis oublier que ce livre précieux contient un nombre immense de médailles dont les effigies représentent, je ne sais sur quelle garantie, Adam, Eve et les plus grands personnages de l'antiquité, de l'histoire ancienne et des temps modernes, jusqu'à Antoine de Bourbon, duc de Vendôme, qui clôt la liste. Roville en fit lui-même un traduction française qu'il publia en 1581, in-4°.

Mais si son imprimerie fut brillante et prospère, c'est à la librairie surtout qu'il doit sa grande fortune ; son activité et

---

(1) Chalmel, *Histoire de Touraine*, tome IV, 1841, in-8°.

— 233 —

son audace lui ayant ouvert tous les marchés du monde et le succès ayant couronné son mérite et ses efforts.

Il fut trois fois conseiller de ville : en 1569, 1574, et 1578. Il portait : *d'azur au chevron d'or, chargé d'une petite co-*

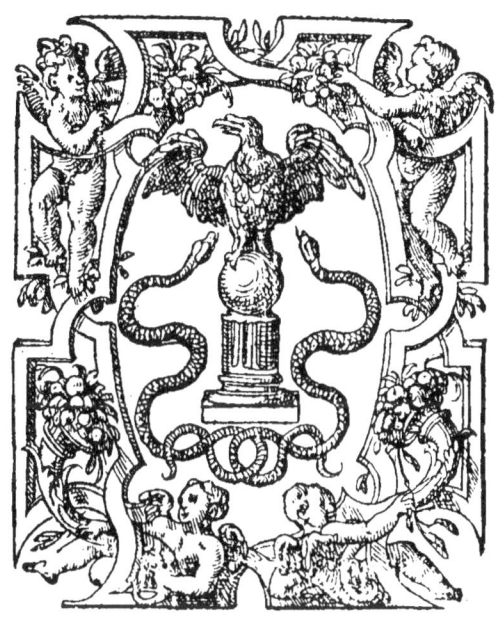

Marque de Guillaume Roville

quille de gueules, disent MM. Chaussonnet (1), Dagier (2), Monfalcon et Breghot du Lut ; de sable, dit M. Steyert (3) ; *accompagné en chef de deux croix ancrées d'or et en pointe d'une gerbe de même.* Sa marque d'imprimeur-libraire était :

(1) Chaussonnet, *Fleurs armoriales consulaires.*
(2) *Histoire de l'Hôtel-Dieu.*
(3) *Armorial du Lyonnais.*

un aigle aux ailes déployées, debout sur un globe porté par une colonne, vers lequel se dressent deux serpents entortillés.

La devise *In Virtute et Fortuna* rappellerait celle de Gryphe et militerait en faveur de ceux qui pensent que Roville avait épousé la fille de Sébastien, malgré l'opinion contraire de M. Baudrier.

Il eut d'autres devises et d'autres marques : *un aigle portant au bec une couronne*, au bas, *un serpent qui darde une langue fourchue*. Légende : *Rem maximam sibi promittit prudentia*. Quelques éditions offrent des variantes.

Non seulement il fut excellent imprimeur, négociant habile, administrateur de premier ordre et citoyen dévoué, mais il fut encore bon, charitable et généreux ; son testament en fut la preuve.

Il était littérateur, érudit, aimait les arts et confiait ses frontispices et ses bois à deux artistes célèbres : Le Petit-Bernard et Geoffroy Tory. Plusieurs préfaces de ses livres sont de sa plume. Il parlait facilement le latin et l'italien ; était lié avec de grands personnages de toutes les classes ; en 1585, il commandait le penonage de la rue Mercière et avait pour lieutenant un de ses gendres, Jean-Baptiste Buisson, libraire comme lui.

La maison qu'il habitait, rue Mercière, avait pour enseigne, à l'*Ecu de Venise*. Trois autres portaient le nom de l'*Ange*, la *Toison d'or* et le *Phénix*.

Prudent et croyant que la fortune immobilière est la meilleure, il acheta, de l'autre côté de Bellecour, un vaste terrain, où se trouvait la recluserie de Sainte-Hélène, y fit bâtir une maison et tracer un jardin. Sur cet emplacement, s'éleva plus tard un couvent de la Visitation où mourut saint François de Sales, évêque de Genève et fondateur de la Congrégation. La Gendarmerie a remplacé cette maison.

Roville fit les premières preuves de sa générosité à la fin de son troisième consulat.

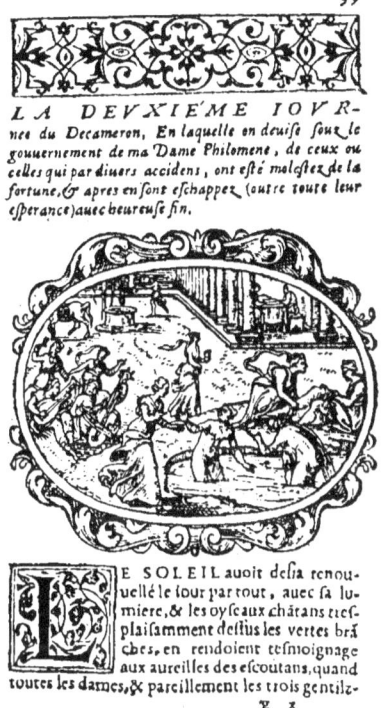

Décaméron
Imprimé par G. Roville, 1558.

On avait établi une boucherie au nord de l'Hôtel-Dieu, avec un ponceau pour jeter les immondices dans le Rhône, mais l'eau manquait.

Recteur de l'Hôpital, ayant surveillé et dirigé la construction de la Boucherie, Roville ne voulut pas laisser son œuvre incomplète.

Il fit creuser, à ses frais, rue de l'Hôpital, à l'entrée de la nouvelle Boucherie, un puits qui en était le complément.

L'administration de l'Hôtel-Dieu reconnaissante fit graver sur une tablette de pierre, scellée au-dessus du puits, l'inscription suivante :

<table>
<tr><td>1579

Guillelmus Rovilius
Hunc puteum impensis
Suis ædificavit, macellum
Etiam quod a tergo est,
Publica civium Lugdun.
Liberalitate collecta
Faciendum curavit,
Dum esset Con. III.
Anno CIƆIƆLXXIX</td><td>1579

Guillaume Roville a fait creuser ce puits à ses frais et a donné ses soins à la construction de la Boucherie qui est sur le derrière. Ayant obtenu, pendant son troisième consulat, de la libéralité lyonnaise les fonds qu'exigeait cette construction.
En l'an 1579.</td></tr>
</table>

Mais c'était trop peu pour notre grand et généreux citoyen. Par son testament du 17 décembre 1586, complété par un codicille du 1er juin 1589, trois semaines avant sa mort, Roville, qui laissait quatre filles, institua l'aînée, Drivonne, son héritière universelle, avec des charges considérables.

Drivonne devait, en effet, payer : aux pauvres de l'Aumône générale (la Charité) cent écus d'or; aux pauvres de l'Hôtel-Dieu, cinquante écus au soleil ; la Maison de l'Ange, sise rue Mercière et quai de Saône, devait être administrée par les recteurs de l'Hôtel-Dieu.

Les revenus de ce bel immeuble devaient être accumulés pendant cinq ans, et remis, chaque cinquième année, à celui ou à ceux de ses descendants qui seraient considérés comme les plus pauvres. La désignation du ou des bénéficiaires devait être faite, après la mort de Drivonne, par les recteurs de l'Hôtel-Dieu, assistés des notables de la famille du testateur, appelés par les recteurs à se joindre à eux.

Pour obtenir la délivrance de leurs legs, les héritiers

étaient tenus d'ajouter le nom de Roville à celui qu'ils portaient.

Dans le cas d'extinction de ses descendants, Roville abandonnait sa maison à l'Hôtel-Dieu, sous la clause expresse qu'elle porterait dorénavant le nom de *Maison des Roville*.

Cela seul suffirait pour établir exactement l'orthographe du nom illustre de notre concitoyen.

Toutes ces conditions, malgré les événements, ont été fidèlement exécutées jusqu'à ce jour, et les héritiers n'ont pas encore manqué.

Les quatre filles se partagèrent le surplus des biens laissés par leur père vénéré; la part fut encore grande pour chacune d'elles.

« Rouville mourut du 19 au 21 juin 1589 », dit M. Baudrier, qui continue à nier le mariage de notre imprimeur avec la fille de Gryphe. Cette date est fixée par l'envoi en possession de son héritière Drivonne, prononcé le 22 juin. « Quant à lui, reprend M. Baudrier, il fut enterré en *l'esglise des Célestins de ceste ville, au-devant et pres de la chapelle de Nostre-Dame, au lieu là où estoient enterrez deux de ses enfans masles*. Les quatre filles furent Drivonne, Marguerite, Loyse et Marie. Celle-ci se maria, en mai 1568, avec Charles Noyrat. Leur mère était Marguerite de Portunaris, décédée avant son mari. »

Guillaume, après la mort de cette première ou seconde femme, suivant les opinions, avait épousé, en secondes ou troisièmes noces, Claudine Revel, et en léguant à Drivonne, sa fille aînée, son jardin de la rue Sainte-Hélène, « il prie ladicte Dryvonne de fournir ladicte Revel d'herbes potagières et fruictz qu'elle pourra avoir affaire pour son usaige et tout ce que dessus s'entend pour tant et si longtemps que ladicte Revel vivra en viduyté et non plus. »

Les historiens sont heureux d'avoir à rappeler la mémoire de pareils hommes et d'offrir de pareils exemples à la jeunesse de notre temps.

On a tellement loué Rouville comme libraire que je ne puis résister au désir de le rattacher plus étroitement à nos imprimeurs.

Voici quelques-uns des ouvrages sortis de ses presses ; ils peuvent soutenir la comparaison avec les plus beaux et les meilleurs :

Œuvres de Clément Marot, réimprimées par Roville en 1548, 1550, 1553, 1554, 1557, 1561.

Emblèmes d'Alciat (traduits vers pour vers par Barthélemy Aneau), 1549, in-8°, fig.

Diversi imprese accomodate a diverse moralità co versi che i loro sinificati dichirano trattati dagli emblemi dell' Alciato. Lione, Guil. Rovillio, 1549, in-8°, fig.

La Magnifique entrée du roi Henri II. Deux éditions, l'une française, l'autre italienne, 1549.

Circé, 1550.

Philosophie d'amour, 1551 et 1558.

Boccace, 1552.

Histoire de Paul Jove, 1552.

Cœlum philosophorum, 1553.

Daleschamps, *De Peste*, 1553.

Amoureuses occupations de la Tayssonnière, gentilhomme bressan. Strambotz, sonets, chantz et odes liriques, 1555, rare.

L'Arioste, 1556.

Psaumes de David, 1558.

Devises historiques de Syméoni, 1559, jolies fig. sur bois.

Facécieuses nuits de Straparole, 1560.

Boccace, 1560.

Syméoni. *Description de la Limagne d'Auvergne*, traduit par Antoine Chappuys. 1561, in-4°, fig., carte de la Limagne

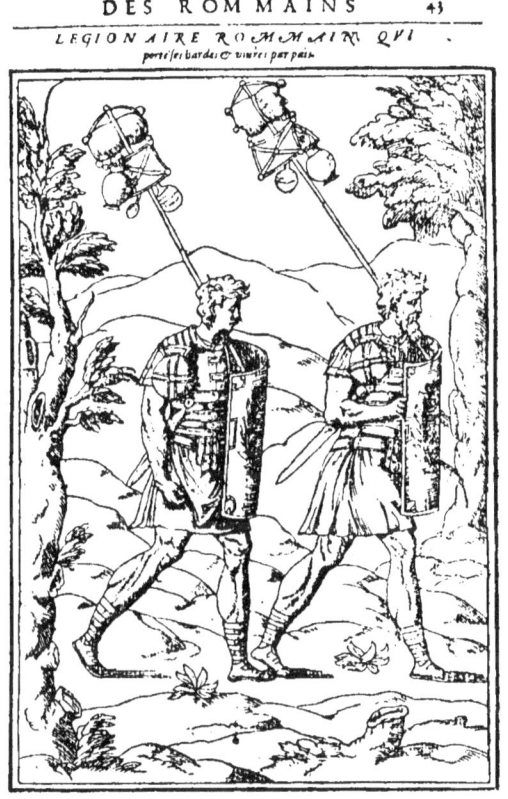

Castramétation des Romains
G. ROVILLE, 1567.

Dialogue des devises d'amour, 1561.
Marguerite de France, 1561.
Chronique de Flandres, 1562.
Œlien. *Œuvres*, 1562.

Le Nuove Fiamme di Paterno, 1568.

L'art de naviger, 1569.

Biblia sacra, 1569.

Figures du Nouveau Testament, 1570.

Petrarca, 1574.

Commentaires de Tiraqueau, 1574.

Nouvelle édition du *Promptuaire des Médailles*, 1577; autre traduction française, par Roville lui-même, 1581, in-4°. J'ai cité, en commençant, celle de 1553.

Si la race des grands et illustres imprimeurs lyonnais ne s'est pas éteinte avec Guillaume Roville, elle a été souvent éclipsée et n'a plus jeté que de rares et lointains éclats.

Des quatre filles de notre imprimeur, l'aînée, Drivonne, épousa noble Collaud, puis Pierre Rosselet, docteur en droit; Marie, Charles ou Guillaume Noyrat, échevin; Loyse, Mérault Carlet, bourgeois; enfin, Marguerite épousa en premières noces Pierre Verdonnet; en secondes, Maurice Poculot et n'eut point d'enfants; les trois autres ont laissé une nombreuse postérité.

M. Bréghot cite Jean-Baptiste Buisson, lieutenant du penonage, comme son gendre. Je n'ai pas trouvé de quelle fille il avait été le mari, et j'ose même à peine répondre de l'exactitude et de la vérité des autres documents que j'ai trouvés.

Jean CITOYS

Cet imprimeur exerça de 1550 à 1557.

Il avait pour marque: *Deux mains sortant d'un nuage; l'une tient une épée; l'autre une couronne d'olivier.* Devise: *Civis in utrumque paratus.*

Dans ces temps agités, on pouvait aimer la paix; mais il fallait être prêt pour la guerre.

Benoist RIGAUD

Cet imprimeur eut une longue carrière. Il fut connu de 1550 à 1597 ; M. Monfalcon dit jusqu'en 1608.

Il eut plusieurs marques et les varia suivant le caprice du moment.

On connaît :

Un jardinier arrosant des fleurs. Légende : *Donec optata veniant rigabo ;*

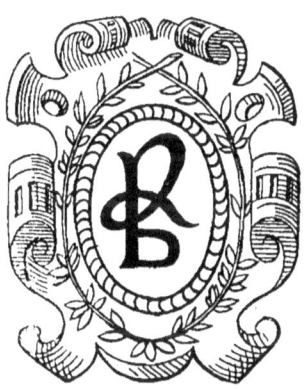

Marque de Benoit Rigaud

Un Saint-Sacrement soutenu par deux anges. Légende : *Hic est panis qui de Cœlo descendit ;*

La Fortune, avec sa roue, surveillant un forgeron à son travail. Légende : *Faber unus quisque suæ Fortunæ.*

Un cœur ailé, surmonté de deux mains soutenant des rameaux. Légende : *A foy entière cœur volant.*

Je me garderai bien d'accuser ce *cœur volant* de légèreté M. Delalain y ajoute : *un homme en costume romain, portant une faux dans la main droite et un papirus dans la main gauche.* Devise : *Flori fructus paulatim succrescit* ; et parfois : *La Justice* avec ses emblèmes, un glaive et des balances, entourée par des plaideurs suppliants. Devise : *Cuique suum.*

Il avait pour chiffres un B. et un R. entrelacés.

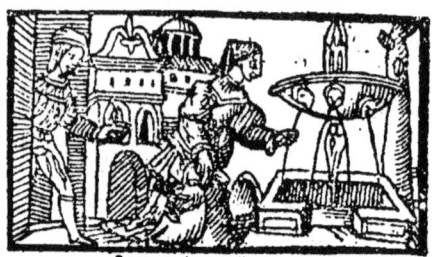

En 1556, il prit pour associé Jean Saugrain et fut le plus estimé, le plus habile et le plus connu des quatre Rigaud, Simon, Pierre et Claude, qui exercèrent à la fin du xve siècle et au commencement du xvie. On lui doit une foule de romans de chevalerie encore aujourd'hui très recherchés, des facéties, des opuscules plaisants, bizarres ou curieux, des poésies. Je vais en donner quelques-uns, au hasard :

Le danger de se marier ;

Le printemps des chansons nouvelles ;

Le nouveau Vergier florissant ;

Didon, tragédie de Lagrange ;

La grande Bible des Noëls ;

Prognostication nouvelle de maistre Arnaud Mousang.

Comptes amoureux, de Jeanne Flore, 1554.

Les propos fabuleux moralisez, 1556 ;

Histoire joyeuse d'un martyr amoureux d'une dame, 1557 ;

Brief et facile commentaire de toutes choses engendrées en l'air, comme pluyes, gresles, tonnaires, foudres, esclairs, nèges, orages, vents et autres. Lyon, B. Rigaud, 1558, in-16 ;

L'Amalthée de Marc-Claude de Buttet, gentilhomme savoisien, 1575, in-8°, rare ;

Sentences spirituelles recueillies de saint Augustin, par Prosper Aquitain, évesque de Riez, mises par luy en vers latins. Réduites en quatrins françois par Thomas Jardin, vicaire de Beaujeu, 1584, in-8° de 67 p., Bijou typographique inconnu des bibliophiles, non cité par Brunet ; Techener n'avait jamais vu que le précieux exemplaire de Cailhava.

Facéties de Domenichi, 1559, 1574 et 1582 ;

Récréations de Bonaventure Desperriers, 1561, 1571 ;

Le blason des basquines, 1563 ;

La Polymachie des marmitons, signée de Saugrain, 1563 ;

Prophéties de Nostradamus, 1568, 1572 ;

Les amours d'Olivier de Magny, 1572 ;

Florès de Grèce, 1572 ;

La Dacrygélasie spirituelle, 1573 ;

Généalogie et fin des Hugueneaux, 1573. Terrible récit d'une des pages sanglantes de notre histoire, spécimen des passions furieuses de ce temps-là.

Louanges de la folie, trad. par Thier, 1567, in-8°. On trouve dans ce livre facétieux des détails piquants sur les mœurs de l'Italie au XVIe siècle.

Les Apophthegmes de Gabriel Pot, 1574;

Amadis de Gaules, 1575, 1577, 1582;

Les facétieuses nuits de Straparole, 1575 ;

Histoire merveilleuse de trois fils de rois, 1579 ;

La bataille fantastique des rois Rodilardus et Croacus, 1579. On a reconnu *La Guerre des Rats et des Grenouilles*, attribuée au divin Homère.

Recueil des Dames illustres en vertus, 1581 ;

Le printemps d'Yver, 1582;

Le grand, horrible et espouvantable météore, apparu au ciel le 6 mars 1582, par les menaces duquel chacun bon chrestien doit penser à sa conscience. Lyon, Benoit Rigaud, 1582, in-8°, rare;

Le Passe temps de la fortune des dez, 1583 ;

Les Bigarrures et touches du Seigneur des Accords, 1593 ;

La Papesse Jeanne, 1595.

Je suis obligé de m'arrêter.

Imprimeur élégant, rival des plus habiles, pouvant être mis à côté des plus grands, il a été oublié par les historiens qui ne donnent aucun détail sur sa vie. On ne connaît ni l'époque de sa naissance ni celle de sa mort. Colonia dit qu'il fut « *l'honneur de la librairie.* » C'est de l'imprimerie qu'il a voulu dire sans doute, et Pernetti, aussi concis, se contente de glisser en deux lignes : « *Benoît Rigaud, Jean Huguetan, Thibaut Payen étaient des illustres de leur temps.* » mais il ne daigne entrer dans aucun autre détail.

Espérons que les érudits qui fouillent nos archives sauront, plus tard, nous découvrir de plus amples documents.

Jean TEMPORAL

Il fut imprimeur et libraire, aux environs de 1556.

Il avait pour marque : *Un vieillard ailé sur une roue, le Temps*, tenant d'une main une faucille qui détruit et de l'autre un serpent, emblème de la prudence.

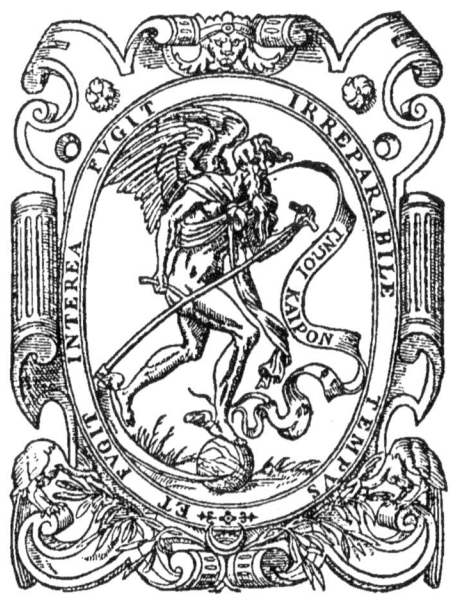

Marque de Temporal.

Légende : *Ex tempore prudentia.*

Parfois, il a pris pour devise : *Fugit interea ; fugit irreparabile tempus.* Le Temps alors tient une faux.

Robert GRANDJON

Il est cité, comme imprimeur libraire, en 1557 et en 1559.

Sa marque était : *Un jonc couronné, entouré d'un serpent.*
Devise : *Ex æquitate et prudentia honos.*

On lui connaît un autre symbole : *Un serpent et non un dauphin,* comme on l'a dit ; *enlacé autour d'un jonc couronné.*

Imprimeur d'abord à Paris, Grandjon vint s'établir, vers le milieu du siècle, à Lyon, où il inventa, en 1557, dit M. Techener, « *la lettre françoyse mise en impression, laquelle semble proprement escriture à la main.* »

On lui doit :

Dialogue de la Vie et de la Mort, composé en toscan par maistre Innocent Ringhière, nouvellement traduict en françois par Jean Louveau, recteur de Chastillon de Dombes. Lyon, imprimerie de Robert Granjon, 1558, in-8°. *Caractères de civilité.*

Ce livre, ajoute M. Techener, est donc une de ses premières œuvres en ces caractères inventés par lui.

Le premier livre des narrations fabuleuses, avec les poésies de Guillaume Guéroult. Lyon, Grandjon, 1558, in-4°, imprimé en caractères de civilité. Un exemplaire, à la vente de M. Bertin, s'est vendu 285 francs.

Les Nouvelles Recreations

et joyeux devis de feu Bonauenture des periers valet de chambre de la Royne de Nauarre.

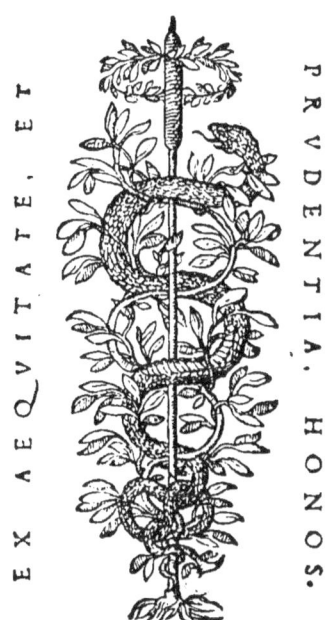

EX AEQVITATE, ET PRVDENTIA, HONOS.

A Lyon,

De l'Imprimerie de Robert Granjon.

M.D.LViij.

Auec priuilege du Roy.

Marque de GRANDJON

François JUSTE

Connu, de 1529 à 1547, rue Notre-Dame de Confort.

Il avait pour enseigne un *Icare* ; et pour marque, deux génies portant des cornes d'abondance, avec un écusson, sur lequel on lit ses initiales : F. J.

On lui doit la première édition du premier livre de *Rabelais*, 1535.

Lucien, de ceux qui servent à gaiges ès maisons des gros seigneurs et bourgeois. Lyon, François Juste, 1536 in-16°. lettres rondes, fig. sur bois.

Déclamation de la noblesse et préexcellence du sexe féminin. Lyon, François Juste, 1537, in-16 goth. (Brunet).

Voir Monfalcon, *Nouveau Spon*, p. 65.

Illustrium imagines, 1524.

La grand nef des folz, 1529 ; *Complainte de Flammette*, 1532, in-16.

Gargantua. 1532, 1534, 1537.

Œuvres de Guillaume Coquillart. 1535 ; *Fin de Flammette*, 1535; *Marot*, id. in-16.

Villon, 1537 ; *Pantagruel*, 1542; *Vie du grand Gargantua*, 1542, in-16.

Cent considérations d'amour, 1543 ; Catalogue des antiquités, par Gilles Corrozet, 1539; *Proverbia popularia*, 1539 et le *Préparatif à la mort*, par Erasme, 1544.

Le nom de Juste est très connu des bibliophiles et, dans les ventes publiques, ses petits in-16, un peu allongés, atteignent des prix élevés.

LEPREUX

Il fut imprimeur et libraire vers 1540.

Sa marque était: *Un arbre chargé de fruits, auprès duquel sont les troncs coupés de trois autres arbres.*

Une main, qui sort d'un nuage, tient une torche et à côté un philosophe debout rêve et médite ; une légende explique sa pensée : *Vide benignitatem ac severitatem Dei.*

Louis DURAND

Il fut imprimeur vers le milieu du xvie siècle.

Sa marque était: *Homère assis et lisant.* Cette composition est placée dans un médaillon que supporte un lynx qui tient une lyre.

César FARINE ou FARINA

Il fut imprimeur et libraire vers 1560-1565. Il fut l'associé de Benoît Rigaud, en 1583.

Il avait pour marque : *Une main qui tient un encensoir.* Celui-ci est entre deux cornes d'abondance. Devise : *Hydria farinæ non deficiet.*

Jacques de la PLANCHE

Il fut libraire en 1569, dit M. Monfalcon qui ne donne pas d'autres détails.

Nous connaissons cependant un ouvrage signé de lui :

Premier livre de Gaspard de Saillans, gentilhomme, citoyen de Valance (*sic*) en Dauphiné, Lyon, Jacques de la Planche, 1569, in-8°.

Du Verdier a prétendu que deux autres parties avaient été imprimées à Lyon, chez Jean d'Ogerolles, en 1575, « mais, dit M. Techener, personne ne les a vues. »

« Cette première partie, ajoute le savant bibliophile, d'une rareté extrême, est le récit très naïf et très circonstancié de tous les faits qui se rapportent au mariage de l'auteur avec Mademoiselle Louise de Bourges. Rien de bizarre et d'original comme la manière dont il a entremêlé son récit d'observations, de maximes et de sentences qu'on est surpris d'y rencontrer. »

On voit que ces récits intimes n'ont pas été inventés par Jules Janin.

Jean d'OGEROLLES

Il fut imprimeur libraire a peu près de 1558 à 1584. Sa marque était *Hercule portant une palme et un arc*. Près de lui sont un arbuste fleuri et un dauphin; je ne comprends pas ce rapprochement. Deux cornes d'abondance entourent cette composition

Badius Ascensius. *La Grand nef des folles*, trad. du latin par Jean Droyn. Lyon, Jean d'Ogerolles. 1583, in-4° 142 p. fig. en bois.

Barthélemy HONORAT

Je ne sais si Honorat fut imprimeur; en tous cas, il était libraire, connu de 1554 à 1587 et son joli bois m'invite à lui donner un souvenir.

Sa marque était : *Un vase élégant dont l'eau se répand sur une fleur*. Devise : *A poco*. Un riche ornement entoure cette composition.

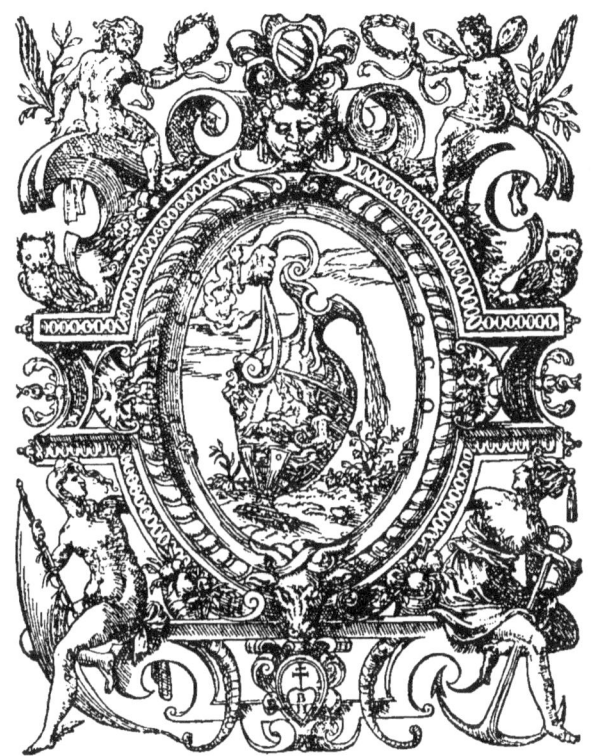

Marque de BARTHÉLEMY HONORAT

Le Roland furieux de messire Loys Arioste. Honorat, 1576, fig. in-8°.

Cinq chants nouveaux de Loys Arioste. Berthélemy Honorat, 1576, in-8°.

Les mondes célestes, terrestres et infernaux... Augmentez du monde des Cornuz... par Fr. C. T. (François Chapuis, Tourangeau). Lyon, Barthélemy Honorat, 1578, in-8°, autre 1580.

Maurice ROY et Louis PESNOT

Ils exercèrent de 1554 à 1562; on leur connaît un charmant volume :

L'amant ressuscité de la mort d'amour, par Théodose Valentinian. Lyon, Maurice Roy et Loys Pesnot, 1557, in-4°.

Cet ouvrage singulier qui eut de la vogue, dans son temps, est encore très recherché aujourd'hui.

Leur nom est seul sur ce livre, je n'ai pu vérifier s'ils en étaient les imprimeurs ou simplement les éditeurs.

Leur marque était : *Une Salamandre au milieu des flammes,* quelquefois sans légende, parfois avec ces mots: *Virtuti sic cedit invidia.*

Depuis que François 1er avait mis la *Salamandre* à la mode, beaucoup d'imprimeurs avaient adopté cet emblème. On la retrouve sur les livres publiés par les Senneton et par Crespin. Charles Pesnot s'en servit, à son tour, en y ajoutant cette devise: *Durare mori et non perire.* Charles devint l'associé de son frère Louis, en 1564.

Cinquante jeux divers, par Ringhier. Lyon, Pesnot, 1555, in-4°.

Michel JOVE

Il fut imprimeur, connu de 1560 à 1576 et, cette année-là, devint l'associé de Jean Pillehotte, le fameux ligueur.

Tant qu'il fut seul, il eut la marque ambitieuse d'un *Jupiter assis sur un nuage et lançant la foudre*.

Mais il ne paraît pas que ce fût pour en châtier les humains, d'après la légende : *A Jove cuncta juvant.*

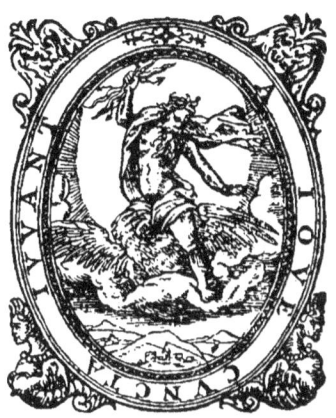

Marque de Michel Jove

On lui doit :

Discours des premiers troubles advenus à Lyon, avec l'apologie pour la ville de Lyon contre le libelle faussement intitulé : La juste et saincte défence de la ville de Lyon... par Gabriel de Saconay. Lyon, Michel Jove, in-8°. Violente satire contre les protestants.

Jean PERRON

Imprimeur.

On lui doit une *Chevauchée de l'asne*. 1566, in-12, rare.

Théobald PAYEN

On l'appelait *Pagan*, dans le langage lyonnais.

Les Payen ou Pagan, paraissent originaires de Châtillon d'Azergues, où, du moins, ils ont toujours été fort nombreux.

Théobald, imprimeur et libraire, eut plusieurs marques pour son industrie.

On lui connait :

Un philosophe qui d'une main saisit une branche d'arbre et de l'autre la tranche avec un couteau, tandis que du pied il écrase un serpent. Devise : *Virtutes sibi invicem hærent.*

Un Levantin indiquant de la main le rameau d'un arbre. Même devise.

Un Levantin sur un cheval lancé au galop. Pas de légende.

On lui doit, entre autres :

De latinis et graecis nominibus arborum, fruticum, herbarum, piscium et avium liber, cum gallica eorum nominum appellatione. Lugduni, apud Paganum, 1552, in-16.

Les Vingt livres de Constantin Caesar, ausquels sont traictez les bons enseignemens d'agriculture. Traduits en français par Antoine Pierre. Lyon, Thibaud Payan, 1557, in-16. Très curieux.

Testamenti novi editio Vulgata. Theobaldus Paganus. 1544, in-16, fig. sur bois.

Ordonnances royaux sur le fait de la justice et abbréviation des procès par tout le royaume. Lyon, Th. Payan, 1555, in-16. (Bibliothèque Coste).

Guillaume TESTEFORT

Il fut libraire et imprimeur. On trouve ses traces de 1566 à 1578

Il avait pour marque: *Une déesse ailée posant le pied droit sur une tête de mort, le pied gauche sur un globe,* et tenant, d'une main un sablier, de l'autre un livre ouvert qu'elle élève au-dessus de sa tête. On lit, sur son front, en latin le mot *Deus*; au-dessus en grec et dans une gloire : *Théos*, et encore au-dessus, le même nom en hébreu.

A côté d'elle, on voit deux médaillons; dans celui de droite, est un compositeur devant sa casse ; dans celui de gauche, est une presse avec deux imprimeurs.

On lui doit: *Recueil faict au vray de la Chevanchée de l'Asne, faicte en la ville de Lyon et commencée le premier jour du moys de septembre 1566, avec tout l'ordre tenu en icelle*, par Jean Perron. Lyon, par Guillaume Testefort. s. d. in-8°, avec la marque. Autre recueil du 17 novembre 1578, Lyon, par les trois Supposts ; facétie qui eut un si colossal succès et qu'il fallut répéter plusieurs fois.

Jehan DUVET, le *Maître à la licorne*.

Orfèvre des rois François Ier et Henri II, né vers 1485 ; un des premiers Français qui aient gravé sur cuivre.

On lui doit : l'*Apocalyse* figurée, par Me Jehan Duvet. Lyon, 1561, in-fol. 23 planches.

Ce livre, des plus rares, des plus importants et des plus précieux, atteint, quand il est complet, des prix très élevés.

M. Antoine Coste avait payé le sien mille francs. « C'est le seul, dit M. Brunet, que j'aie vu passer dans une vente. » La bibliothèque de la ville en possède un autre exemplaire.

Jean GROLIER et Louise LABÉ

Ne faisant ni une Histoire de France, ni une Histoire de Lyon, je laisserai dans l'ombre deux dates funèbres : la prise de notre ville par les protestants, le 1er mai 1562 ; les massacres et les désolations qui s'en suivirent et la réaction sanglante qui eut lieu, dix ans plus tard, le jour de la Saint-Barthélemy, le 24 août 1572, à Paris et le 31 août à Lyon. Ce fut un grand deuil pour l'humanité.

Presque à la même époque, deux autres deuils affligèrent aussi la ville ; deux événements attristèrent Lyon, mais cette fois sans le déshonorer. L'un fut la mort d'une femme de génie, de Louise Labé, l'immortelle Belle Cordière, si célèbre par son savoir, son intelligence et sa beauté, décédée à Parcieu près de Lyon, le 25 avril 1566 ; l'autre, la mort aussi triste, aussi douloureuse pour les arts, la littérature et l'imprimerie que celle de Louise, celle de l'inoubliable Jean Grolier, le protecteur des hommes de lettres, le bibliophile qui n'a jamais été remplacé. Dans un livre comme celui-ci, je crois qu'il m'est impossible de ne pas leur donner un souvenir.

J'ai dit qu'on n'était pas sûr de l'époque où était née la première. Cette date indécise flotte entre 1514 et 1524 ; on sait du moins le jour de son décès, le 25 avril 1566 ; non en 1560 ou 1562, comme on l'a cru. Du second rien n'est caché.

Né à Lyon, en 1479, Jean Grolier fut trésorier-général de

l'armée française, dans le Milanais, ambassadeur de François Ier à Rome, ami des arts et connaisseur. Il fut généreux quoique riche, aimé quoique puissant, et mourut tranquille dans son lit, à quatre-vingt-quatre ans, à Paris, le 22 octobre 1565, au milieu de la bibliothèque splendide qu'il avait créée, de ces livres si beaux, si rares, si précieux, qu'il avait fait si richement habiller ; entouré d'admirateurs et d'amis, sincèrement pleuré, et malgré une fortune qui aurait dû lui faire des envieux, n'ayant jamais eu à se plaindre ni de ses contemporains ni de la postérité.

Aujourd'hui, posséder un ouvrage à la marque de Grolier est un bonheur qui n'est pas donné à tous. Même les villes, dans leurs plus riches trésors, n'en n'ont qu'une minime quantité.

Sa devise, écrite sur tous ses ouvrages, était : *Jo. Grolierii lugdunensis et amicorum.* Parfois il y ajoutait : *Portio mea, Domine, sit in terra viventium.* Il signait *Grolier* et non *Grollier* ; il n'a jamais mis de *groseiller* dans ses armes.

M. Monfalcon a cru que, dans sa riche collection, M. le conseiller Coste n'avait jamais possédé que dix Grolier. Ce serait énorme, les plus belles bibliothèques publiques de France, Paris à part, en possédant moins et la ville de Lyon ne pouvant en offrir que quatre ou cinq. M. Coste croyait pouvoir en montrer une quinzaine et je crois qu'il en avait une douzaine de toute authenticité.

Mais si M. Monfalcon ne passait que dix Grolier à M. Coste, au lieu de douze à quinze, il était tout aussi loin de la vérité en croyant que la ville de Lyon n'en avait que quatre dans ses collections.

Et à ce sujet, il citait :

1º *Pii Pont. Max. Decadum Blondi epitome.* Basileæ, 1533, in-fol.

2° *Polybii Historiarum* libri quinque. Venetiis, 1521, pet. in-8°.

3° *Praemio della seconda parte delle vite...* Sans titre, sans lieu, ni date, pet. in-4°, 552 pages.

4° Enfin un magnifique *Cælius Rhodiginus*. Venetiis, in Ædibus Aldi et Andreæ soceri, mense februario MDXVI, in-4°.

Tous ces ouvrages portent la signature autographe ou la devise de Grolier.

Je déclare cette liste inexacte.

Outre ces quatre, la bibliothèque de la ville en possédait un cinquième authentique, inattaquable et que M. Monfalcon ne connaissait pas ; c'était un :

Marci Tullii Ciceronis Officia... Basileæ, in officina Frobeniana, 1528, petit in-4°.

Et ce qui ajoutait immensément à sa valeur, c'est que non seulement il avait appartenu à Grolier, qui l'avait enrichi de son nom et de sa devise ; mais qu'il avait de plus été la propriété de Thomas Maïoli qui, lui aussi, lui avait donné sa devise et son nom.

Ce trésor avait eu l'insigne honneur d'avoir appartenu à nos deux plus célèbres bibliophiles, à Maïoli et à Grolier.

Brunet ne connaissait qu'un volume dans cette condition : le sien.

M. Thierry-Poux, le savant conservateur de la Bibliothèque nationale, n'en connaissait pas d'autre.

Ainsi, on croyait qu'il n'y avait qu'un ouvrage, en Europe, ayant appartenu successivement à Grolier et à Maïoli, et j'en avais découvert un second.

La ville avait donc cinq Grolier, au lieu de quatre.

Est-ce tout ?

Non, pas encore.

J'avais montré à M. Joseph Renard, l'habile bibliophile, une bible de Robert Estienne, deux volumes, in-folio et M. Renard n'avait pas hésité à y reconnaître une reliure de Grolier.

Pas de nom, il est vrai ; mais belle et magistrale impression.

Grandes marges, titres courants en petites capitales, corps douze, capitales ornées, cinquante-cinq lignes à la page, glose en manchettes, index à trois colonnes; reliure à la Grolier : veau brun, petites dentelles, filets, grandes dentelles, filets, encadrement de cinq filets droits, deux gaufrés et trois dorés, coins arrondis ouverts en demi-lune, entourant, aux quatre angles, quatre fleurons; autre encadrement, composé de cinq filets droits, entourant un losange de cinq filets, deux gaufrés et trois dorés. Au centre, quatre entrelacs arrondis, entourant un bouquet de quatre fleurons.

Splendide dessin, du goût le plus pur, digne des plus beaux Grolier ; tranches dorées.

Le nom de notre compatriote ne se voit nulle part ; mais son génie resplendit partout.

Les entrelacs, les compartiments, les feuillages, qui courent dans le rectangle des plats et qui se groupent au centre de la composition, les filets droits, poussés d'une main si ferme et si sûre, la courbe élégante et fine des quatre angles, n'ont pu être créés que par les ouvriers de prédilection de Grolier, sous ses yeux peut-être, *pour lui sans doute* et M. Renard, l'illustre bibliophile que Lyon regrette, n'hésitait pas à déclarer que ces deux magnifiques volumes avaient appartenu au Trésorier de France ; que ces deux reliures sont les plus beaux spécimens d'une école inimitable ; il les estimait vingt mille francs et déclarait n'avoir jamais vu un volume qui pût leur être comparé.

Jean Grolier fut inhumé dans l'église de Saint-Germain-des-Prés et on inscrivit sur son tombeau :

« *Cy gist Messire Jean Grolier, en son vivant chevalier seigneur vicomte d'Aquizy, trésorier de Milan et de France en la charge et trésorerie outre Seine et Saône, général des finances du roi, qui trespassa le 22 octobre 1565. Priez Dieu pour lui.* »

Et au-dessous de son effigie :

« *Johanni Grolerio, Insubriae dudum, Galliae nuper quaestori, castiss. fideliss. integerr. V. C. Virtutum omnium imprimis et venerandae antiquitatis observantiss. Studiosiss. Anna et Jacobella filiae ; Antonius et Petrus nepotes parenti cariss. m. m. m. P.P. Vixit annos LXXXVI. Obiit XI kal. novembr.* »

Puisque j'ai interrompu momentanément la nomenclature de nos imprimeurs, je profite de cette lacune pour revenir à la discussion que ceux-ci eurent avec leurs employés, et donner un édit du roi qui ne fut pas accepté par les Compagnons.

« Mai 1571. Édict du Roi sur la réformation de l'imprimerie... La cherté du papier et la difficulté qu'il y a (pour les maîtres) à satisfaire les Compagnons de vivres, gages et salaires et les tenir en devoir, apportent telle incommodité que partie des libraires qui souloient faire leur imprimerie en nostre ville de Lyon, sont contraints de faire imprimer hors notre royaume la meilleure partie de leurs livres ; puis, sous une première feuille qu'ils font faire avec leur nom et marque, les vendent et à meilleur marché que s'ils étoient imprimez en nostre royaume, transportans par conséquence le gain que nos subjects devoient recevoir, à estranger .. »

Cet édit fut présenté à la Sénéchaussée de Lyon, le 13 décembre suivant, pour être vérifié au nom du Consulat.

Les Compagnons imprimeurs y formèrent opposition, et firent assigner les maîtres imprimeurs et libraires de Lyon par-devant le Parlement.

Cette affaire dura sans solution jusqu'au 18 mai 1595.

Je reprends mon récit et je continue la liste des imprimeurs en rappelant que beaucoup d'entre eux utilisèrent, pour leurs illustrations, le burin si élégant et si fin des Wœriot, Tortorel, Perissin et même de Geoffroy Tory.

Ce furent nos deux compatriotes, Tortorel et Perissin, qui gravèrent, à Genève, un ouvrage célèbre : *Quarante tableaux, ou histoires diverses mémorables...* Ils en confièrent le tirage à l'imprimeur genevois Jean de Laon, 1569-1570, in-folio. Ces tableaux, qui rappellent, avec d'affreux détails, les massacres de la Saint-Barthélemy, sont superbes comme œuvres d'art et ils eurent le plus grand succès dans tous les pays protestants.

Ces deux illustres graveurs ont été oubliés dans la *Biographie Lyonnaise* de MM. Breghot du Lut et Péricaud.

François DURELLE

Imprimeur connu de 1570 à 1575.

Publication de la nature de tous contracts, pactions, convenances et substances d'iceux : traité utile et nécessaire, composé par Nicolas Theveneau, advocat en la Cour présidiale à Poitiers... à Lyon, par Benoist Rigaud (imprimé à Lyon, par François Durelle) 1570, petit in-16.

Cette facétie à l'emporte-pièce est précédée d'une préface de l'auteur, signée de l'anagramme de son nom : *Au haut volle science.*

On croit que c'est elle qui aurait servi de modèle à Benoit du Troncy pour écrire son fameux : *Formulaire fort récréatif de tous contracts...* publié en 1594, dans le même format et avec une préface pareillement signée de l'anagramme de son nom : *Bonté n'y croist*.

Les deux se valent.

BRANTON

Imprimeur à Lyon vers le milieu du xvie siècle.

Il inventa, pour l'impression de la musique, un caractère différent de ceux dont se servaient ses contemporains. Ce caractère, fort joli, est assez semblable, pour la forme des notes, aux caractères modernes.

Branton en fit le premier essai en 1559.

Les notes, dont les têtes sont arrondies, ont, avec elles, le filet de la portée. Cette musique s'imprimait d'un seul coup de presse.

Cet essai a pu donner plus tard, à M. Duverger, de Paris, l'idée d'imprimer la musique en caractères typographiques. Il y a réussi, mais n'en est pas l'inventeur.

Inconnu à nos bibliographes lyonnais.

Jean PATRASSON

M. Monfalcon le cite comme libraire seulement.

On lui doit :

Histoire de la vie, mœurs, actes, doctrine, constance et mort de Jean Calvin, par H. Bolsec. Lyon, Jean Patrasson, 1577, in-12.

Cet ouvrage a été réédité, à Lyon, avec une introduction et des notes, par M. Louis Chastel, ancien notaire de notre ville. Scheuring, éditeur (imprimerie Louis Perrin fils), 1875, in-8°, portrait, belle édition.

François DIDIER

M. Monfalcon le cite comme libraire.

On lui doit :

Anacrise ou parfait jugement et examen des esprits propres et naiz aux sciences, composé en espagnol par M. Jean Huart et mis en françois par Gabriel Chappuis, Lyon, 1580, in-16.

Voir Jean Didier, qui fut imprimeur.

Probablement fils et successeur de Jean Didier, qui fut imprimeur de 1544 à 1547.

Alexandre MARSILLY, de Lucques.

Simplement libraire, d'après M. Monfalcon.

On lui doit :

Trattato de' costumi. Opera di Giovanni della Casa. Le Galathée, faict nouvellement en italien et françois. Lione, Alexandro Marsilii, 1584, in-16.

Claude SENNETON

Imprimeur-libraire.

On lui doit :

Histoire d'Aristée, de la translation de la loy de Moyse, mise en françois par Guillaume Paradin, Lyon, Claude Senneton, 1564, in-4°.

Jean STRATIUS

On le connaît de 1580 à 1586.

Il avait pour marque : *Une Renommée sur un globe, menacée par deux serpents qui s'élancent vers elle.* Légende : *Perpetuaque gloria fama comparatur.*

On lit en outre sur le globe : *Per orbem Virtute.*

On lui doit : Panigarole. *Leçons catholiques* divisées en trois parties, 1585, in-8°.

Louis CLOQUEMIN et Etienne MICHEL

Ils furent connus vers 1574.

Leur marque était : *Un ange ou un génie qui souffle sur un cœur que portent deux mains unies.* Légende : *Concordia res parvæ crescunt, discordia maximæ dilabuntur.*

Amadis de Gaule. Lyon, 1582, in-16.

Abraham CLOQUEMIN

Il fut imprimeur-libraire de 1598 à 1620, à peu près.

On lui doit :

Le Théâtre du monde... Composé en latin par P. Boarsteau, natif de Bretagne, traduit par lui-même en françois. Abraham Cloquemin, s. d. in-16. (*Bibliothèque Coste.*)

Les amours de la belle du Luc, où est démontré la Vengeance d'Amour... Lyon, 1598, in-12.

Bayard, comte de Scandian. *Histoire de Roland l'amoureux;* traduit par Jacques Vincent, Lyon, Abraham Cloquemin, 1614, in-8°.

Gabriel COTIER

Libraire à l'écu de Milan, 1560-1579. Marque : *la Guivre de Milan tenant dans sa gueule un enfant, ayant une couronne au-dessus de sa tête.*

Historia Plantarum. Earum imagines, nomenclaturæ, qualitates et natale solum... Autore Antonio Pinæo (Antoine du Pinet). Lugduni, apud Gabrielem Coterium 1561, in-16.

Sa veuve continua l'imprimerie après sa mort et on lui doit :

Institution de la vie humaine dressée par Marc Antonin, philosophe, empereur romain... Traduit par Pardoux du Prat... Lyon, à l'Escu de Milan, par la velve Gabriel Cotier, 1570, in-8°.

Ordonnance du Roi

C'est à Lyon que, le 4 juillet 1564, Charles IX publia l'ordonnance qui fixa le commencement de l'année au 1ᵉʳ janvier. D'après l'*Art de vérifier les dates*, cette ordonnance aurait été promulguée au château de Roussillon, le 4 août suivant. Toutefois, le roi ne fit que renouveler l'article 39 de l'édit de Paris du mois de janvier 1563, ancien style (1564, nouveau style) portant que l'année commencerait le 1ᵉʳ janvier, au lieu du Samedi-Saint après vêpres.

Le Parlement ne consentit à l'exécuter qu'au mois de décembre 1566, anc. st. (1567, n. st.)

Jean PILLEHOTTE Iᵉʳ

Imprimeur-libraire, exerça au moins de 1570 à 1610.

Né vers 1550 ; mort en 1612 ; inhumé au couvent des Célestins.

Il avait épousé Antoinette Jove, fille de Michel Jove, libraire, qui testa le 30 août 1579 et dont une autre fille, Isabeau, dit M. Morel de Voleine, épousa Martin Laroche, libraire à Chambéry.

Il se servait d'une marque typographique appartenant plutôt à la Société de Jésus, dont il était imprimeur, qu'à lui. Quand la célèbre Compagnie l'eut quitté, il ne l'employa plus.

Il eut pour fils, Jean Pillehotte, sieur de la Pape, échevin en 1643 et 1644, mort en 1650, qui avait épousé Anne Flachier, fille de Jacques Flachier, bourgeois de Lyon. Elle avait eu pour dot le château de la Pape, sur les bords du Rhône.

Jean II eut pour fils : Jacques Pillehotte, seigneur de la Pape, baron de Gourdan, conseiller garde des sceaux en la sénéchaussée et siège présidial de Lyon, maître des requêtes au Parlement des Dombes, capitaine pennon du quartier de Saint-Sébastien, en 1653, lequel épousa Marguerite Bellet, d'où :

Marie-Anne Pillehotte, mariée en 1674 à Charles Cambis-d'Orsan, auquel elle apporta le château de la Pape.

Si Jean Pillehotte, le vieux ligueur, jouit, de son vivant, de quelque célébrité ; si l'ardent catholique, le chef de parti, qui fit une guerre si vive au roi de Navarre et aux Huguenots, crut, par une bouffée d'orgueil commune aux gens haut placés et en vue, que la postérité s'occuperait de lui, son erreur apparaît aujourd'hui complète, car non seulement il est totalement oublié, mais le peu que nos écrivains nous ont laissé de lui, en passant, et comme par grâce, est entaché d'erreurs, de méprises et de graves irrégularités.

Pernetti qui, comme Vapereau, de nos jours, a fait connaître tant de médiocrités politiques et littéraires, Pernetti ne dit pas un mot de lui ; MM. Breghot du Lut et Péricaud, dans leurs *Lyonnais dignes de mémoire*, ne lui accordent qu'un fils et je suis porté à croire qu'il en eut plusieurs. M. Cochard avance qu'il en eut deux, portant, tous deux, ensemble et à la fois, le prénom de leur père, ce qui eût fait trois Jean Pillehotte au même foyer et à la même table, chose aussi absurde que nouvelle. MM. Révérend du Mesnil, Guigue et Steyert sont d'une concision désolante. Ils citent des prénoms à la suite les uns des autres, sans prévenir s'ils veulent parler du père, du fils, de l'oncle ou du neveu. Quant à M. Monfalcon, aussi bref, aussi concis que ses confrères, il l'emporte sur eux en erreurs.

Dans son *Histoire monumentale de Lyon*, à la liste des grands hommes lyonnais, il dit : *Jean Pillehotte, imprimeur-libraire à Lyon, dans la seconde moitié du seizième siècle, fit une fortune considérable et l'acquisition du château-fief de la Pape*, confondant ainsi le père, le ligueur, qui devint fort riche, et son fils, l'échevin, qui n'acheta point le château de la Pape, mais en devint maître et seigneur, en épousant la fille de la maison.

Au t. V. p. 62, de la même histoire, il donne un peu plus de détails :

Pillehotte, libraire de Lyon au dix-septième siècle, dit-il, (nous ne sommes donc plus au seizième), *devint fort riche, fit l'acquisition des fiefs de Messimy et de la Pape, et fut echevin en 1643*. Ici les erreurs s'accumulent. C'est Jean Ier, le ligueur, qui devint riche ; Jean II, son fils, qui fut échevin et trouva la Pape dans la dot de sa femme, et Jacques, leur descendant, le maître des requêtes en la Cour du Parlement des Dombes, qui, en 1652, fit l'achat de la terre de Messimy. Il y avait alors longtemps que Jean Ier était mort. On voit si l'on doit consulter avec prudence cette *Histoire monumentale* imprimée aux frais de la Ville de Lyon.

De ce silence, de ces erreurs ou de ces obscurités, je n'ai pu dégager que le peu de faits suivants :

Jean Pillehotte, le premier connu, joua un rôle important, à Lyon, pendant la Ligue dont il fut un des meneurs les plus résolus et les plus audacieux. Dévoué aux idées et à la politique de Pierre d'Epinac, archevêque de Lyon, appuyant toutes les mesures du gouverneur le duc de Nemours ; ami de Claude Rubys et lui-même imprimeur et libraire des ligueurs, par conséquent ennemi et rival des Julliéron et des Cardon, ses confrères, qui mettaient leur influence et leur fortune à la disposition des royalistes, il fit une guerre active et sans merci au roi huguenot, en lançant contre lui et en répandant au loin une foule de diatribes et de pamphlets dont la plupart sont aujourd'hui perdus. Au triomphe du roi, on s'empressa de les anéantir.

On le trouve, en 1576, associé à Michel Jove, imprimeur connu et habile. Je pense que cette association n'a pas duré longtemps.

Il habitait la rue Mercière, comme tous les imprimeurs de son temps ; exerça au moins de 1574 à 1610, fit un immense commerce de librairie et laissa une grande fortune qu'on évalue à plus de deux millions.

Catholique zélé, dans une ville religieuse, comme Lyon l'était alors, ses opinions, son caractère, son intelligence et sa richesse lui donnèrent une grande influence et une haute notoriété. Il est signalé, dans nos annales, comme ayant été maître de métiers pour l'imprimerie en 1574, 1580, 1585, 1589, 1593, 1597, et 1603.

La violence des écrits qui sortaient de ses presses et le plus souvent sous le voile de l'anonyme, ce qui lui en donnait la responsabilité, montre qu'il avait de l'audace et de l'énergie ; sa réussite dans les affaires, qu'il était habile et heureux.

Le 7 juillet 1588, le Consulat fit défendre aux libraires de Lyon de faire imprimer des ouvrages à Genève, en faisant mettre le nom de *Lyon* sur le frontispice, comme cela se pratiquait. Le 14, les libraires, Guillaume Roville, J-B. Regnaud, Landry, D. de Gabiano, Antoine de Harsy, Jean Pillehotte, Reynaud et Veyrard, se présentèrent devant le Consulat et déclarèrent que s'ils agissaient ainsi, c'est que les imprimeurs avaient haussé leurs prix et que la main-d'œuvre était devenue trop chère dans notre ville. Je suis surpris de voir le Consulat, si libéral en principe, intervenir ici dans une question de liberté et de travail.

Le 25 août 1589, on fit payer à Jean Pillehotte, imprimeur, 34 écus 17 sous pour les impressions qu'il a faites, *de plusieurs ordonnances* à lui commandées par la ville.

On lit dans les registres de la Sénéchaussée et siège présidial de Lyon, 17 avril 1590 :

« Sur la requeste judiciellement faite par Pierre Bullioud, procureur du roy, remonstrant que, à cause des troubles qui sont généralement par la France et pour la difficulté des chemins de ceste ville en celle de Paris, il n'y a moyen de recouvrer du dict Paris n'y d'autre part, des livres, principalement de ceux qui sont spirituels de dévotion concernant la religion catholicque, apostolicque et romaine et qui servent pour l'entretènement du peuple en la religion, aussy qu'à cause des privilèges qu'ont les marchands libraires et imprimeurs de Paris pour imprimer les dicts livres, ceux de ceste ville n'osent les imprimer et mettre en vente, partant le public est frustré du bien et jouissance des dicts livres, ce qui n'est raisonnable ; partant a requis que, sans avoir esgard aux dicts privilèges et sans s'y arrêter quant à présent, par provision et jusqu'à ce qu'autrement soit ordonné, injonctions soient faites à Jean Pillehotte, libraire de la Sainte-Union, d'imprimer tous tels livres de dévotion et autres concernant la religion catholicque apostolicque et romaine ;

« Le Conseil a enjoint audit Jean Pillehotte, d'imprimer les dicts livres de dévotion et autres servans pour l'édification et instruction du peuple en la religion catholicque, apostolicque et romaine, nonobstant les dicts privilèges et par provision jusqu'à ce qu'autrement soit ordonné.

« Faict à Lyon en jugement. Séants nous Pierre Austrein, lieutenant particulier, assesseur criminel, Jean du Burin, George Grolier, Laurent du Bourg, Loys de Rochefort, Pierre Allard et Nicolas Regnaud, conseillers et magistrats ès dicts sièges et Sénéchaussée, le mardy 17e jour d'avril, 1590, Signé Croppet (1).

Le manuscrit 1361 de la Bibliothèque de Lyon, intitulé *Histoire ou Mémoire de ce qui se passa à Lyon pendant la Ligue... jusqu'à la reddition de la ville sous l'obéissance du roi Henri IV*, sans nom d'auteur, in-4°, ajoute, p. 80...

«... Pillehotte abusa étrangement de la *permission* qui lui fut accordée, puisqu'il la fit servir pour imprimer, l'année suivante, le détestable ouvrage du docteur Jean Boucher : *De justa Henrici tertii abdicatione è Francorum Regno libri quatuor*. Lugduni, apud Johannem Pillehotte, sancti Unionis gallicanae bibliopolam, 1591, ex prœcepto superiorum, et inséra à la fin le privilège tel qu'on vient de le voir. Ce livre n'est cependant nullement de dévotion ni ne pouvoit servir à l'édification et instruction du peuple en la religion catholique, suivant les termes du privilège, mais l'abus qu'on faisoit alors de la religion même sembloit autoriser tous ces excès.

(1) Voir Péricaud. *Notes et Documents*, t. I, 2e partie, page 65

Le 22 juin 1591, Pierre d'Epinac commanda la publication : 1° des lettres de Grégoire XIV, invitant les princes et nobles de France à quitter le service d'Henry de Bourbon, jadis roi de Navarre, et 2° du Monitoire du même pape aux archevêques, évêques, abbés et autres membres du clergé d'avoir à se séparer du parti du roy de Navarre, sous peine des censures ecclé-

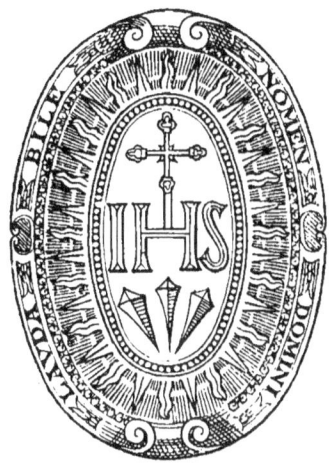

Marque de JEAN PILLEHOTTE

siastiques. Le procès-verbal en fut dressé en présence de vénérables personnes : « Antoine Bussillet, prêtre chanoine de l'église de Saint-Paul ; vénérable M. Flory Blanchery, prêtre chanoine de l'église collégiale de Saint-Nizier de Lyon, aumônier de Mgr le révérendissime archevêque dudit Lyon ; noble Guyot de Masso, receveur des deniers communs, dons et octroys de la ville de Lyon, et Jean Pillehotte, libraire de la Sainte-Union, témoins à ce spécialement appelés. »

Ainsi, dans une réunion aussi importante et en prenant une mesure aussi grave, l'autorité appelait à elle son imprimeur et inscrivait son nom à côté des noms les plus élevés de la cité.

Mais la Ligue ne devait pas triompher. Un jour la réaction se fit. On apprit que les chefs, à bout de ressources, faisaient appel à l'étranger et qu'ils étaient prêts à ouvrir les portes de la ville à une armée italienne envoyée par Charles d'Aragon. Aussitôt, quelques citoyens se mirent en relation avec les troupes royales qui étaient en Dauphiné, sous le commandement d'Alphonse d'Ornano. Le 7 février 1594, on leur facilita l'entrée de la ville par le Pont du Rhône. Le 8, elles étaient maîtresses de la place, avec l'appui d'une partie de la population. Dès que la fortune se fut déclarée, le reste des citoyens s'empressa de changer de drapeau et, comme il arrive toujours en pareille occurrence, autant on avait paru catholique et guisard, autant on se montra partisan du roi. Les troupes royales ne pouvaient en croire leurs yeux, d'avoir tant d'amis dans cette ville qui leur avait été si longtemps fermée.

Devant cette bonne volonté universelle, il n'y eut ni vengeance, ni châtiments. On pendit, place Confort, un malheureux Florentin ; on destitua sept échevins trop avancés, parmi lesquels l'ami intime de Pillehotte, Claude de Rubys, sieur de l'Antiquaille, qui n'en dit rien dans son *Histoire de Lyon*, et ce fut à peu près tout. Quelques citoyens prirent la fuite ; Rubys gagna précipitamment Avignon. Peu à peu, cependant, on ne tarda pas à revenir. Quant à notre imprimeur, on ne paraît pas l'avoir inquiété, et si ses heureux rivaux furent comblés des faveurs royales ; si Cardon obtint la noblesse et Julliéron d'autres honneurs, lui, du moins, en modifiant un peu sa clientèle et son industrie, put rester à la tête de son commerce et de son imprimerie, conserver son influence populaire et jouir de l'estime de ses concitoyens jusqu'à un âge très avancé.

La politique morte, les presses de sa maison fermées aux violences des partis, Pillehotte publia des ouvrages de piété et des œuvres littéraires inoffensives qui ne pouvaient attirer sur lui l'attention du pouvoir, nous citerons au hasard :

Discours au vray des sainctes cérémonies faictes à Rome, pour la réconciliation et bénédiction du roy, avec un autre discours de la route (1) *de Seynam Bassa ; et de la copie d'une lettre escripte par l'empereur des Turcs au prince de la Transsylvanie. Le tout fidèlement traduict d'italien en françois, sur les copies imprimées à Rome et à Viterbe.* A Lyon, par Jean Pillehotte, 1596, in-8°.

Expositions et remarques sur les Évangiles, tirées des Escrits des Saints Pères et des monumens anciens de l'Église, contre les erreurs modernes, par Pierre de Bullioud, gentilhomme lyonnois, docteur ès droicts. A Lyon, par Jean Pillehotte, 1596, in-4°.

Traicté de la liturgie de la sainte Messe selon l'usage et forme des apostres et de leur disciple saint Denys, apostre des François, par Gilbert Genebrard, archevêque d'Aix. Troisième édition, 1597, in-8°.

De l'authorité de l'Église en ce qui concerne la foy et la religion, par R. P. François de la Rochefoucault, évesque de Clermont. A Lyon, par Jean Pillehotte, 1597, in-8°.

De l'Estat ecclésiastique, par R. P. François de la Rochefoucault. Lyon, Jean Pillehotte, 1597, in-8°.

(1) *Route* pour déroute.

Pindari Olympia, Pythia, Nemea, Isthmia, Cæterorum octo Lyricorum carmina, Alcæi, Sapphus, Stesicori, Ibyci, Anacreontis, Bacchylidis, Simonidis, Alcmanis, nonnulla etiam aliorum. Editio IIII, græco-latina. H. Stephani, recognitione quorumdam interpretationis locorum et accessionis lyricorum carminum locupleta. Lugduni, apud Joan. Pillehotte, sub signo nominis Jesu, 1598, in-16 de 584 pages.

Cette quatrième édition des œuvres de Pindare, donnée par Henri Estienne, serait d'autant plus précieuse qu'elle aurait été publiée pendant le séjour d'Estienne à Lyon,

En 1598, Pillehotte publia une nouvelle édition de la grammaire des PP. Jésuites : *Emmanuelis Alvari è Societate Jesu De Institutione grammaticâ libri tres*, in-8°; cet ouvrage, imprimé en Portugal et apporté en France, avait été adopté par le Collège de la Trinité, en 1593, malgré l'opposition et les protestations des notables, des pères de famille et du Consulat qui voulaient qu'on s'en tînt à la grammaire de Despautère. Les Pères Jésuites passèrent outre et en firent publier une première édition en 1594, par Hugues de la Porte ; puis une seconde par Pillehotte, en 1598, non seulement pour le collège de Lyon, mais pour leurs autres établissements en France.

C. Sollii Sidonii Apollinaris Arvernorum episcopi opera. Lugduni, apud Joannem Pillehotte, in-8°.

P. Statii Papinii opera quæ extant, Io, Bernartius ad libros veteres recensuit.. Lugduni, apud Joann. Pillehotte, 1598, in-12°.

Loca infesta, hoc est, de infestis ob molestantes dæmoniorum et defunctorum hominum Spiritus locis, liber unus... Authore Petro Thyraeo, Novesiensi, Societatis Jesu, D. theologo. Lugduni, apud Joannem Pillehotte, 1599, in-8°.

C'est un des nombreux ouvrages sur les apparitions et les possessions dus au P. Jésuite Pierre Thyraeus, natif de Nuits, en Bourgogne.

Monardès. *Histoire des drogues espiceries et de certains medicamens...le tout fidèlement translaté en nostre vulgaire françois sur la traduction latine de Clusius* ; par Anthoine Colin... à Lyon, par Jean Pillehotte...1602. in-8° fig. et portrait. Ouvrage rare.

C'est avec terreur que nous voyons le nom de Pillehotte accolé au livre suivant :

Discours exécrable des sorciers, tirez de quelques procès faicts à plusieurs de la même secte, avec une instruction pour un juge en faict de sorcellerie, Par Henri Boguet... Lyon, Pillehotte, 1602, petit in-8°.

Il me répugne de penser qu'en prêtant ses presses au féroce grand juge de la terre de Saint-Claude, notre compatriote ait eu la moindre connexité d'opinions avec lui. Ce fut Pierre Rigaud qui, en 1608, publia, d'ailleurs, une seconde édition de ce malheureux ouvrage, tellement augmenté, dit l'auteur, que le premier n'est qu'un *eschantillon* du second. Nous osons croire que c'est au refus de Pillehotte que Rigaud s'en chargea. On sait de quelles terribles histoires il est rempli.

M. Péricaud, dans ses *Notes et documents* du 20 décembre 1606, dit que les Jésuites eurent longtemps Pillehotte pour imprimeur, mais qu'ils le quittèrent, à cette époque, pour aller chez Horace Cardon, qui se distinguait surtout par les beaux frontispices gravés dont il ornait les volumes sortis de sa maison.

Sa marque typographique était le monogramme J. H. S., avec la devise : « *Nomen Domini benedictum.* » Son enseigne était : *Au nom de Jésus.* Nulle part je n'ai découvert son âge ; mais élu maître de métiers en 1574, il doit être né entre 1540 et 1550 à peu près.

Je n'ai pu trouver non plus le nom du peintre ou du graveur qui avait dessiné deux magnifiques frontispices pour deux ouvrages imprimés par lui, en 1604 et en 1614, l'un *Disquisitionum magicarum libri sex; auctore Martino Delrio* ; l'autre *Annalium ecclesiasticarum Cæsaris Baronii* (liber), tous deux in-4° et tous deux probablement du même maître qui n'était pas Audran.

Almanach des Almanachs, le plus certain pour l'an 1593, avec ses prédictions, prinses du bas-allemand, du seigneur de Cormopède, mises en langue françoise par Bartholomé Van Schore, habitant de Lyon. A Lyon, Jean Pillehotte, in-16, ouvrage excessivement rare.

Discours sur la vie, mort et derniers propos de feu Monseigneur de Mandelot. Lyon 1588, in-8°.

Réponse des habitants de Lyon à certaine remontrance à eux envoyée de la part d'un BIGARRÉ politique estant en la ville de Tours. A Lyon, par Jean Pillehotte, libraire de la Sainte-Union. 1590, in 8°.

L'auteur anonyme pourrait bien être Claude de Rubys. Le pamphletier y fait l'apologie de l'assassinat de Henri III, et engage les Tourangeaux à abandonner la cause du *Béarnois* (sic) pour faire cause commune avec les Lyonnois « *afin de se deffendre de la rage des hérétiques sous la tyrannie desquels cest athéiste les a malheureusement enfoncez.* »

Sur la mort inopinée de magnanime Prince Henry de Bourbon, Prince de Condé, remonstrance à la France S. G. D. C. H. D. L. D. R. A Lyon, par Jean Pillehotte, 1588, avec permission et prins sur la copie imprimée à Paris, in-8°.

Lettre missive de l'Evesque du Mans, avec la responce à

icelle, faicte au mois de septembre dernier passé, par un docteur en théologie de la Faculté de Paris : en laquelle est répondu à ces deux doutes : « Ascavoir si on peut suivre, en seureté de conscience, le party du Roy de Navarre et le recognoistre

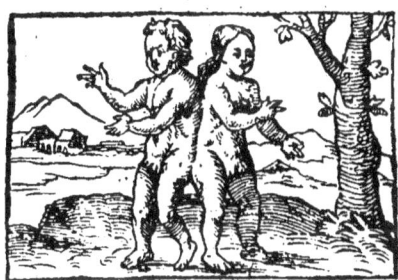

Histoires prodigieuses de F. de Belleforest; PILLEHOTTE, 1598

pour Roy. « Ascavoir si l'acte de Frère Jacques Clément, jacobin, doit estre approuvé en conscience et s'il est louable ou non. A Lyon, par Jean Pillehotte, prins sur la copie de Paris, 1589. Avec permission et approbation des docteurs.

Glorification de frère Jacques Clément qui a vengé la religion contre les périls que lui faisait courir le roi saintement et justement frappé par lui.

Catéchisme royal. Lyon, 1607, in-12.

Ce petit volume se recommande par de jolies figures en taille douce. Une de ces planches, gravée par Fodzeris et placée au commencement du livre, représente Henri IV, sa femme Marie de Médicis et le jeune Dauphin, leur fils.

Echo sur la prinse et sac de la ville de Charlieu, sans nom d'auteur, ni d'imprimeur, 1590, in-12,

Cette pièce, rarissime, sort des presses de Pillehotte, dont il est facile de reconnaître les bois, le caractère et l'impression.

L'auteur est probablement un ligueur de la ville de Charlieu.

Petit sommaire de la doctrine chrestienne, mise en vers françois, par Mich. Coyssard, de Besse en Auvergne. *Lyon, Pillehotte,* 1608, in-12.

Articles accordez au nom du roy entre la royne sa mère, d'une part, et Monseigneur le Cardinal de Bourgogne, Monsieur le duc de Guyse, tant pour eux que pour les autres princes, prélats, seigneurs, gentils-hommes, villes, communautés et autres qui ont suyvy le dict party, d'autre part. A Lyon, par Jean Pillehotte, 1588, in-8°, avec privilège du roy.

Edict du Roy pour l'establissement d'un asseuré repos au faict de la religion Catholicque, Apostolicque et Romaine, et Union de ces suiects Catholicques avec Sa Majesté, pour l'extirpatio des scismes (sic) et heresies par tout son Royaume, pays et terres de son obéissance : publié en sa Court de Parlement de Rouen, le 19ᵉ jour de juillet 1588. A Lyon, par Jean Pillehotte, 1588, avec privilège du Roy, in-8°.

Déclaration du Roy sur l'observation de ses edicts d'union de ses subjects catholiques, pour l'extirpation de l'heresie.

Portant aussi oubliâce et assopissemêt des côtraventiôs qui y ont esté faictes jusques à présent, par aucūs de sesdicts subjets catholiques, avec la lettre envoyée au seneschal de Lyon. A Lyon, par Jean Pillehotte, 1589, avec privilège du Roy et par exprès commandement dudict Seigneur.

Métamorphose d'Henry de Bourbon, jadis roy de Navarre, faussement et iniquement prétendant d'estre roy de France, d'estre converti à nostre Religion catholique, apostolique et romaine. Ensemble la Bulle de Nostre S. Père le Pape Sixte V, par laquelle il est, avec le feu prince de Condé, déclaré hérétique relaps et privé de son Royaume et Seigneuries, et incapable à jamais succéder à la coronne de France. Extraict des Annales de France et du livre des Bulles des Papes, avec une lettre dudict Henry de Bourbon aux Bernois. « *L'homme sainct demeure en sapience comme le soleil, mais le fol se change comme la lune.* » Eccles. 27, 12. A Lyon, par Jean Pillehotte, libraire et imprimeur de la Saincte Union, 1589, in-8°.

Les Allumettes du feu divin : où sont déclarés les principaulx articles et mystères de la passion de notre sauveur Jésus-Christ. Avec les voyes du Paradis, etc., par Pierre Doré, à Lyon, par Jean Pillehotte, 1586, in-12.

Traicté sommaire et abrégé de la Simonie, et principalement contre la confidence des bénéfices avec la bulle sur icelle du feu Pape Sixte V, publiée par l'archevesque de Vienne, en son premier Synode diocésain, le 4 novembre 1592. Seconde édition. A Lyon, par Jean Pillehotte. M. C. XCVI, petit in-4°.

(Très rare! armes de l'archevêque Pierre de Villars, sur le titre).

Les Articles contenant la suppression de plusieurs Offices,

Estats et Commissions. Faict à Chartres, le 23ᵉ jour du mois de may, l'an 1588. A Lyon, par Jean Pillehotte, 1588, avec privilège du Roy, in-8°.

Les propos que le roy a tenus, à Chartres, aux députez de sa Cour de Parlement de Paris. A Lyon, par Jean Pillehotte, 1588, avec permission.

Déclaration des Consuls, eschevins, manans et habitans de la ville de Lyon sur l'occasion de la prise des armes par eux faicte, le vingt-quatriesme febvrier 1589. Avec les articles de la résolution par eux prinse sur les occasions des présents troubles. A Lyon, par Jean Pillehotte, 1589, avec permission.

C'est tout une époque agitée et terrible que cette notice nous a fait voir. La bibliographie qui a passé sous nos yeux nous a rappelé toutes les passions de ce temps-là.

La vie de Jean Iᵉʳ a été celle d'un de ces citoyens ardents, audacieux, intelligents, tenaces, que rien ne décourage, rien ne rebute, ni dans la politique, ni dans les affaires et qui, luttant, surmontant les obstacles, à force de travail, d'habileté et d'économie, laissent une grande fortune à leurs enfants.

Jean Iᵉʳ nous a montré la richesse et le succès. Jean II, son fils, nous fera voir l'opulence, les honneurs et la gloire ; Jean III, son petit-fils, clora la série, en nous faisant assister à ces catastrophes qu'amène souvent une troisième ou une quatrième génération de jouisseurs. La fortune alors s'effondre ; les châteaux disparaissent, l'adversité se présente et toute la gloire du passé s'évanouit.

La chose n'était pas rare autrefois ; elle est encore plus commune aujourd'hui.

Jean PILLEHOTTE II

Quels furent les successeurs de Jean Ier? Combien eut-il d'enfants ? MM. Breghot du Lut et Péricaud disent qu'il laissa une grande fortune *à son fils*. Il n'est donc question pour eux que de Jean II, qui fut échevin, et cependant nous voyons, en 1619, un Antoine Pillehotte, imprimeur-libraire, rue Mercière, à l'enseigne de la *Sainte Trinité*. Était-ce un fils, un frère, un oncle ou un cousin ? Cette année-là, 1619, Antoine prit Jean Carpin pour associé et, en 1636, il s'adjoignit Pierre Pillehotte, dont nous ne connaissons pas davantage la parenté. Qu'était ce Pierre dans la famille de nos imprimeurs ? Était-ce le fils d'Antoine ? et tous deux, Antoine et Pierre, qu'étaient-ils à Jean le Ligueur ?

En 1620, Antoine Pillehotte publia : *Aphtonii Sophistæ progymnasmata partim à Rodolpho Agricola, partim à Joanne Maria Catanea latinitate donata, cum luculentis et utilibus in eadem Scholiis Reinhardi Lochichii (sic).* — Lugduni, sumpt. Antonii Pillehotti, in-16.

Le nom de l'auteur devait être Lorrichius.

C'est pour Antoine Pillehotte et Jean Carpin que notre célèbre compatriote Claude Audran, peintre du roi, fit le beau frontispice du livre de Dom Polycarpe de la Rivière : *Angélique des excellences et perfections immortelles de l'âme*. Lyon, 1629, in-4°.

C'est chez Antoine Pillehotte qui fut publié l'ouvrage de Louis de Serres, docteur en médecine : *De l'embrasement du monde et du jour du jugement*. Traduction nouvelle et curieuse tirée des œuvres latines de Jérôme Magius, italien ;

puis illustrée et embellie de plusieurs belles remarques et mises en lumière par le sieur Louis de Serres, docteur en médecine et agrégé à Lyon. A Lyon, imprimerie de Pierre Colombier, 1628, in-8°.

Ce qu'il y a de certain, malgré cela, c'est que Jean II n'avait point abandonné l'imprimerie paternelle et c'est comme imprimeur-libraire, qu'en 1643, il fut nommé quatrième échevin.

A cette époque, il y avait donc deux maisons Pillehotte à Lyon, l'une à l'enseigne du *Nom de Jésus*; l'autre à l'enseigne de la *Trinité*, et toutes deux établies dans la rue Mercière.

Déjà du temps de Jean 1er, un troisième Pillehotte, Nicolas, était libraire à Aix en Provence. On trouve son nom à côté de celui de Tholozan, son associé, sur le frontispice d'un ouvrage publié par eux en 1598 et intitulé : *Statuta Provinciæ Forcalquerii Comitatum, cum commentariis L. Massæ*. Ce Nicolas, originaire de Lyon, était certainement de la famille de nos imprimeurs.

Un Jean Tholozan avait été imprimeur à Lyon en 1594; est-ce le même ?

Parmi les maîtres de métiers, de Lyon, nous avons trouvé, en 1579, un François Pillehotte, *meusnier*, certainement aussi de la même famille que les imprimeurs.

Claude Audran fit, pour Jean Pillehotte, deux anges portant le monogramme du Christ dans un cartouche. Cette vignette appartenait à un ouvrage in-4°, publié en 1634 « *en la boutique de Jean Pillehotte, chés Jean Caffin et François Pleignard, rue Mercière, à l'enseigne du nom de Jésus* ».

D'après M. Péricaud (1), Jean II Pillehotte s'était retiré du

(1) *Notes et Documents.*

commerce et avait cédé sa maison à Jean Caffin et à François Pleignard, dès 1628, lorsque paraissait : *Les Événements singuliers*, de Mgr de Belley, divisez en quatre livres. A Lyon, chez Jean Caffin et François Pleignard, 1628, in-8°.

Nous trouvons la proposition de M. Péricaud trop absolue, puisque Jean II, en 1643, portait encore le titre de libraire, lors de son entrée à l'échevinage.

En 1634, parut chez les mêmes associés la contre-partie des ouvrages de Mgr Camus, contre les moines. C'était un livre malin et lestement écrit : *Les Entretiens curieux d'Hermodore et du Voyageur inconnu, divisez en deux parties, par le sieur de Saint-Agran*. A Lyon, en la boutique de Jean Pillehotte, chez Jean Caffin et François Pleignard, 1634, in-4°. — Ce livre, dû à la plume mordante d'un capucin, le père Jacques de Chevanes, est destiné à venger les moines mendiants des attaques si vives et si courroucées de l'évêque de Belley. Celui-ci n'était pas homme à céder. Il riposta aussitôt. On sait combien cette guerre fut longue et envenimée.

Jean II, qui avait hérité de l'estime et de la considération dont son père jouissait, comme des biens que celui-ci avait amassés, les avait augmentés encore par son mariage avec une riche héritière et par le rang que cette alliance lui fit tenir. Jacques Flachier, bourgeois de Lyon, avait acheté, le 20 juillet 1610, de Jean-Baptiste Ravot, fils de Jean Ravot, échevin, le château et la seigneurie de la Pape, heureuse et belle résidence, au bord du Rhône, à une heure de marche, au nord de Lyon. Pillehotte, qui avait épousé Anne Flachier, hérita de ce beau domaine à la mort de son beau-père et, dès 1633, il se faisait appeler Noble homme, Jean Pillehotte, seigneur de la Pape et de Crépieux. Il fit de grandes réparations au château et s'y créa une résidence de grand seigneur. En 1631, il avait été nommé recteur de l'Aumône Générale ; en 1637, il fit partie de l'Administration de l'Hôtel-Dieu. On n'appelait à ces postes enviés que les personnes les plus honorables de la ville. Avoir administré le bien des pauvres était, comme aujourd'hui, un brillant brevet de probité et de capacité.

Enfin, il fut échevin de Lyon pendant l'année 1642-1643. Cette position était si haute que la noblesse elle-même y était attachée. Il semblait que la ville voulût honorer ainsi ceux qui la servaient, comme les princes honorent ceux qui ont versé leur sang pour la patrie. La gloire de la famille ne devait pas s'arrêter là.

Jean mourut en 1650, environné de l'estime générale et pleuré des siens. Il fut inhumé dans l'église des Grands-Augustins à laquelle il fit des libéralités. Son caveau se trouvait dans la chapelle de Sainte-Marguerite et sa pierre funéraire portait cette courte inscription :

Sub hoc tumulo, condita sunt ossa et cineres nobilisimi viri Joannis Pillehotte, domini de la Pape, hujusce civitatis consulis, qui hac in ecclesia missam, singulis diebus, in perpetuum fundavit. Obiit anno Domini 1650 Requiescat in pace.

Près de lui, reposaient les Gros de Saint-Joire, les la Chana, de Lyon, les Bonvisi, les Samminiati, les Guinigi et autres Guelfes que la politique avait chassés de leur patrie. Leurs cendres à tous furent dispersées quand l'église, qui tombait en ruines, fut démolie en 1755.

Jacques, le fils de Jean II, dédaigna l'état qui avait enrichi sa famille et il entra dans la robe qui le conduisit tout droit à la noblesse titrée et aux grandeurs. Nous le trouvons d'abord conseiller et garde des sceaux en la Sénéchaussée et siège présidial de Lyon ; puis, le 12 août 1652, il acquit de François de la Poype, seigneur de Vertrieux, le château et la seigneurie de Messimy en Dombes. Le château, réparé il y a peu d'années, d'après les plans primitifs, est un des plus beaux de la contrée. Le 23 janvier 1658, il acquit de Mme la marquise de Miribel, veuve du comte de Barrault, la justice haute, moyenne et basse de la Pape, Crépieux et terres en dépendant. Le 11 mars de la même année, il fut pourvu de la charge de maître des requêtes en la Cour du Parlement de Dombes, en remplacement de noble Constant de Silvecane, homme de lettres, traducteur, en vers français, de Perse et de Juvénal, plus tard président de la Cour des Monnaies de Paris (1).

En 1661, noble Jacques Pillehotte, que sa place n'attachait pas étroitement à Trévoux, fut nommé administrateur de l'Hôtel-Dieu de Lyon.

Cette fois, nous voici parvenus aux plus hauts sommets de la prospérité.

Noble donc parmi les nobles, grand parmi les grands, Jacques Pillehotte, seigneur de la Pape et de Messimy, donna sa fille Marianne en mariage, en 1674, à Charles de Cambis, marquis d'Orsan. Il ne fallait rien moins qu'un marquis pour la petite-fille des imprimeurs de la rue Mercière. La jeune femme, en échange de la couronne de marquise qu'on mettait sur son front, apportait en dot à son mari : la Pape, Messimy, des immeubles en ville et d'autres grands biens. Mais si le gentilhomme avait éprouvé le besoin de redorer son blason,

---

(1) Voir la savante bibliothèque dombiste de M. Valentin-Smith, conseiller honoraire à la Cour d'appel de Paris.

peut-être ne sut-il pas se retenir sur la voie des prodigalités. Peut-être la jeune femme courut-elle d'elle-même aux plaisirs et à la dépense. Quoi qu'il en soit, on vit ce qui arrive trop souvent, le bourgeois gagne et le noble dépense. *Cent ans bannière, cent ans civière,* disaient nos aïeux. Le 18 décembre 1686, les deux époux vendirent Messimy à Bernard Desrioux, bourgeois de Lyon, ancien négociant, qui prit le nom de Des Rioux et fit de son fils, noble des Rioux de Messimy, un conseiller, puis un premier président au Parlement des Dombes. Ce n'est pas d'aujourd'hui que les négociants et bourgeois lyonnais ont le goût des seigneuries et des châteaux forts. Ce sont des échelons qui peuvent monter haut. En 1699, la seigneurie de Messimy fut érigée en comté. Plus heureuse et plus prudente, la famille s'y maintint jusqu'à nos jours. Le 27 janvier 1848, c'est dans sa terre de Messimy que M. le comte Antoine des Rioux, conseiller à la Cour d'appel de Dijon, est décédé au milieu des siens.

Pendant que les Rioux prospéraient ainsi, que devenaient donc les Pillehotte, ou plutôt les Cambis, marquis d'Orsan ?

Où avait passé leur fortune si laborieusement amassée ? A quelles dissipations se livraient donc ces nobles seigneurs qui ne savaient même pas conserver les domaines qu'une humble bourgeoisie leur avait légués? La terre de Messimy était partie ; le reste suivit. Peu d'années après, le marquis d'Orsan, du consentement de sa femme et de son fils, vendit la Pape à Jacques de Colabaud, écuyer, ancien échevin. Le contrat fut passé le 25 février 1699, juste la même année où la terre de Messimy devenait comté. Etait-ce la ruine ? Etait-ce la fin des Pillehotte et des Cambis ? En ce cas, le travail étant interdit à ces nobles mains, rien ne restait plus que la ressource d'aller coqueter à Versailles et d'y solliciter les faveurs si enviées du vieux roi.

D'après Guichenon, cité par Révérend du Mesnil, les Pillehotte portaient : *d'azur, à un lion passant de sable* (couleur sur couleur) ; *la tête et le col de gueules ; au chef d'azur* (cousu, alors ?) *chargé d'une aigle d'or, accompagnée de deux étoiles d'argent.*

Voici le texte même de Guichenon :

Histoire de la Souveraineté des Dombes, livre VII :

PILLEHOTTE LA PAPE, seigneur de Messimieux, en Dombes, (Messimy) d'où un maître des requêtes au Parlement de Dombes : *d'azur, à un lion passant de sable, la tête et le col de gueules ; au chef d'azur, chargé d'une aigle d'or, accompagnée de deux étoiles d'argent.*

D'azur, au chef d'azur ? à quoi pensait donc notre vieil historien ? Ne serait-ce pas une coquille ?

De son côté, Ménestrier blasonne ainsi : *d'argent, au lion tauré, parti de gueules et de sable ; au chef d'azur, chargé d'une aigle éployée d'argent, accostée de deux étoiles de même.*

Chaussonnet, armorialiste de la ville, donne la représentation des armes de Jean Pillehotte, échevin de 1643 à 1644, sans les blasonner. L'écu est *d'argent*, le lion est *passant de sable, tauré de gueules ;* l'aigle est *d'or.*

On lit dans Brossette :

Jean Pillehotte, sieur de la Pape, quatrième échevin, 1643 :

D'argent, au lion tauré, party de gueules et de sable ; au chef d'azur, chargé d'une aigle éployée d'argent, accostée de deux étoiles de même.

Un manuscrit de la Bibliothèque de la ville de Lyon, fonds Coste, *Armoiries de plusieurs prévôts des marchands, échevins, conseillers, trésoriers de France de la ville de Lyon,*

1720, in-4°, oblong, armes coloriées, nous donne : Pillehotte, seigneur de la Pape, échevin en 1643 : *d'argent, au lion passant tauré parti de gueules et de sable ; au chef d'azur, chargé d'une aigle esployée d'argent, accostée de deux étoiles de même.*

Ces différences, dit M. Steyert, sont plus apparentes que réelles.

« Les armes de Pillehotte ont pour pièce principale un taureau ayant la tête et le col d'un lion. Cette figure inusitée, ajoute notre historien, a été exprimée, par les héraldistes lyonnais, en termes différents, parfois obscurs et dont la variété pourrait faire supposer des divergences ou des erreurs. Il y a eu insuffisance dans les expressions ; voilà tout. »

Ceci posé, je pense qu'on peut blasonner : *D'argent, au taureau passant de sable, ayant la tête et le col d'un lion de gueules ; au chef d'azur, chargé d'une aigle d'or, accostée de deux étoiles d'argent.*

En nous rangeant à cet avis, je crois que nous serons dans la vérité.

Revenons à notre compatriote. Avons-nous tout dit ?

Non, certes.

Non, et, au lieu de l'esquisse rapide que nous offrons à nos lecteurs, nous aurions voulu leur présenter le portrait en pied, mûrement étudié, finement dessiné, d'un de ces bourgeois de Lyon qui pouvaient s'égarer, comme les hommes d'aujourd'hui ; qui avaient des passions, des fureurs et une immense intolérance ; qui, par contre, avaient un ardent patriotisme, un généreux amour du pays, la fierté de leur position et un caractère. Nous serions heureux si un plus habile et un plus savant complétait notre œuvre et couvrait de vives couleurs la riche toile sur laquelle nous n'avons pu tracer qu'un mince fusain, que le moindre frottement ou le plus léger souffle pourrait emporter.

Parmi les ouvrages les plus rares ou les plus recherchés sortis des presses du vieux Jean Pillehotte, le ligueur, je citerai encore, sans choix et au hasard :

Discours de la vie, mort et derniers propos de Monseigneur de Mandelot. Lyon, 1588, in-12, 39 pages.

La vie et faits notables de Henry de Valois. Sans aucun nom. Pamphlet attribué à Jean Mercier; imprimé à Lyon, probablement par Pillehotte, 1589, in-8°.

10159. GILLET (N.). *Epithalame et Chant nuptial, sur la nopce du Très-chrestien Roy de France et de Pologne, Héry troisiesme de ce nom, et de Loïse de Lorraine. A la Royne.* Lyon, Michel Jove et Jean Pillehotte, 1575. pet. in-8° de 16 p.

Les meurs, humeurs et comportemens de Henri de Valois. Sans nom (par André de Rossant), attribué à Pillehotte pour l'impression. Lyon, 1589, in-8°.

André de Rossant, jurisconsulte et poète lyonnais, était né au faubourg de la Guillotière.

Articles accordez pour le bien, conservation et repos des pays de Lyonnois, Forez et Beaujollois, entre les sieurs marquis d'Urfé, de Chevrières, de la Valette et de Charlieu. Ces deux derniers pour et au nom du sieur de Bressieux. Lyon, Jean Pillehotte, 1589, in-8°.

Les articles de la trefve accordée entre noz seigneurs le duc de Nemours..... et .... le duc de Montmorancy. A Lyon, par Jean Pillehotte, 1589, in-8°.

Lettres de Mgr le duc de Mayenne, pair et lieutenant général de l'Estat royal et corone de France, envoyées à M. le seneschal de Lyon... pour choisir et eslire députez, pour se trouver à l'assemblée générale des Estats...

assignez à Melun, le 3 février 1590. Lyon, Jean Pillehotte, 1590, in-8°. 14 pages.

« A la fin de cette pièce, dit M. Péricaud, est le privilège accordé à Pillehotte par le duc de Mayenne et le Conseil général de la Saincte Union d'imprimer : « tout ce qui peut concerner l'état public et affaires de France et de la Saincte Union, avec deffenses très expresses à tous libraires, imprimeurs et autres... de n'imprimer ou faire imprimer aucunes des choses susdictes, sans le vouloir et consentement dudit Pillehotte, à peine de confiscation, etc. »

Discours véritable de l'estrange et subite mort de Henri de Valois, advenue par permission divine, lui estant à Saint-Cloud, le 1ᵉʳ août 1589, Par un religieux de l'Ordre des Jacobins. Lyon, Jean Pillehotte, 1589, in-12.

Pamphlet violent attribué à Edmond Bourgoin, prieur des jacobins de Lyon.

Discours au vray de la desloyale trahison et détestable conjuration brassée par le sieur de Bothéon et ses complices sur la ville de Lyon, Lyon, 1590, in-8°.

Guillaume de Gadagne, sieur de Bothéon, lieutenant du gouverneur, avait essayé d'ouvrir les portes de Lyon au roi. Le projet ayant été découvert, quatre des conjurés furent exécutés dans les tortures, sur la place Confort.

Publication de l'arrêt du Parlement de Paris, du 21 novembre précédent, qui enjoint à toutes personnes de reconnaître pour naturel et légitime roi et souverain seigneur Charles, dixième de ce nom... Lyon, Jean Pillehotte, janvier 1590, in-8°, 8 pages.

Response des habitants de Lyon à certaine remonstrance à eux envoyée de la part d'un bigarré politique. Lyon, Jean Pillehotte, 1590, in-8°.

Responsc à l'Anti-Espagnol. Semé ces jours passés par les rues et carrefours de la ville de Lyon. S. n. (par Claude de Rubys). Lyon, Jean Pillehotte, 1590, in-8°.

Premier et second advertissement des Catholiques anglois aux François catholiques et à la Noblesse qui suit à présent le roy de Navarre (par Louis Dorléans). Lyon, Pillehotte, 1690, deux parties en un volume petit in-8°.

Ces pièces violentes prennent les événements depuis la Conjuration d'Amboise et reproduisent plusieurs calomnies contre le roi de Navarre et sa mère. Ce livre fut brûlé par la main du bourreau, à la Croix du Trahoir et sur la place Maubert.

Louis Dorléans, et non d'Orléans, né à Paris, fut un de ces pamphlétaires misérables, comme toutes les époques troublées en font naître. Avocat, poète, homme à tout faire, exilé, gracié, incorrigible, il mérita ce mot flétrissant que Henri IV lui appliqua : « C'est un méchant, mais il est revenu sur la foi de mon passeport; je ne veux point qu'il soit maltraité. On ne doit pas plus lui vouloir de mal et à ses semblables qu'à des furieux, quand ils frappent, ou à des insensés quand ils se promènent tout nus. ».

Il mourut en 1629, à l'âge de 87 ans.

Discours véritable des traysons (sic) descouvertes de la ville de Lyon et de Montbrison en Forez. Lyon, Jean Pillehotte, 1591, in-8°.

Manifeste des consuls, eschevins, bourgeois et habitants de la ville de Lyon sur le faict de la prise de Vienne; rupture de la trefve et entrée de l'armée de Mgr le duc de Nemours dans le pays de Dauphiné. Lyon, Jean Pillehotte, 1592, in-8°.

On sait combien fut court ce triomphe de l'armée des ligueurs lyonnais.

Advis des causes et raisons de la prinse des armes en la ville de Lyon. (Lyon, Pillehotte ?), 1593, in-8°.

Discours en forme de déclaration sur les causes des mouvemens arrivés à Lyon... Lyon, in-12.

Discours véritable et sans passion sur la prinse des armes et changemens advenus en la ville de Lyon, pour la conservation d'icelle sous l'obéissance de la Saincte Union et de la corone de France. Lyon, Pillehotte ? 1593, in-8°

Syllogismes et quatrains sur l'élection d'un roy. Lyon, Jean Pillehotte, 1593, in-8°.

A partir de cette époque, les royalistes triomphant, les ligueurs se soumirent et ne lancèrent plus de pamphlets contre le roi.

Excellent et très utile traité, par Benoit du Troncy. Lyon, Jean Pillehotte, 1593, in-8°,

La dispute solennelle agitée en la Maison de Ville de Mascon. Lyon, Jean Pillehotte, 1598, petit in-8°.

La Bibliothèque du château de Feugerolles possède les ouvrages suivants, dont M. le comte de Cherpin a bien voulu me communiquer les titres :

1° *Traicté sommaire et invectif contre les vains sermens, juremens et exécrables blasphèmes dont ce siècle est tout infect, et extrêmement coupable, avec les cas de conscience, les remèdes, les punitions divines et humaines, et autres considérations sur cette matière.* Par M. Pierre de Villars, archevêque et comte de Vienne, primat des primats des Gaules. A Lyon, par Jean Pillehotte. M. D. XCVI, in-4° (*rare*), (aux armes de l'archevêque sur le titre).

2° *Discours succinct, et remonstrance servant d'avant-propos, et instruction sur la célébration des mariages, suyvant les saints et anciens Decrets, et signamment sur la résolution et ordonnance du Concile de Trente contre les mariages clandestins.* Par Mgr l'archevêque de Vienne, en son second synode diocésain. A Lyon, par Jean Pillehotte, à l'enseigne de Jésus. M. D. XCVI, petit in-4°. (Aux armes de l'archevêque Pierre de Villars sur le titre). (*Très rare*).

3° *Traicté de la Preud'homie, discrétion et autres qualitez requizes au confesseur, pour dignement s'aquiter du deub de sa charge.* Par Valerius Reginaldus, de la Compagnie de Jésus. Lyon, Jean Pillehotte, 1614, petit in-4°.

Nous ne savons si ce dernier ouvrage appartient à Pillehotte père ou à Pillehotte fils.

Nous arrêtons ici cette nomenclature. Nous en avons assez dit sur notre fougueux imprimeur.

Un point serait à résoudre. Lors de l'entrée des troupes royales dans la ville de Lyon, lorsque le roi de Navarre, devenu roi de France, fut rentré dans le giron de l'Église catholique, Pillehotte fit-il sa soumission sans réserve et sans détour ? — On doit le croire.

Abjura-t-il ses haines et ses inimitiés ? — Sans doute.

Brûla-t-il ce qu'il avait adoré avec autant d'ardeur que le reste de ses concitoyens ? Fit-il, comme son ami Claude Rubys, une amende honorable sans fierté et sans dignité ? Nous ne pensons pas. Pillehotte put cesser la lutte, la guerre n'ayant plus d'objet ; il put se rendre, mais il ne s'humilia pas. Il dut même se trouver en froid avec Rubys, après la palinodie de celui-ci. Ce qui nous le fait penser, c'est que, dans tous les récits que nous fait Rubys des troubles de la Ligue, Pillehotte n'est pas une seule fois nommé, et que ce n'est pas lui, le vieux ligueur, qui, quelques années plus tard, imprima l'*Histoire de Lyon* de son ancien ami.

Jacques ROUSSIN

Il fut imprimeur à peu près de 1574 à 1623.

Il avait pour marque : *Un vaisseau en mer, et au-dessus de lui un arc-en-ciel.* Légende : *Cœloque, Saloque, Soloque.*

M. Monfalcon cite un Pierre Roussin et lui donne les mêmes attributs que ci-dessus.

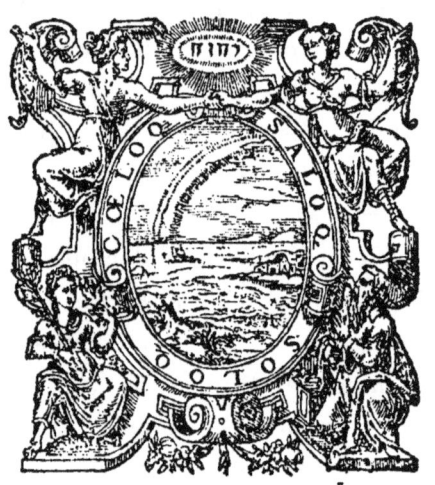

Marque de Jacques Roussin

Séance Consulaire

Le 12 novembre 1576, le sieur de Rubys, procureur du Roi, remet aux Echevins le *Cahier dressé de la part des Consuls-Echevins, manans et habitans la ville de Lyon*, lequel doit être présenté au roi, en la prochaine assemblée des Etats de Blois.

On y lit...

« ...Et parce que, entre toutes les manufactures du Royaulme, l'une de celles qui lui rendaient le plus de réputation chez les nations étrangères estoit l'art de l'imprimerie (on voit que nous sommes loin de l'époque où la Sorbonne suppliait François Ier de supprimer l'art de l'imprimerie reconnu dangereux pour les mœurs et les lois) (1), lequel art on voit aujourd'hui, comme la pluspart des manufactures, se perdre de petit à petit, ce qui procède en partie de ce que plusieurs libraires et imprimeurs, sous les couleurs de quelque peu de meilleur marché qu'ils ont de l'imprimerie ès villes de Basle, Genève, Lausanne et aultres, ils y font imprimer plusieurs livres, et puis mettent à la première et dernière page : *Imprimé à Paris ou à Lyon, par tel et tel*; ostant par ce moyen aux pauvres imprimeurs françois le moyen de gagner leur vie et dépouillant ce royaulme d'ung si bel art et exercice pour le transporter à l'estranger, oultre ce, que, notoirement ils commettent un crime de faux et, sous telles suppositions, sont semez plusieurs livres, libelles diffamatoires et scandaleux; qu'il plaise au roy défendre telles suppositions de lieux et de noms, sous peine de confiscation; défendre aussi toutes sortes de papier fabriqués hors le royaulme, ou du moins mettre une grosse gabelle sur ce papier. »

Guichard JULLIERON

Imprimeur de la ville.

Connu en 1576. Il s'associa, en 1594, avec Thibaud Ancelin. Henri IV, par lettres patentes du 6 avril 1594, le nomma im-

(1) Cette supplication fut combattue par Guillaume Badé et par Jean Dubellay, archevêque de Paris, qui obtinrent qu'on ne s'y arrêtât pas.

primeur du roi ; récompense de sa fidélité à la royauté dans un moment où la Ligue triomphait.

A peine cité par M. Monfalcon, mais hautement loué par Pernetti, Cochard, Delandine, Didot et Michaud, Julliéron mériterait une notice détaillée et on ne sait presque rien de sa vie pourtant si honorable, si généreuse et si dévouée.

On ne connaît pas l'époque de sa naissance et c'est par Dériard seul qu'on apprend qu'il mourut à Lyon, en 1607. Pernetti assure qu'on ne sait ni l'époque de sa naissance ni celle de sa mort. Et cependant, il a une belle page à son avoir.

Lyon avait ouvert ses portes à Henri IV et des troupes suisses aidaient à la bourgeoisie à maintenir son autorité; mais la Ligue n'avait pas désarmé et Mayenne espérait toujours ressaisir le pouvoir. Une occasion se présenta pour lui.

Le Béarnais, assez mal dans ses affaires, n'avait pu payer ses précieux auxiliaires et les Suisses menaçaient de se retirer; c'était le triomphe de l'archevêque et des Ligueurs, mais Julliéron accourut.

Il promit aux Suisses de les payer de ses deniers et de régler non seulement l'arriéré, mais encore la solde à venir pour tout le temps qu'ils resteraient à Lyon. Afin de tenir sa promesse, il vend deux maisons, règle le passé, assure l'avenir et les Suisses continuèrent à occuper les postes qui leur étaient confiés.

Quand le roi eut triomphé de ses ennemis et qu'il voulut rembourser ce serviteur si dévoué, le fier imprimeur refusa toutes les sommes offertes et se contenta du titre qu'on lui offrait de simple imprimeur du roi.

Julliéron avait publié un grand nombre d'écrits pour défendre la cause royale, et cela non sans danger pour sa personne et ses biens. Aujourd'hui, ces opuscules, que la Ligue faisait détruire avec soin, sont recherchés avec empressement par les bibliophiles.

Jean et Nicolas, ses fils, lui succédèrent et maintinrent la réputation de cette grande maison. Ils avaient pour marque : *Un lion entouré d'un essaim d'abeilles;* devise : *De forti dulcedo.*

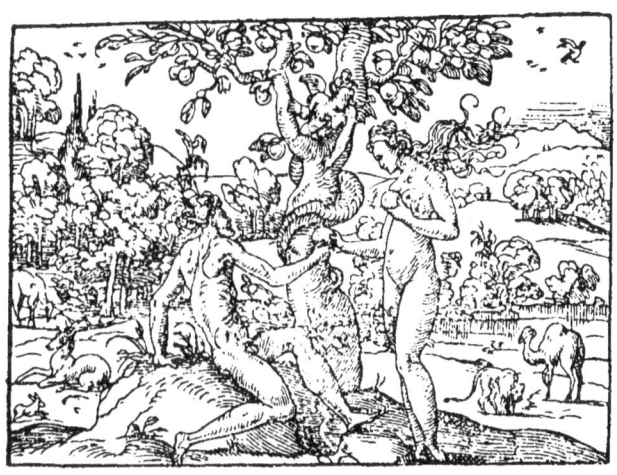

Gravure de la *Sainte Bible* de JULLIÉRON

Je pense que Guichard s'était servi de cette marque avant ses fils.

Antoine Julliéron, petit-fils de Guichard, a donné, en 1652, une très jolie édition de la Bible, et Louis XIII, qui n'avait pas oublié la conduite du premier des Julliéron, fit à Antoine, en passant à Lyon pour aller en Roussillon, le meilleur et le plus sympathique accueil. Il le nomma colonel de la bourgeoisie de Lyon, lui ceignit lui-même l'épée et le baudrier, et, charmé de son caractère, de son dévouement et de sa prestance, l'emmena dans les Pyrénées avec lui.

A son retour, Antoine fut nommé par ses compatriotes capitaine-porte-pennon de la milice bourgeoise. Il mourut riche et honoré, en 1702, ne laissant que deux filles, qui se marièrent, mais en qui son nom s'éteignit.

On doit à Guichard :

Edit du roi sur la réduction de Lyon, du 24 mai 1594, par Guichard Julliéron et Thibaud Ancelin. In-8°, 32 pages.

Lettre du roi au Consulat, 24 août 1594. Lyon, Th. Ancelin et Guichard Julliéron. In-8°.

Agonisticon Petri Fabri Sanjoriani jurisc… Lugduni, sumptibus Thomæ Soubron, et Mosis a Pratis. Au colophon : Guichardus Jullieron, typographus regius, 1595, in-8°.

Etc., etc.

Barthélemy HONORATI

On lui doit :

Diverses leçons, suivans celles de Pierre Messie, par Antoine Du Verdier, Dédié à Anne d'Urfé. Lyon, par Barthélemy Honorati, 1577, in-8°.

Figures de la Bible déclarées par Stances, par G. C. T. (Gabriel Chappuy, Tourangeau) *augmantées* (sic) *de grand nombre de figures aux Actes des Apôtres*. Lyon, par Barthélemy Honorati ; 1582, in-8°.

M. Firmin Didot fait un sérieux éloge de cet ouvrage, dont les belles gravures sont attribuées, par lui et par Papillon, à l'illustre et habile graveur Jean Moni.

« Honorati, déclare M. Didot (1), a fait paraître quelques ouvrages encore très remarquables, à une époque où l'art du dessin et celui de la gravure sur bois touchaient à leur décadence à Lyon comme à Paris. »

« Vous ne sauriez voir chose plus belle ny mieux faicte, dit Honorati dans sa préface, que sont les figures des *Actes des Apôtres*, esquelles le peintre a monstré la grande industrie qui est en luy, véritablement digne d'être à jamais prisée, et les tailleurs employé toute peine et diligence à ce que leur ouvrage fust correspondant à celuy du peintre ingénieux. »

« Jean Moni, dit Papillon, peintre et graveur en bois, de Lyon, *copia* des figures de la Bible... mais la partie consacrée aux *Actes des Apôtres* est véritablement originale. » Moni a travaillé pour Roville avec un grand succès.

Pierre RIGAUD

Encore une illustration ; elles vont devenir rares.

Celui-ci fut libraire et imprimeur à l'angle de la rue Mercière et de la rue Ferrandière ; connu de 1580 à 1630, à peu près. Il avait pour enseigne : *A la Fortune*. Légende : *invidiam Fortuna domat*.

Pour marque : *Un vieillard arrosant des fleurs*. Devise : *Donec optato rigabo*.

De ses nombreuses éditions, je citerai :

Histoire des gestes du Chevalier Bayard. 1580.

Formulaire fort récréatif de tous contracts, donations, testaments... par Bredin le Cocu (Benoist du Troncy) Lyon,

---

(1) *La gravure sur bois*. Paris, 1863, in-8°.

INTRODVCTION A LA VIE DEVOTE:

Par FRANÇOIS *de* SALES, *Euesque & Prelat de Geneue.*

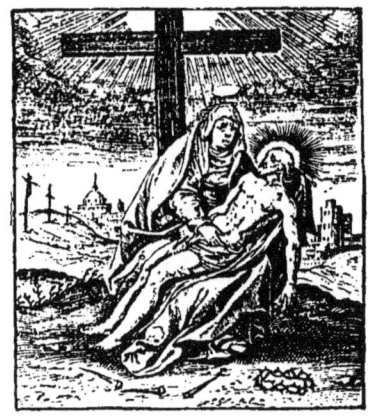

A LYON,
Chez PIERRE RIGAVD, en ruë Merciere,
au coing de ruë Ferrandiere, à l'Horloge.

M. DCIX.

Auec aprobation des Docteurs, & Priuilege du Roy.

Nous devons les clichés des pages ci-dessus à notre excellent confrere, M. Duclos, de Moutiers, qui a réimprimé l'œuvre de François de Sales dans

A LA VIE DEVOTE. 285

tions : c'eſt pourquoy il en faut vſer auec vne grande prudence.

Des Ieux defendus.

CHAP. XXXII.

Es ieux des dez, des cartes, & ſemblables eſquels le gain depēd principallement du hazard, ne ſont pas ſeulemēt des recreations dangereuſes, comme les danſes, mais elles ſont ſimplement & naturellement mauuaiſes & blaſmables: c'eſt pourquoy elles ſont defendues par les loix, tant ciuiles qu'Eccleſiaſtiques. Mais quel grand mal a il, me direz vous? Le gain ne ſe fait pas en ces ieux ſelon la raiſon, mais ſelō le ſort qui tumbe bien ſouuent à celluy qui par habilité & induſtrie, ne meritoit rien : la raiſon eſt donq offencée en cela. Mais nous

---

une de ces belles éditions dont il est coutumier et qui ont près des Biblio-philes une vogue justement méritée.

1593, in-12. On connaît le déshabillé de cet ouvrage célèbre, réimprimé à vingt-cinq exemplaires par les Bibliophiles lyonnais.

Narration historique et topographique des Couvents de l'Ordre de Saint-François, par le P. Jacques Fodéré. Lyon, 1619, in-4°.

Le livre de Taillevent. 1602.

Vie de Madame Sainte-Barbe. 1602.

Histoire de deux chevaliers Valentin et Orson. 1605, in-8".

Les quinze joyes du mariage. 1607.

Discours exécrable des Sorciers... par Henry Boguet... Seconde édition. Lyon, 1608, in-8°. Une des hontes de l'humanité.

Interpretatio poetica latina in centum quinquagenta psalmos, authore Lud. Crucio. 1608. in-16. rare, Bib. Coste.

La Pomme de grenade mystique, de Pierre Crespet. 1609.

L'Anti-Démon historial. 1609.

Introduction à la Vie dévote : par François de Sales, évesque de Genève. A Lyon, chez Pierre Rigaud, en ruë Mercière, au coing de la rue Ferrandière, à l'Horloge, 1609, avec approbation des Docteurs et Privilège du Roy. Edition princeps avec une charmante vignette sur bois, au frontispice, représentant une *Pietà*. Petit-in-12, cité par Brunet.

Le Mirouer des femmes vertueuses, 1610.

Problèmes plaisants de Méziriac, 1612. Claude Gaspard Bachet, gentilhomme bressan, seigneur de Mézériat, théologien, mathématicien, poète latin et français, helléniste et académicien, né à Bourg en 1581, avait adopté le nom de Méziriac et il en a signé ses nombreux ouvrages.

Les Serées, de Guillaume Bouchet, 1618.

La Métallique transformation, 1618.

Palmerin d'Olive, 1619.

Le Cavalier parfait, de Trellon, 1624.

Martyrologe romain, 1625.

On voit que Pierre Rigaud professait l'éclectisme, en affaires, et qu'il imprimait de tout, sans distinction.

Etienne VIGNON

Il fut imprimeur-libraire en 1581.

Jean BERJON

Il fut imprimeur en 1581.

Il avait pour marque : *Une main écrivant sur un pupitre ; une couronne plane au-dessus.*

Antoine TARDIF

Imprimeur de 1582 à 1589.

Marque, celle des Alde, *une ancre entourée d'un dauphin.* Devise : *Festina tarde.*

Thibaud ANCELIN

Connu comme imprimeur depuis 1583...

Il combattit la ligue avec énergie et fut nommé imprimeur du roi en 1594 ; il avait pour marque : *Un enfant couché près d'un sablier.* Légende : *Nascentes morimur, mors rediviva piis.*

Il publia : *Supplementum epitomes bibliothecæ Gesnerianæ*... Antonio Verderio collectore, Lugduni, apud Bartholomeum Honorati, ex calcographia Theobaldi Ancelin, 1585, in-folio, avec le portrait de du Verdier.

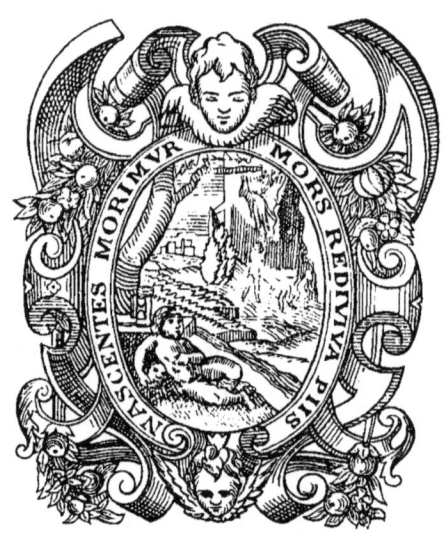

Marque de THIBAUD ANCELIN

Articles de la treve accordée sous le bon plaisir de Sa Majesté, pour la ville de Lyon, pays du Lyonnois, Forest, Beaujolois, Dombes et Dauphiné, par Thibaud Ancelin, imprimeur de Messieurs de la Ville. Lyon, 26 mars 1594, in-8°.

Lettres du Roy sur la convocation du ban et arrière ban de la gendarmerie. Lyon, Ancelin, 1594, in-8°.

Les Libertés de l'Eglise gallicane, par Pierre Pithou Lyon, Ancelin, imprimeur du roy, 1594, in-8°.

L'Oracle ou chant de Prothée, où sont prédites les glorieuses victoires de Henry IV, 1594, in-4°.

François DURELLE

Il était, avec Nicolas Guérin, maître du métier des imprimeurs en 1583 et 1584.

Il fut convoqué, avec Guérin, le 18 juin 1584, devant le Consul, ainsi que les autres maîtres de chaque métier de la ville, et le sieur Scarron, président, leur exposa qu'il y avait cinq mois, environ, un édit du roi avait été publié dans la ville, portant l'établissement de *maîtrises*, avec l'ordre que S. M. veut désormais être tenu à la réception des compagnons artisans ès dites maîtrises, à laquelle publication les Consuls échevins, comme pères du peuple, protecteurs et défenseurs d'icelui et des privilèges de cette ville, se seroient dès lors formellement opposés...

Mais les commissaires du roi ayant insisté pour l'exécution de l'édit et les apothicaires ayant été taxés à quinze écus par tête, le Consulat renouvelle aujourd'hui ses protestations.

« Les imprimeurs déclarent qu'il n'y a ville en France, quelle qu'elle soit, jurée ou non, en laquelle les imprimeurs soient tenus à faire des *chefs-d'œuvre*, par ainsi, ne doivent être compris audit édict, et par ce sont-ils résolus de ne rien payer, mais plutôt de se retirer ailleurs, comme d'autres de leur estat ont fait depuis quelques années. »

La résistance de tous les corps d'état fut unanime. On sait ce qui en résulta.

Hugues GAZEAU

Connu comme imprimeur dès 1584.

Marque : *Trois vipères en cercle entrelacées et se mordant la queue.*

On lui doit :

Xenophontis Cyri Paediae (sic) liber primus, 1608, in-8°.

Jacques MARESCHAL

Il fut connu en 1587 ; sa marque était : *Trois forgerons forgeant sur une enclume. Aux quatre angles sont quatre génies.*

« On lit dans un acte consulaire du 13 juin 1524, dit M. l'abbé Sudan, que Jacques Mareschal, imprimeur, quartenier de la rue Thomassin, à l'Hospital, *faisoit le picquet*, hier au soir, avec ses voisins. Ils prirent un nommé Guillaume Sarron, imprimeur, qui portoit une épée et qui étoit avec deux garçons. Survint le capitaine des imprimeurs, nommé Roberquin, accompagné du petit Normant, Guillaume Charreton et d'autres imprimeurs, qui fondirent sur le picquet et lui otèrent le dit Sarron, en les menaçant de les battre, à cause de quoy les voisins ne voulurent plus faire le picquet

« On ordonne au Procureur de la ville d'informer contre les assaillants et de les poursuivre par devant le Gouverneur ou le Sénéschal, pour les faire prendre et punir. »

La date que donne M. Sudan me fait penser qu'il eût dû attribuer le fait, non à Jacques Mareschal, qui exerçait en

1587, mais à son père Jean, qui imprima l'*Evangile des Quenouilles* en 1493, et les *Œuvres de Champier*, en 1507.

Voir : François Fradin, page 128, qui porta plainte au Consulat, sur un fait pareil arrivé en 1514. Les turbulents furent alors punis. On pourrait croire que cet événement se répétait souvent.

M. Monfalcon dit qu'il y eut un François Maréchal, imprimeur en 1552. Etait-il fils de Jean ? quel était son degré de parenté avec Jacques et avec Jean ?

Sibylle DE LA PORTE

Elle fut imprimeur-libraire en 1591.

Les livres sortis de ses presses sont signés *Sibylle a Porta*.

Estienne SERVAIN

On lui doit :

La Philocalie du sieur Croset, Forésien. A Lyon, chez Thomas Soubron; imprimerie de Estienne Servain, 1593, in-12.

Ce petit roman, dédié au chevalier d'Urfé, paraît avoir échappé aux bibliographes et n'est pas cité dans les *d'Urfé* de M. Auguste Bernard.

M. le Conseiller Coste, qui en possédait un exemplaire, le regardait comme de toute rareté.

Jean THOLOSAN

Il fut imprimeur-libraire, connu en 1594.

L'histoire récréative, ou Question d'amour du Chevalier Tarolfe, imitation de Boccace. Dédié : à très belles et vertueuses damoizelles de Serres, Lyon, par Jean Tholosan, 1594, in-8° de 31 pp.

Œuvres de Jean Godard, Parisien. Lyon, Jean Tholosan, 1594.

Peu après ces publications, Tholosan alla s'établir imprimeur à Aix en Provence. On l'y trouve en 1597.

Jean HULPEAU

Il fut imprimeur-libraire en 1595.

Pierre DAUPHIN

Imprimeur en 1597.

Jean-Baptiste BUISSON ou BUYSON

Un des plus ardents ligueurs de la ville ; son père, Laurent, était libraire en 1549.

Jean-Baptiste n'était que libraire, dit M. Monfalcon ; et cependant, on lui doit :

Ludovici Dorléans Expostulatio. Lugduni, apud Joannem-Baptistam Buisson, 1593. in-8°.

Ce pamphlet virulent dépasse toutes les bornes. Il appelle Henri IV, *Fœtidum Satanae stercus*. Voilà l'esprit et les raisons de ce temps-là.

Si Jean-Baptiste n'a pas imprimé cette malpropreté, il l'a éditée et publiée ; la ville ne la possédant pas et Brunet n'en faisant pas mention, je ne puis en nommer l'imprimeur.

On sait que Louis Dorléans fit volte-face, comme Rubys, quand le Béarnais eut triomphé de ses ennemis et que celui-ci leur pardonna.

La marque de Buisson était : *Deux éléphants adossés à un palmier ;* deux génies portent un livre sur lequel est écrit : ΑΘΛΟΝ ΑΟΔΩ

Je laisse aux savants à en donner la traduction.

François FABRE ou FABRI

Imprimeur-libraire, de 1590 à 1597.

Marque : Un ouvrier portant ses outils. Légende : *Tractant fabrilia fabri*. M. Delalain dit : *Un artisan tenant dans ses mains une équerre et un fil à plomb.*

Jacques ROCHE

Imprimeur en 1597.

André PAPILLON

Imprimeur-libraire en 1597.

Horace CARDON

Voici un des noms les plus populaires de l'histoire de Lyon, un des plus connus, un des plus célèbres. Cardon fut imprimeur-libraire, comme Gryphe, de Tournes, Roville, et il les effaça tous. Les autres sont vénérés des savants ; lui est aimé des jeunes ouvrières, des enfants autant et plus que des érudits. Sont-ce ses travaux qui l'ont immortalisé ? Non certes! et cependant, il est répandu aux quatre coins du globe ; en Australie comme chez les Esquimaux, et cela, grâce à la plume immortelle de Jean-Jacques Rousseau.

Quel Lyonnais, quel étranger n'a parcouru le vallon pittoresque et ravissant de Roche-Cardon? Qui n'a salué le Château de la Roche, demeure du libraire? Qui n'est venu cueillir des fleurs dans ses bois? Qui n'a cherché des pervenches, ce symbole d'immortelle amitié, sur les pentes de la vallée?

La pervenche ? Combien d'âmes arriérées ont encore le culte caché et profond de la douce et vive passion dont la fleur de Rousseau est l'emblème ! Dans le cœur le plus blasé, le plus usé, il y a toujours un petit coin oublié où végète une racine de pervenche. Vienne un rayon de soleil et soyez sûr que vous verrez la tige renaître et fleurir.

La pervenche? C'est à Roche-Cardon que fut son premier royaume.

Mais, hélas ! elle s'en va comme le reste. Le vallon n'est plus solitaire; on n'y trouve plus le calme et la tranquillité ; Rousseau ne viendrait plus y chercher la paix. Des cafés, des restaurants, des guinguettes l'ont envahi ; les danses du dimanche y attirent la foule, et tout l'été, c'est un des lieux les plus bruyants de Lyon.

« Que le vallon est changé, lit-on dans les *Zigzags lyonnais*, depuis le séjour qu'y fit le philosophe de Genève, en 1770, alors qu'invité, par Mme Boy de la Tour, à venir y goûter les douceurs du printemps, le grand écrivain s'extasiait, dans les bois du Rozay, sur l'incomparable paysage qui se déroulait au loin sous ses yeux ! »

Il y resta trois mois, errant par les sentiers, rêvant, herborisant, fuyant la vue des hommes et consignant ses souvenirs dans des pages devenues immortelles.

Qui, d'un bout du monde à l'autre, n'a pas lu les œuvres de Rousseau, connu ses inquiétudes, ses fuites, ses séjours momentanés à l'île Saint-Pierre, aux Charmettes à Roche-Cardon et les tableaux ravissants qu'il en a laissés ?

Une petite fontaine entourée de bancs rustiques, a gardé son souvenir. Une fleur à la main, il aimait à s'asseoir sur ces blocs de pierre, à l'abri de ces grands frênes, sur lesquels il écrivit un jour : *Vitam impendere vero !*

Mais déjà le vallon était habité et Rousseau était obligé de s'enfoncer dans les bois pour cueillir un bouquet de pervenches ou pour rêver en liberté.

Combien ce lieu était plus sauvage quand l'imprimeur de la rue Mercière vint acheter un riant domaine à l'entrée des deux vallées et y fit construire un château à l'italienne, là où le vallon d'Arche et celui des Rivières venaient se réunir !

Comme on reconnaissait le génie de l'Italie chez cet industriel qui, pour se reposer du commerce qui lui donnait de l'or, venait, deux siècles avant Rousseau, se choisir une si ravissante demeure entre le ruisseau si bruyant et si gai qui courait sous les grands ombrages et le rocher qui se dressait à l'entrée du vallon comme le gardien de ce séjour !

Malgré les changements survenus depuis lors, on est heureux d'apercevoir d'ici de là dans la vallée quelque petit coin échappé à la civilisation et de retrouver dans la villa moderne une tour hexagone servant de cage d'escalier, précieux souvenir du passé ; de larges balcons couverts, aux deux étages, et un charmant clocheton pointu qui surmonte l'ancienne chapelle du manoir !

On voit surtout, à l'entrée de la propriété, sur le rocher qui domine la route actuelle de Saint-Cyr, un élégant pigeonnier octogone, but d'études et de croquis de tous les peintres, de tous les élèves de l'Ecole de peinture lyonnaise, de tous les touristes et de tous les amateurs. Les raffinés l'appellent : le pavillon de Jean-Jacques Rousseau ; pour le vulgaire, c'est le pigeonnier de Roche-Cardon. Si jamais il est renversé, par le temps ou les hommes, il vivra éternellement par la peinture, le crayon ou le burin et surtout par un des plus admirables tableaux de Grobon, ce maître que Lyon peut opposer aux plus illustres de la Belgique et de la Hollande.

J'ai dit un mot du site si bien décrit par Rousseau ; je vais esquisser la vie de l'imprimeur célèbre qui lui avait donné son nom.

Horace Cardon était né à Lucques ; son père était Joseph Folch Cardoni, fils puîné de Fernando Folch, mayor de Cardona, capitaine des troupes aragonaises envoyées au secours de la république. Sa mère était Izabelha Andrioli, fille d'un gentilhomme lucquois.

Il était issu d'une grande, puissante et ancienne famille d'Espagne, illustre, dit M. Révérend du Mesnil (1), longtemps avant 1040, l'une des premières de l'Aragon, où elle possédait la vicomté de Cardone. *Ses armes étaient d'or, à une fleur de carde au naturel, tigée et feuillée de sinople.*

Mais le descendant des ducs de Cardone avait une famille nombreuse et il fallait penser à l'élever et à la nourrir.

Joseph Folch vint en France, avec sa femme et ses enfants, dont le plus jeune, Horace, était encore au berceau. Il s'établit à Lyon et les Italiens, qui étaient nombreux dans la ville,

---

(1) *Armorial de l'Ain*, p. 144.

s'empressèrent de lui venir en aide. La ville était riche, hospitalière; les nouveaux venus furent bien vite placés.

Ils demeuraient dans le quartier des Italiens, sur la rive droite de la Saône et, quand la famille fut augmentée d'un nouveau fils, c'est à l'église de Saint-Paul qu'on le fit baptiser.

Horace, en grandissant, avait montré de singulières aptitudes pour le commerce. Souple et adroit comme ceux de sa nation, il cherchait à plaire et y réussissait. Il entra dans la librairie, état que la noblesse pouvait exercer sans déroger, puis bientôt, ouvrant une maison pour son propre compte, il prit son jeune frère Jacques pour associé, et vint demeurer dans le beau et solide immeuble, occupé naguère par les libraires-imprimeurs la Porte, a Porta, au numéro 68 actuel de la rue Mercière, à l'angle méridional de la rue de la Monnaie; il semble que cette fière habitation était destinée à héberger d'illustres imprimeurs. On se souvient qu'elle a longtemps abrité les presses artistiques de la maison Giraud, à qui on doit les planches si belles de Jean-Jacques de Boissieu.

La fortune sourit à Horace Cardon et à son frère; les relations qu'ils avaient conservées en Italie et en Espagne leur permirent d'étendre leur commerce de librairie jusque dans les provinces les plus reculées de ces deux pays. Les beaux ouvrages de théologie sortis de leurs presses et illustrés de frontispices gravés, parmi lesquels on put souvent reconnaître le burin magistral des Audran, étaient reçus avec empressement dans les deux péninsules et bientôt l'opulence des deux émigrés égala celle des plus riches familles de Lyon.

Ils en firent le plus généreux usage; le meilleur suivant les idées du temps.

Ils donnèrent donc aux pauvres, aux églises et aux couvents, sans compter.

Horace fit bâtir, à ses frais, les vastes greniers de l'hospice de la Charité, dont il était l'habile administrateur ; donna un terrain, à Bellecour, aux religieuses de Blye pour y construire un couvent ; éleva, toujours à ses frais, le chœur si admiré de la Chapelle des Confalons ; enrichit les Feuillants, les Cordeliers, dont il agrandit les églises ; les Minimes, dont il construisit la sacristie, enfin, donna largement au grand Collège, aux Sainte-Claire et surtout à la maison professe de Saint-Joseph, dans l'église de laquelle il voulut être enterré ; il consacra plus d'un million d'alors à embellir la ville qui lui avait donné l'hospitalité. Il était peu de monuments publics qui ne s'empressassent de rappeler la magnificence de ce riche bienfaiteur, en faisant sculpter le Cardon bienfaisant sur leurs murs ; soulager les pauvres, venir au secours de toutes les misères, faire des fondations pour l'instruction publique, la maladie ou la vieillesse furent sa grande sinon son unique occupation.

Comme Julliéron, son rival en richesse et en générosité, il avait combattu la Ligue avec toute l'ardeur de son sang méridional et donné à Henri IV les gages les plus sensibles de son dévouement.

Armé et combattant comme un soldat, il défendit la porte de la rue Thomassin que les ligueurs attaquaient. Capitaine d'une centaine d'hommes d'armes, il accourut au feu. Son courage électrisa les Lyonnais fidèles et, après un combat sanglant, les assaillants furent mis en fuite. Ce ne fut pas son seul haut fait

Un arrêt du Conseil d'État du 8 décembre 1605, signé Henri, déclara vrai gentilhomme Horace Cardon, Lucquois, qui défendit la porte d'Ainay d'une surprise des ligueurs et le reconnut fils de Joseph Cardony et petit-fils de Joseph Fernando Folch, mayor de Cardonna, capitaine commandant les troupes aragonaises envoyées au secours de la république de Lucques ; ledit Fernando issu des cadets de la grande maison des Folch, mayor de Cardonna. (1)

Henri IV avait un cœur reconnaissant et il fut à tout jamais l'ami de l'énergique imprimeur qui lui avait donné tant de preuves de fidélité.

Connaissant son intelligence, le roi lui donna diverses missions en Italie et en Espagne, et, pour servir son maître, le diplomate fut aussi heureux que le soldat.

Tant de travaux étaient oubliés, quand, à son retour, le voyageur se retrouvait, avec une société choisie, sous les beaux ombrages de Roche-Cardon, dans les salons illuminés du manoir, et, le lendemain, au milieu des ouvriers de sa vaste imprimerie ; surveillant les éditions qui sortaient de ses presses, ou faisant d'immenses expéditions au dehors.

Pendant ses voyages, la maison était administrée par son frère Jacques et il s'éloignait tranquille, certain, qu'en son absence, les affaires ne périclitaient pas.

La marque des deux frères était : *Une grenade en fleur de lis, flanquée de deux chardons.*

Horace Cardon de la Roche fut élu échevin en 1610, sous la prévôté de Messire Balhazar de Villars, seigneur de Laval, conseiller du roi, président au siège présidial de Lyon, et Parlement de Dombes. Cette marque d'honneur lui était bien due et toute la ville y applaudit.

Après avoir exercé sa double industrie d'imprimeur et de

---

(1) Bibliothèque de la ville, fonds Coste, Mss. No. 17378

libraire, de 1590 à 1620, à peu près, Horace Cardon se retira pour prendre le repos que son âge, sa fortune et sa position demandaient. Il n'avait pas d'enfants et trouvait inutile d'augmenter sa fortune. Jacques avait épousé Lucrèce Strozzi, petite-fille de cet illustre Léonard Strozzi qui, venu de Florence et parent des Médicis, avait su acquérir, lui aussi, une grande fortune à Lyon. Ayant deux fils à pourvoir, il continua seul le commerce de la commune association et habita la ville, tandis que son frère s'était retiré au château de la Roche, sa création.

Parmi les principaux ouvrages publiés par les deux frères, on peut citer :

Commentarii theologici, par Grégoire de Valentia, 1603 ; *Disciplina Christiana*, 1604 ; *Commentarii* du P. Lorini, sur le *Livre de la Sagesse*, 1607 ; *Explanationes* de Benoît Justiniani, sur les *Epîtres de Saint Paul*, 1612 ; *Commentarii*, par le P. Moralès, 1614 ; *Tabula Chronologica Status Ecclesiæ Catholicæ*, 1616 ; *De Christiana expeditione apud Sinos suscepta*, 1616 ; je pense qu'il est question d'une des premières Missions des jésuites en Chine et dans l'Extrême-Orient ; *Praxis pœnitentialis*, de Valerius Reginald, 1616 ; *Commentarii* par le P. Lorini sur les *Psaumes de David*, 1617 ; *Commentarii*, de Benoît Fernandi, sur la *Genèse*, 1618 ; *Commentarii*, sur le même sujet, par Grégoire de Valentia, 1619 ; autres *Commentarii* par Gaspard Sancti, sur les *Douze Prophètes*, 1621 ; *Commentarii*, par François de Mendoce, sur le *Livre des Rois*, 1625.

Soit seul, soit associé avec Pierre Cavellat, Jacques Cardon a donné entre autres :

Moralis Disciplina, 1629, in-fol. et un traité : *De Virtutibus et Vitiis*, 1631, aussi in-folio.

Après lui, le commerce fut liquidé.

Plus ambitieux que son frère, après avoir été nommé échevin, en 1636 et 1637, Jacques devint, en 1643, grand Prévôt du Lyonnais, Forez et Beaujolais. Il avait deux fils de Lucrèce Strozzi, ai-je dit, et c'est de lui que descendent les barons de Sandrans, connus encore aujourd'hui.

Horace était mort à Lyon, le 21 juin 1641. Il fut enterré avec pompe dans la maison professe de Saint-Joseph, au pied de la balustrade de la chapelle de Notre-Dame.

Ménestrier nous a conservé l'inscription, disparue aujourd'hui, qu'on avait gravée sur son tombeau :

D. O. M. *Nobilis Horatius Cardon, dominus de la Roche, Sibi charissimæque conjugi Jacobo fratri amantissimo ejusque conjugi et eorum liberis conditorium hoc delegit suæ in Deum pietatis, in S. Josephum fiduciæ in Societatem Jesu, amoris, quem vivus coluit, æternum post fata Monumentum.*

Par son testament du 20 juin 1640, Horace Cardon fit don à la Charité des greniers qu'il avait fait bâtir à ses frais ; il fit don à nos deux hôpitaux, ainsi qu'aux religieux mendiants, de différents legs en argent, légua la plus grande partie de ses immeubles à ses deux neveux, Jacques et Laurent fils de son frère Jacques, le surplus de sa fortune à sa femme, Marie Dupin.

Un gentilhomme lyonnais, bel esprit et auteur d'une *Sibylle lyonnoise*, Lyon, 1638, dédia, vers cette époque, une espèce d'*Almanach*, en vers : *A noble Horace Cardon, seigneur de la Roche, ex-consul et bourgeois de Lyon*. Sachons-lui gré de l'intention.

Si les in-folios de l'imprimeur sont un peu oubliés, le nom du vallon décrit par Rousseau existera toujours.

Simon, Antoine et Barthélemy VINCENT

Ils furent imprimeurs et libraires à Lyon dans le XVIe siècle et jouirent d'une haute réputation.

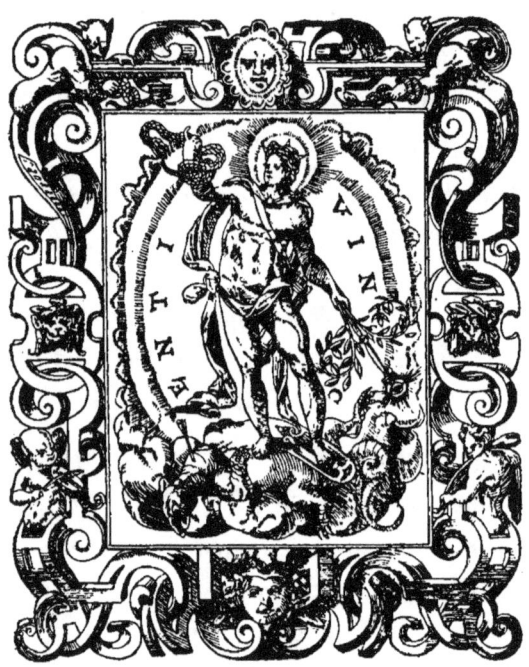

Marque de BARTHOLOMÉE VINCENT

Simon Vincent fut échevin en 1524 ; armes : *de gueules au foudre d'or, les carreaux d'argent, liés de gueules*. Voir l'*Armorial* de Steyert. D'après les *Fleurs armoriales consulaires* de Chaussonnet : *d'azur à la foudre d'or*.

Antoine fut échevin en 1545, 1552 et 1580, dit M. Péricaud, en 1545, 1553 et 1560, dit Chaussonnet ; mêmes armoiries que Simon : *d'azur à la foudre d'or*.

Simon Vincent qui fut imprimeur libraire de 1509 à 1525, dit M. Monfalcon, avait pour marque : *Une femme et une licorne supportant son monogramme* un S et un V accolés ; autre

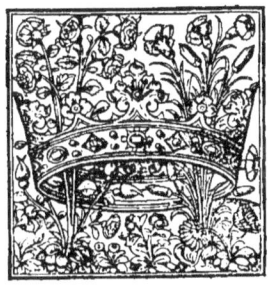

Titre de Simon Vincent

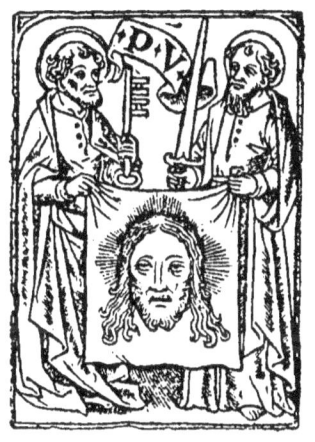

Simon Vincent

marque *Deux évangélistes portant un saint suaire*. Légende *Salve, Sancta facies,* autre : *une main tenant deux branches de lauriers recourbées et une branche supportant un œil*.

Simon eut pour successeur Bartholomée, en 1520 et Antoine en 1554.

Un autre Bartholomée, de la même famille, fut imprimeur, de 1560 à 1598. Il avait pour marque : *Un Apollon tenant de sa main droite élevée un serpent ; de sa main gauche abaissée deux branches de lauriers recourbées et une branche surmontée d'un œil. Il foule aux pieds le serpent Pithon percé d'une flèche.* Devise : *Vincenti*

Henri ESTIENNE LE GRAND

C'est par lui que je terminerai cet immense XVIe siècle que j'ai fait si abrégé et, je le sens, si incomplet.

Estienne n'exerça pas chez nous, mais voici les tristes lignes que M. Monfalcon lui consacre :

« Ce prince des imprimeurs, ce savant si distingué, cet homme qui faisait un honneur si grand à son pays, Henri Estienne, dit-il, finit, à Lyon, d'une manière déplorable, sa vie errante et inquiète. Il était arrivé malade, l'esprit presque aliéné et manquant de tout. On le mit à l'hôpital et il y mourut, au mois de mars 1598. On l'enterra dans le cimetière des protestants et peu s'en fallut que le fanatisme populaire n'y vînt troubler le repos dont il jouissait enfin.

« Paul Estienne, fils de l'immortel auteur du *Trésor de la langue grecque*, a rappelé la triste mort de son père dans ces vers :

> *.....Dulcis pater! Optime patrum*
> *Extinctum te crediderim, lucemque perosum?*
> *Et Lugdunaeo requiescunt ossa sepulcro?*

Il avait pour marque un *Olivier* et pour devise : *Noli altum sapere, sed time !*

Il avait failli avoir, à Genève, le même sort que Dolet à Paris.

Accusé des mêmes crimes, il s'en défendit avec la même énergie et déclara qu'il aimait mieux la mort que d'être soupçonné d'athéisme. « Mais, dit Larousse, au point de vue de la charité chrétienne, Genève ne valait pas mieux que Rome. La Sorbonne avait persécuté Robert Ier; le Conseil calviniste persécuta Henri avec non moins d'animosité. »

Frappé dans sa famille et ses biens, dans sa réputation et sa liberté, il s'enfuit, et celui qui avait si bien mérité d'être appelé *Grand*, celui que M. Didot a proclamé le premier imprimeur de tous les pays et de tous les âges, comme les savants les plus distingués l'avaient déjà proclamé un des plus érudits de son siècle, vint chez nous mourir de misère et de désespoir, dans un lit d'hôpital.

Et nous nous plaignons de la vie! Nous nous révoltons.... et pourquoi? Sommes-nous plus grands ou meilleurs que Gutenberg, Henri Estienne, Jean de Tournes, Antoine Gryphe ou Dolet?

Réjouissons-nous plutôt, nous, modestes, de n'avoir à craindre ni la corde, ni le bûcher.

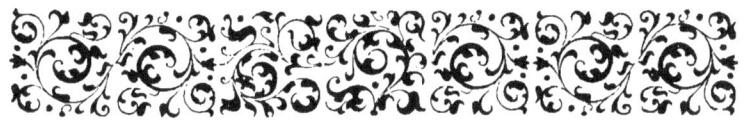

XVIIᵉ SIÈCLE

Lyon, avec ce siècle, subit de nouvelles lois et de nouvelles mœurs. Elle n'est plus la ville indépendante et libre du moyen âge, administrée et gouvernée par ses fils qui connaissent ses tendances, ses aspirations, ses désirs et qui l'adorent. Effrayée de la Ligue, elle se jette dans les bras de la royauté, accepte le joug de Paris et de reine devient vassale. De même que la terre n'est plus le centre et la pièce importante de l'univers, Lyon n'est plus le centre ni la capitale de la vaste vallée du Rhône. La terre est devenue tout à coup un humble satellite du soleil; Lyon, une petite ville de la banlieue de Paris; l'une, grain de sable perdu dans les espaces, ne reçoit que du soleil la chaleur, la clarté, le mouvement et la vie; l'autre se courbe servilement devant le trône de Versailles, qui daigne lui accorder des généraux comme Villeroy, des archevêques comme Tencin, et ne la regarde guère que comme une maison de banque dépositaire de fonds qui lui appartiennent, qu'on retire quand il convient et dont le prince seul a droit de disposer.

Lyon n'aura plus sa couronne d'écrivains, d'érudits et de poètes. Mᵐᵉ Récamier aura besoin de recevoir la société parisienne dans son brillant hôtel de Clichy pour être saluée comme la plus belle des belles et Laprade ne sera sacré poète qu'après être allé s'asseoir sous la coupole de l'Institut.

Mais le lion apprivoisé et soumis n'en est pas moins encore le lion belliqueux et rugissant. Il a perdu le sceptre de l'imprimerie, mais il a gardé celui de la soie. Il a surtout conservé son épée dans sa main, comme dans son blason. Qu'un ennemi descende à travers les vallées des Alpes ou du Jura, Paris pourra encore dormir tranquille ; la porte de la soie est plus solide que le fer.

Revenons au temps jadis.

A une époque où tous les ouvriers étaient unis par les liens d'une étroite solidarité, les imprimeurs se distinguaient par leur générosité, leur dévouement, leur intelligence, leur goût artistique et leur amour pour les fêtes et les plaisirs. Nuls ne savaient, aussi bien qu'eux, organiser une réjouissance, une fête et jeter une note gaie dans les assemblées, les réunions, les entrées de princes et, à défaut, dans les simples occasions toujours nombreuses de s'ébaudir. A la vue des Seigneurs de la Coquille, joyeux, pimpants, habillés de jaune, de rouge ou de vert, montés sur des ânes richement caparaçonnés, et suivant à grand bruit le porte-enseigne, dont le drapeau vert était orné d'une coquille d'or, avec cette inscription L'*Imprimerie et ses suppôts* ! la foule battait des mains, poussait des cris et acclamait les bruyants compères dont elle répétait les saillies et les bons mots. « Dans la chevauchée de 1578, dit M. Monfalcon, les trois *Suppôts de l'Imprimerie* étaient vêtus de casaques de drap d'argent sur un pourpoint de taffetas blanc et portaient au col une coquille :

> Vous paraissez, au front d'une troupe très belle,
> Portant des imprimeurs le très noble étendart ! »

Et en évoquant ces souvenirs d'un autre âge, ne serait-on pas tenté de s'écrier : Ah ! le bon temps, où on était si malheureux !

Malheureux ? — C'est qu'en France, la mémoire est courte et que volontiers on confond l'époque de l'indépendance des provinces, où les cités se gouvernaient en villes libres, où les citoyens armés, fiers de leurs franchises, savaient se faire respecter même des hobereaux perchés dans leurs manoirs, avec ces temps civilisés, brillants, érudits, où la Cour était tout, Paris peu de chose, la province rien et où tous les fronts étaient courbés devant le maître, entouré de Racine, Molière, Bossuet, Montespan, Fontanges, Turenne, Condé, Villeroy, de traitants enrichis, de femmes élégantes, autant que de flatteurs mendiants ; tandis que, dans les campagnes, erraient des êtres déguenillés, plus semblables à des sauvages, *aux animaux des champs*, a dit un observateur, qu'à des hommes libres, raisonnants et pensants.

Quelle différence, pourtant, dans les choses et dans les hommes !

En 1500, la France, riche et fière, simplement vêtue, le fer à la main et de l'or dans son aumônière, marchait à travers les peuples, sans exciter ni crainte, ni jalousie ; mais en éveillant partout des idées de confiance et de respect.

En 1700, la tête richement attiffée de plumes et de rubans, perles au front, une rivière de diamants au cou, une écharpe de dentelle sur les épaules, une pauvre robe effilochée sur le corps et pas de chaussures, elle faisait dire à l'Italie : « Quelle éclatante parure ! » Et à l'Angleterre : « Mais, ni bas ni souliers ! » Et c'est ce dernier portrait de notre mère qui nous est resté.

Aujourd'hui, notre bien-aimée a retrouvé sa richesse, sa

force et sa dignité ; mais n'a-t-elle pas encore trop de diamants sur la tête ? A quoi servent-ils pour le bonheur ?

Un peu plus de Sparte, un peu moins de Corinthe et nous aurons une République à faire envie à tous les peuples de l'univers.

Evoquons donc le passé sans parti pris et ne plaignons pas trop nos ancêtres parce qu'ils n'avaient pas les talons rouges de Villeroy, ni les traînes de la Pompadour.

On riait en 1500 ; on riait en 1600 ; aux fêtes le peuple était mis comme des seigneurs et le vin coulait dans les fontaines.

Arrêtons-nous donc un instant sur ce passé que le progrès a emporté et qui ne reviendra pas.

La communauté des imprimeurs avait des armoiries ; elle portait : d'argent, à un chevron d'azur chargé d'une molette d'or.

En 1566, le 1er septembre, il y eut fête à Lyon, à propos de l'entrée de la duchesse de Nemours, femme du Gouverneur.

« Il y eut, entre autres réjouissances, ce jour-là, disent les écrivains du temps, une charavary ou chevauchée de l'Asne contre les maris qui s'estoyent laissez battre à leurs femmes, qui fust chose fort plaisante à voir et fust de l'invention d'un nommé Jean Perron, imprimeur, et l'un des gardes du maistre des ports, homme fort facétieux et propre pour telles inventions. » Rubys, p. 409.

Le 17 novembre 1578, il y eut une nouvelle chevauchée faite par les imprimeurs, « à l'occasion d'un *martyr* du quartier de Saint-Vincent qui avoit été battu par sa femme. » Le *Recueil* de cette chevauchée fut publié la même année par LES TROIS SUPPOSTS DE L'IMPRIMERIE LYONNAISE, Guillaume Testefort, Pierre Ferdelat et Claude Bouilland.

Voici les principales publications nées de ces fêtes bruyantes, burlesques, mais si essentiellement populaires :

Recueil faict au Vray de la chevauchée de l'Asne, faicte en la ville de Lyon et commencée le premier jour du mois de septembre 1566 ; avec tout l'ordre tenu en icelle. Lyon, par Guillaume Testefort. s. d. in-8°.

Recueil de la chevauchée faicte en la Ville de Lyon, le 17 novembre 1578, avec tout l'ordre tenu en icelle. Lyon par les TROIS SUPPOSTS. s. d. in-8°.

Les Plaisans Devis récitez par les Supposts du Seigneur de la Coquille, le 6 mars 1594, à Lyon, avec permission, s. d. in-8°.

Plaisans devis récitez par les Supposts du Seigneur de la Coquille, le 1er may 1601. Lyon, avec permission. in-8°. Au verso du titre sur lequel est une déité représentant *Typosine*, déesse et patronne de l'imprimerie, sont ces vers :

AU SEIGNEUR DE LA COQUILLE

Nostre Seigneur de la Coquille,
Homme prudent et vertueux,
Faict publier parmy la ville
Le siècle paisible et heureux ;
Il fait voir par l'imprimerie
Que toute la guerre est finie.

Ils étaient signés L. G., initiales de Louis Garon.

On peut rappeler, pour les profanes, qu'on appelle *Coquille* soit une lettre cassée, bonne à rejeter au *Sabot* ou à la *Coquille*, soit une lettre employée pour une autre. On connaît de charmantes histoires à propos des coquilles d'imprimerie : *La joie fait puer* ; lisez : la joie fait peur ; *Le roi s'est pendu dans la forêt;* lisez : s'est perdu ; *la Vertu a des cornes ;* lisez : des bornes.

« Chaque année, le 1er mai, dit M. Péricaud, les imprimeurs parcouraient la ville, en récitant des vers, le plus souvent analogues à la circonstance. Cet usage existait déjà en 1529. » M. Péricaud ne dit pas quand il a cessé.

Colloque des trois supposts du Seigneur de la Coquille où le char triomfant de Monseigneur le Daufin est représenté par plusieurs personnages, figures, emblèmes et énigmes. A Monseigneur d'Halincourt. Lyon, par les Supposts de l'imprimerie. A la fin, signé : Louis Garon, s. d. pet. in-4°. Cette pièce n'est pas datée, mais la fête donnée par les imprimeurs eut lieu au mois de mai 1610.

D'autres fêtes burlesques eurent lieu plus tard, et une d'elles eut probablement pour but de parodier les entrées solennelles faites, les années précédentes, à tant de rois, de princes ou de grands personnages. Le peuple se masqua et une troupe de joyeux compères simula : *L'Entrée magnifique de Bacchus avec Madame Dimanche Grasse, sa femme,* faicte en la ville de Lyon, le 14 febvrier 1627. On en fit une relation, imprimée quelques jours après, in-4°, mais on se dispensa d'y mettre aucun nom ni d'auteur ni d'imprimeur.

Je suppose que la corporation des imprimeurs n'y fut pas étrangère.

« L'importance du corps des imprimeurs pendant le XVIe siècle, dit M. Monfalcon (1) ne me paraît pas moins bien établie par la part que prenaient les ouvriers artistes à ces fêtes populaires et burlesques en l'honneur des maris battus par leurs femmes, dont les curieux petits livres intitulés les

---

(1) *Hist. Monumentale* T. I, p. 378.

Chevauchées de l'asne nous ont conservé le souvenir. Dans la chevauchée de 1566, Dame Imprimerie figurait avec une grande distinction dans la personne du Seigneur de la Coquille et de ses supposts, montés sur des ânes et habillés de couleurs jaune, rouge et verte. Le Porte-enseigne tenait un guidon vert. Dans la chevauchée de 1578, les trois supposts de l'imprimerie étaient vêtus de casaques de drap d'argent, sur un pourpoint de taffetas blanc.

La fête de 1594 eut un but politique, celui de célébrer l'avènement de Henri IV à la couronne . »

On lit dans les *Plaisans Devis* de 1594 :

« Pareillement, les imprimeurs firent estat sur ceste belle et non jamais assez dignement louée occasion de renouveller leurs anciennes et de tout temps immémorial observées coustumes de donner quelque allégresse au peuple lyonnois par une joyeuse revue qu'ils souloyent faire (1), à pied et à cheval, environ le commencement de caresme, avec une honeste liberté, prinse de bonne part de tous ceux qui ont le cœur antiqué de gentillesse... Encore n'est-ce rien au prix des temps passés que la gaillardise et le bon nombre des supposts de l'Imprimerie montoyent autrefois jusques à cinq ou six cents, sans lesquels ne se faisoient jamais choses signalées en public en ceste ville de Lyon, pour honorer leurs roys, quand ils s'y trouvoient, leurs gouverneurs ou autres grands personnages de qualité. Voici que comme en France la pauvre noblesse s'exerce quelquefois à la verrerie ; aussi avait-elle dessein, à meilleure raison, de s'adonner à exercer l'Art noble d'imprimerie. »

Ils avaient raison, nos supposts. Il était plus digne d'un

---

(1) *Avaient coutume de faire.*

gentilhomme, obligé de gagner sa vie, de lever la lettre et de composer une page de Montaigne ou de Malherbe, que de souffler des bouteilles à l'usage des cabarets.

Les règlements, auxquels étaient assujétis les imprimeurs, étaient faits pour élever leur intelligence, fortifier leur moralité et anoblir le métier.

L'apprentissage pour l'imprimerie était de cinq années. L'apprenti devait être d'origine française, jeune, de bonne vie et mœurs. Il fallait qu'il sût lire le grec et qu'il eût étudié le latin jusqu'en humanité, ce dont faisait foi un certificat du recteur de l'Université.

Il était défendu aux maîtres-imprimeurs d'avoir des apprentis mariés. Le règlement particulier de Lyon fixait à dix-huit le nombre de leurs ateliers qui devaient être situés, ainsi que leurs boutiques, sur la rive gauche de la Saône. Voilà pourquoi on les trouvait tous entre Saint-Nizier et la place Confort.

La loi exigeait que les professions d'imprimeur et de libraire fussent exercées dans des lieux publics, sous la surveillance facile de l'autorité. Aucun livre ne pouvait être vendu en d'autres lieux que dans les magasins autorisés, et l'article premier de ce règlement expliquait clairement et solennellement que l'art de la typographie devait être compté parmi les professions libérales, non dans les autres, où la force est tout et l'intelligence rien.

Voir la déclaration du roi François Ier, concernant les imprimeurs lyonnais, du 28 décembre 1541, et le règlement des imprimeurs lyonnais. Lyon, François Barbier, 1696, in-12.

La sollicitude de l'autorité pour les imprimeurs lyonnais allait si loin qu'elle en devenait parfois gênante; témoin l'article suivant :

Arrêt du Roi

Le 16 mars 1619, au nom du Roi, un arrêté du Lieutenant civil défend aux imprimeurs de rien imprimer sans permission, *sous peine du fouet.*

Du fouet?

Sous peine de mort, passe; de la prison ou de l'exil, on les subit; de la confiscation et de la fermeture des ateliers, on s'y résout; mais le fouet, c'était dur!

On n'avait d'ailleurs qu'à ne pas s'y exposer.

Et cela n'empêchait pas les fêtes.

Voici maintenant le nom de nos confrères qui ont vécu sous ces douces lois :

Louis Garon

Il était maître imprimeur en 1608.

Né à Genève en 1580, élevé dans la religion calviniste, il vint à Lyon, pays de ses parents, vers 1598. Ecrivain, poète, il fut correcteur d'imprimerie en arrivant; fut nommé lecteur au temple d'Oullins, se maria et se trouvait déjà père de famille quand il abjura le protestantisme en 1609. Il était alors imprimeur et auteur en prose et en vers.

Comme écrivain, on lui doit :

Le Colloque des trois suppôts du Seigneur de la Coquille où le Char triomphant de Monseigneur le Dauphin est représenté par plusieurs personnages, figures, emblèmes et énigmes. Lyon, par les suppôts de l'imprimerie, 1610, in-8°.

La lyre sacrée de saint Bernard sur la passion de Jésus-Christ. Lyon, 1611, in-12.

Le Parterre divin des fleurettes d'oraisons, traduit de l'italien de Jean-Marie de Staccani. Lyon 1619, in-12.

La sage folie, fontaine d'allégresse, mère des plaisirs, reine des belles humeurs, traduit de l'italien. Lyon, 1628, in-12, deux vol.

Le Chasse-ennuy ou l'honnête entretien des bonnes compagnies. Lyon, 1628, in-12. Ce livre curieux donne des détails sur la pyramide élevée en 1609, sur la place Confort, à la gloire de Henri IV, avec des louanges en hébreu, grec, latin, etc.

Il mourut à Lyon vers 1635.

Le Privilège du Roi avait été donné à Louis Garon, maître imprimeur, le 27 février 1608, pour publier : *Le premier livre des Hymnes de messire Anne d'Urfé*, conseiller du roi en son Conseil d'Estat, Comte de l'Eglise de Lyon ; mais Garon céda son privilège à Pierre Rigaud, qui publia le volume en 1608, in-8°, après acte régulièrement passé devant M° Gratien, notaire.

Ne serait-ce pas à Louis Garon qu'appartiendrait l'ouvrage suivant :

Exil de Mardigras ou arrest donné en la Cour de Riflasorets establie en la royalle ville de Saladois. Par lequel, nonobstant la garantie des Epicurois et atheismates, opposition des Esleuz de la Ferlanderie, malades, pauvres, artisans, amoureux, dames, gueux, et le fermier de la Boucherie de Caresme, Mardigras, avec tous ses susppots, est banni du ressort et Empire de ladite Cour pour le temps et espace de quarante et un jour. A Lyon, par les *Supposts de Caresme*, 1603, in-32, 32 pages.

Pièce rarissime de la Bibliothèque Cailhava. Si l'auteur n'est pas Louis Garon, il serait un légiste lyonnais qui ne se serait pas fait connaître. Je préfère penser que Louis Garon en est l'auteur et l'imprimeur, mais qu'il n'a pas osé la signer.

Claude VEYCELLIER

La vraye maniere pour apprendre à chiffrer et compter par plume et geetz, selon la science de algorisme, s. n. d'auteur. Nouvellement imprimé à Lyon, par Claude Veycellier, s. d. in-16 allongé. Excessivement rare, une des curiosités de la Bibl. Coste, inconnu à la plupart des bibliographes.

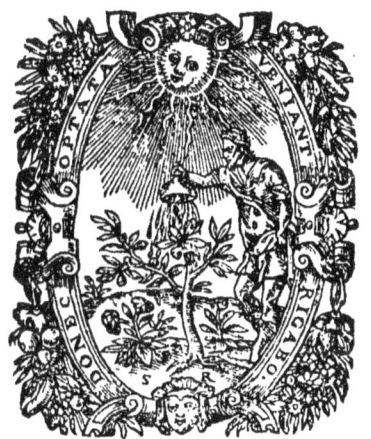

Marque de Simon Rigaud

Benoit RIGAUD (les héritiers de)

Les Pourtraicts des chastes dames (françoises), par sieur du Souhoit. Lyon. Héritiers de Benoît Rigaud, 1600, in-12 (rare).

Paul FRELLON

Il fut libraire éditeur et peut-être imprimeur, de 1607 à 1630.

Sa marque était : *Un Crabe tenant, dans ses pattes, un papillon aux ailes déployées*. Devise : *Matura*.

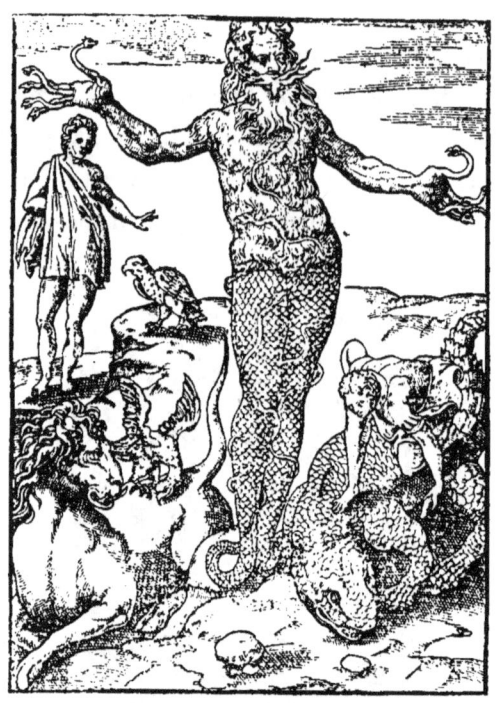

Images des Dieux, par Paul Frellon, 1623.

On lui doit :

Les Images des dieux, ouvrage traduit de l'italien de Vincent Cartari par Antoine du Verdier. Gravure superbe pour frontispice. Lyon, Paul Frellon, 1610, in-8°, figures dans le texte. Le titre est gravé par L. Gautier.

Codicis D. N. imperatoris Justiniani... libri XII... Lugduni, sumptibus Pauli Frellon, 1603-1604, in-fol., six vol.

C'est la fameuse édition du *Lion moucheté*, dit M. Péricaud,

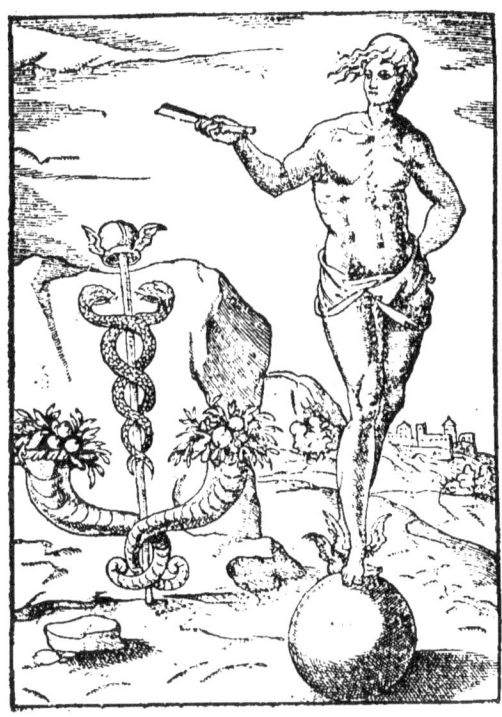

Images des Dieux, par PAUL FRELLON, 1623.

marque de Frellon, où le texte est *grossi des visions d'Accurse et d'Alciat*, dont parle Boileau.

Joan. Pierii Valeriani hieroglyphica, seu de sacris Ægyptorum aliorumque gentium literis commentarii. Paulus Frelon, 1602, in-fol.

Etienne GUEYNARD ou GAYNARD, *alias* PINET

Un imprimeur de ce nom vivait en 1498, je pense que c'était un aïeul.

Etienne était imprimeur libraire dès les premières années du siècle.

On lui connaît :

Sermones de adventu..., per Oliv. Maillard, Parisiis declamatus. Lugduni, Steph. Gueynardus, 1603, in-4°, goth. Bib. Coste.

Jean-Baptiste GROS

On lui doit une édition rarissime du :

Formulaire fort récréatif de tous contractz, donations, testamens, codicilles et autres actes qui sont faicts et passés par devant notaires et tesmoings. Fait par Bredin le Cocu, notaire rural et contre roolleur des Basses-Marches au royaume d'Utopie... Lyon, Jean-Baptiste Gros, 1603, in-16 de 128 p. y compris la table.

Pierre Rigaud en avait donné une première édition en 1594, in-16, de 308 p.

En parlant de l'édition de 1603, M. Péricaud dit que le style vif, rapide et net, les saillies, la phrase pittoresque et hardie de Benoît du Troncy l'engageraient à voir dans l'écrivain lyonnais l'auteur anonyme du *Moyen de parvenir*, si souvent attribué à Béroald de Verville sans certitude et sans preuve.

Pierre LANDRY

Libraire imprimeur, 1588-1625.

Marque, d'après Delalain, plus complet que Monfalcon : « Un chêne, vers le feuillage duquel est dirigée une main sortant des nuages. Sur les côtés, deux statues qui peuvent représenter le *Courage militaire* et le *Courage civil*. Le feuillage du chêne consacré à la récompense de la valeur porte l'inscription : *Virtuti*, et une autre banderole flottante porte le mot grec : ΛΑΝΔΡΥΣ, qui semble la traduction du nom du libraire avec allusion au chêne, en grec ΔΡΥΣ.

« Devise ; *Hilaris cum pondere Virtus*. »

M. Monfalcon dit : *Virtus hilaris cum pondere*.

On lui doit :

L'Oracle ou chant de Prothée, où sont prédites les glorieuses victoires de Henri IV, ensemble les *Trophées* dudict, avec les Commentaires de Claude Le Brun, advocat (Lebrun de la Rochette, né à Beaujeu, en 1560, écrivain) Lyon, Pierre Landry, 1594, in-8°.

Jean et SCIPION de GABIANO

Ces deux frères ayant acheté l'imprimerie de Hugues de La Porte, aux environs de 1595, prirent pour marque :

Samson, en guerrier romain, emportant les portes de Gaza et passant sous un portique. Devise : *Libertatem meam mecum porto*; devise et marque illustrées par leurs prédécesseurs. (*V. p. 229*).

Jean exerça seul la double industrie de libraire et d'imprimeur, de 1610 à 1618, à peu près.

Les Remontrances ou Harangues faictes en la Cour du Parlement, aux ouvertures des plaidoyries. Par feu M. Jacques Faye, Seigneur Despeisses... Lyon, Jean de Gabiano, 1604, in-8°.

Le Combat de Mutio justinopolitain, avec les réponses chevaleresses..., par Antoine Chapuis, Dauphinois. Lyon, Jean Degabiano et Samuel Girard, 1604, in-8°. Ouvrage aussi curieux que rare.

Louis TANTILLON

Imprimeur-libraire à la fin du xvie siècle et au commencement du xviie.

LES SUPPOSTS DE CARESME

Voir Louis Garon, 1603.

Pierre ROUVIER

Il fut imprimeur-libraire en 1602.

Bonaventure NUGO

Imprimeur-libraire en 1604.

Ce fut lui qui imprima l'*Histoire de la ville de Lyon*, par Claude de Rubys, 1604, in-fol.; mais soit que Rubys fût un peu gêné, soit qu'il fût bien aise d'être aidé par la ville dans le cours de l'impression, il obtint du Consulat une somme de 236 livres qui fut versée à Nugo.

Voici le procès-verbal de la séance :

« 23 janvier 1603. Séance consulaire. Bonaventure Nugo, imprimeur de cette ville, expose qu'il a entrepris d'imprimer l'*Histoire* de cette ville, composée par le sieur de Rubys, qu'il y a déjà longuement travaillé, mais que n'ayant pas moyen de parachever, il recouroit au Consulat pour le prier de l'aider d'une somme de cent écus au moins, sans laquelle il ne pourroit terminer cet ouvrage; les priant de considérer que tel livre ne pourra guère avoir de débit hors cette ville, ni mesme être vendu icy, si ce n'est à quelques-uns des plus curieux.

« Et le dit sieur Rubys comparant aussi, ayant certifié qu'il en a privilège du roy et qu'il s'étoit toujours promis que le public, à l'honneur duquel cet ouvrage tourneroit, supporteroit, partie de la dépense, joignant, pour cette cause, sa prière à celle de l'imprimeur, à ce qu'il plaise au Consulat les aider d'une somme de cent écus. Les Consuls eschevins considérant que, comme la ville ne peut que rapporter d'un tel ouvrage beaucoup d'honneur et de profit qui passera à la postérité, aussi pourroit-il advenir qu'il se trouveroit en iceluy plusieurs choses desquelles aucun particulier voudroit tirer quelques mauvaises conséquences contre les droits, honneurs et privilèges de la ville et la mémoire de nos ancêtres; à ces causes, et sous protestation que ce livre de l'histoire dont il est question et tout le contenu en iceluy ne puisse estre tiré à aucune conséquence pour pouvoir faire préjudice au général ou particulier de ladite ville et au Consulat, corps et communauté d'icelle, le Consulat fait compter audit imprimeur 236 livres, à la charge de remettre au Consulat deux impressions de ladite histoire, reliés en bois, couverts de bazane, pour estre remis et conservés aux archives. »

Rubys reconnaissant, et on devait s'y attendre, dédia le quatrième livre de son *Histoire* au Consulat et aux notables bourgeois de Lyon, par une lettre datée : *A l'Anticaille sur Lyon, ce 25 juilliet 1603.* Le frontispice général du livre, daté de 1604, porte une dédicace à Monseigneur le Chancelier, Pomponio de Belièvre, chevalier, avec une lettre datée de décembre 1600. Il paraît que le grand chancelier de France n'était pas venu en aide à l'auteur.

Claude MORILLON

Il s'intitulait : Imprimeur de Mme la duchesse de Montpensier, princesse de Dombes. Il fut connu en 1600 et 1615.

On lui doit : *Le jardin de Poésie*, de Christophe de Gamon, avec sa *Muse divine.* Lyon, Morillon, 1609, in-12.

Le triomphe des nopces du grand Henri IV, roi de France et Marie de Médicis, princesse de Florence ; par Jacques de Meirier, advocat. Lyon, 1600, in-8°.

Stances sur l'Amour conjugal et mariage du roi. Lyon, 1600, in-8°.

Le *Testament de l'Hérésie*, par Henry du Lisdam (*sic*). Lyon, Claude Morillon, 1608, in-8°.

Bizarre déclamation, bien dans le goût du temps. L'Hérésie, vaincue et proscrite, termine ainsi son Testament : « Adieu, France, le doux séjour où je croyois establir mon repos, l'œil de l'Europe, le parterre du monde, le jardin de la terre et le domaine du Très-Chrétien ! Dieu ne veut pas voir les loups avec les agneaux ; Pégase a vaincu la Chimère et les Troyens ont découvert les armes cachées dans le cheval de bois ! » Parmi les signataires de ce pathos, où Dieu et les chrétiens sont si agréablement mélangés avec Pégase et le cheval de Troie, on remarque le grand Prieur de l'abbaye royale de Savigny, et d'autres grands personnages de la Ville.

Les Diverses leçons de Loys Guyon, Dolois, sieur de la Nauche... Lyon, Claude Morillon, 1610, in-8°.

Practique des Cours de France... par Pierre Fons. Lyon, imp. de Claude Morillon, 1607, in-12.

Pompe funèbre du Très-Chrestien... Henry le Grand, Roy de France et de Navarre, recueillie par C. M. I. D. M. L. D. D. M. (Claude Morillon, imprimeur de Mme la duchesse de Montpensier), Lyon, Claude Morillon, 1610, in-8° (rare). Bibliothèque Coste.

La marque de Morillon, donnée par M. Delalain, est : « 1° Un vieillard ayant des ailes à la main droite élevée vers le ciel et, dans la main gauche, une lourde pierre qui le rabaisse vers la terre ; image des aspirations et des goûts de l'homme attiré par son âme vers les choses célestes et ramené par son corps aux choses terrestres.

« 2° L'*Aiguière penchée* d'Honorat. Devise : *Poco a poco.* »

Nouveau Dictionnaire français latin... dédié, par le libraire, à Mgr. le duc de Montpensier, prince de Dombes. Lyon, 1607, in-4° de 1047 pages.

Autre édition en 1612. Morillon y ajoute le grec au latin et plusieurs remarques.

L'esclavage du brave chevalier de Vintimille. Lyon, 1608. in-12.

Introduction à la Vie dévote, par François de Sales, évesque de Genève, Lyon. C. Morillon, 1608, in-32.

Pierre MICHEL

Il était libraire en 1567 et imprimeur en 1600.

Il publia :

L'entrée de Henri IV en sa bonne ville de Lyon, le IV septembre l'an 1605, in-4°.

Vocabularium utriusque juris. Lugduni, ex officina Juntarum, 1591, imprimé par Pierre Michel, à la fin du xvi° siècle.

Abraham CLOQUEMIN

Il fut imprimeur et libraire à la fin du xvi° siècle et au commencement du xvii°. On lui doit :

Conviction véritable du récit fabuleux divulgué touchant la représentation exhibée en face de toute la ville de Lyon, au Collège de la Compagnie de Jésus, le 7° jour d'août de la présente année 1607. Par André de Gaule. A Lyon, imp. Abraham Cloquemin 1607. in-8°.

Cet opuscule satirique paraît la suite de cet autre :

Récit touchant la Comédie jouée par les Jésuites et leurs disciples en la ville de Lyon, au mois d'août de l'an 1607. Sans nom de ville ni d'imprimeur. On a réimprimé ces deux pièces sous une même pagination, ce qui ferait croire qu'elles sont toutes deux du même auteur, David Home (?) et du même imprimeur.

Jacques DU CREUX OU DUCREUX

Imprimeur, 1607-1650.

C'est à lui qu'on doit l'ouvrage si connu, si estimé et si utile : *Histoire de Bresse et de Bugey*... divisée en quatre *parties*, par Samuel Guichenon, advocat au présidial de Bourg en Bresse. A Lyon, chez Jean-Antoine Huguetan et Marc-Antoine Ravaud, en rue Mercière, à l'enseigne de la Sphère. 1650, in-fol. deux vol. fig. nombreux blasons. Huguetan et son associé n'en furent que les éditeurs. A la fin on lit, dans un écusson formé de deux branches de laurier : *Lugduny, ex typogr. Jac. du Creux*. Cet ouvrage fait honneur à notre imprimeur. Brunet disait, en 1861, que les deux volumes de l'*Histoire de Bresse et de Bugey* se vendaient facilement 150 francs. Ils atteignent le double aujourd'hui.

Christophorii Clavii.. in Spheram Joannis de Sacro-Bosco Commentarius. Sumptibus Joannis de Gabiano. Lyon, imprimerie de Jacques du Creux, dit Molliard, 1607, in-4°.

Très rare, inconnu à Lalande qui ne le cite pas dans sa *Bibliographie astronomique*.

Alphonse Delbene. *Tractatus de gente et familia Marchionum Gothiae*. Lugduni, ex typographia Jacobi du Creux, dicti Molliard, anno 1607, in-12.

Jonas et Pierre GAUTHERIN

Ils étaient imprimeurs-libraires et connus vers 1608.

On leur doit :

A l'Immortelle Mémoire de Philibert de la Guiche. Lyon, par Jonas Gautherin, 1607, in-8°.

L'auteur de ce petit volume est Claude Flessard, ami de Louis Garon, mais que ni ses vers ni cette amitié n'ont conduit à l'immortalité.

Triomphes et réjouissances des Romains, faicts en faveur des ducs Sforce et Sancto-Gemini... Lyon, Jonas Gautherin, s. d. (1608) in-8°, 24 pp.

Jean POYET

Libraire-éditeur, connu en 1608-1621.

Le Paranymphe de la gloire sur l'entrée triomphante de Monseigneur d'Halincourt en la Ville de Lyon, 21 novembre 1608, par Jean Condentius, Forésien. Lyon, Jean Poyet, 1608, in-12.

Adieu de l'Ame du Roy de France et de Navarre Henry le Grand, à la Royne, avec la défense des Pères Jésuites, Par la demoiselle de G. (de Gournay), Lyon, par Jean Poyet, 1610, in-8°.

C'est par erreur, dit M. Péricaud, qu'on a reproduit cette apologie des jésuites, sous le titre de : *Adieu de l'Ami du Roy*; il faut lire : l'*Ame du Roy*. Cet opuscule, excessivement rare, donna lieu aussitôt à une foule de pamphlets des plus violents contre les jésuites et contre Mlle de Gournay, fille d'alliance de Montaigne.

Léon SAVINE et Claude CAYNE

Le vray remède et contre-poison du venin de l'hérésie. P. V. M. C. Lyon, Léon Savine et Claude Cayne. 1609, in-8°.

Traicté du mariage du roy. Lyon, Léon Savine, 1614, in-16.

Claude Cayne était libraire alors, rue Noire, et y possédait la maison du *Lion d'or*. On le retrouve plus tard rue Raisin, au *Grand Hareng*. Il est connu de 1614 à 1630.

Coppie d'une lettre envoyée de Nouvelle France ou Canada, par le sieur Combes, gentilhomme poictevin, à un sien amy, en laquelle sont briefvement descrites les merveilles, excellence et richesse du pays... Lyon, Léon Savine, 1619, in-8°. Pièce excessivement rare.

Claude LARJOT

Stances sur l'ancienne Confrairie de saint Esprit, fondée en la Chapelle du Pont du Rhosne à Lyon, avec l'origine du cheval fol et la resjouissance des Lyonnois aux festes de Pentecoste, maintenue depuis 205 ans par les gardes du Roy. Lyon, par Claude Larjot, 1609, in-8°.

Cette chapelle fut démolie en 1765.

Loys MUGUET

Libraire-éditeur, en même temps qu'imprimeur.

Il habitait la rue Mercière et fut connu, à peu près, de 1617 à 1620.

On lui doit :

La piperie des ministres et fausseté de la religion prétendue, ensemble la vérité catholique recogneues, par de Pasthée. *Lyon, Muguet, 1618*, pet. in-8°, av. titre gravé.

Histoire admirable de l'Eglise de Notre Dame du Puy, par le P. Théodose de Bergame. Lyon 1616.

Discours anecdotiques de la très ancienne dévotion à Notre Dame du Puy, par le P. Oddo de Gency, de la compagnie de Jésus. Lyon, 1620.

Il eut un fils, Claude Muguet, libraire à Lyon, à l'enseigne du *Bon Pasteur*. Marque : Le Bon Pasteur portant une brebis sur ses épaules. Il fut connu en 1676.

Un François Muguet fut imprimeur-libraire à Paris, rue de la Harpe, de 1674 à 1678, avec l'enseigne : *A l'adoration des trois Rois.* Comme l'enseigne, sa marque représentait *les trois rois mages adorant l'enfant Jésus dans une étable.* Je présume qu'il devait appartenir à la famille des Muguet de Lyon.

ARNAUD DE SAINT-BONNET

Né à Lyon vers 1595; mort à Auch, vers 1653.

Il fut un des derniers de ces imprimeurs ambulants qui allaient de ville en ville offrir leurs services au clergé, aux administrations, aux maisons d'enseignement et qui partaient dès que l'ouvrage s'arrêtait.

Fils émancipé d'Arnaud de Saint-Bonnet, marchand ouvrier en soie de Lyon, c'est-à-dire marchand fabricant, il se fit imprimeur dans sa ville natale et y publia :

Relation des victoires obtenues par le duc de Savoye, depuis le vingt-septiesme de janvier jusques au dernier dudict mois. Avec la prinse du Chasteau de Crèvecœur et la mort de Dom Sancho de Luna, gouverneur du Chasteau de Milan... le tout traduit de l'italien; imprimé à Carmagnola (Italie) par Jacques Penot, lyonnois. *(Réimprimé)* à Lyon, par Arnaud de Saint-Bonnet, 1617, in-8° 26 pages.

C'est le seul spécimen connu de ses travaux à Lyon; aussi aucun de nos biographes ne s'est-il occupé de lui; cependant sa famille était ancienne, considérable et on croit que Jean de Saint-Bonnet, professeur d'astronomie au collège de Lyon, un des fondateurs de l'Académie de cette ville et qui y mourut en 1703, à l'âge de 63 ans, sortait de cette maison.

Combien de temps exerça-t-il à Lyon? Je l'ignore; peu de temps après, nous le retrouvons à Grenoble.

Le 5 août 1621, il y acheta une boutique d'imprimeur-libraire et paya 3000 livres tournoys les objets qu'elle contenait : Livres reliés et non reliés, vieux et nouveaux, livres blancs, papier à escryre, à plier, papier pasté pour servir à musique, et tabletures pour servir aux châssis, papier peint de diverses coulleurs, cartons fins et grossiers, cartes fines et triailles, tarots fins à jouer, tablettes d'Allemagne et Rouan, dorés et non dorés, parchemin et vélin de toutes sortes, plumes, canifs, dez à jouer, et aultres sortes de diverses marchandises... tels que outils servant à relier livres, ensemble les quaisses, garde-robe et boytes...

Le même jour, Saint-Bonnet loua, pour cinq années, ladicte boutique « dans la maison faisant le coing devant le Palais, regardant la place Saint-André, et la rue allant au Palais, au prix de 165 livres tournois chaque année et deux paires de perdrix rouges. »

Il imprima aussitôt :

Le Fidèle François des Eglises réformées de France, contenant le désaveu des résolutions prises à l'assemblée de La Rochelle, en exécution des Edictz de sa Majesté. Grenoble, Arnaud de Saint-Bonnet, 1621, in-8°.

Peut-être faute de perdrix rouges, il quitta Grenoble avant la fin de son bail et nous le retrouvons : en 1630, à Cahors; en 1639, à Montauban; il loue une boutique à Auch, le 13 mai 1642, au prix de 55 livres; le 4 mars 1647, il épouse, dans la même ville, demoiselle Marguerite Rivière; et, comme il était imprimeur de l'archevêché, a pour témoins de son mariage : deux vicaires généraux, des magistrats, un procureur du Roy, un conseiller en l'Élection, etc. Le 6 décembre 1649, il achète une pièce de terre et le voilà fixé.

Un fils lui naît en cette même année 1649, puis on perd sa trace, et il meurt

Le 21 février 1657, Marguerite Rivière, veuve d'Arnaud de Saint-Bonnet, épouse François Dourio, libraire à Toulouse; mais elle n'oublie pas son fils. Le 13 février 1671, elle constitue un revenu de cent livres, à titre clérical, à Dominique de Saint-Bonnet, clerc tonsuré, à prendre sur une maison qu'elle habite à Auch. Puis, elle redevient veuve en 1691, vend son matériel d'imprimeur, en 1695, et je m'arrête, en remerciant M. Emmanuel Forestier, membre de l'Académie de Montauban, des documents qu'il m'a fournis sur un typographe lyonnais complètement oublié.

Clément TESTEFORT

Etait fils et successeur de Guillaume Testefort, libraire et imprimeur, connu en 1566, et décrit au xvie siècle.

Voir ses marques et ses légendes à l'article consacré à Guillaume.

On lui connaît :

Les roses du Chappelet, envoyées de Paradis pour être jointes à nos fleurs de lys, marque du bonheur de nostre France, par le Frère Jean Testefort, lyonnois. Lyon, Clément Testefort, 1620, in-8°,

Jean Testefort, dominicain, auteur de divers ouvrages ascétiques, est mort, dans notre ville, en juin 1643. Je le suppose frère de Clément, et fils de Guillaume.

Vincent de CŒURSILLY

La Sophie forestière, pour l'entretien des doctes esprits, consolation des affligez... par l'hermite du Mont-Rompu. Lyon, Vincent de Cœursilly, 1621, in-12. Bib. Coste.

Satyre Ménippée sur les poignantes traverses et incommoditez du mariage; par le docteur Courval. Lyon, Vincent de Cœursilly, 1623, in-4°; *Seconde Satyre,* 1623, in-4°; *Deffense apologétique du sieur de Courval, gentilhomme Virois.* Lyon, de Cœursilly, 1623, in-4°.

Louis PROST

Il eut l'honneur de succéder à Guillaume Roville dont il prit la marque et fut l'associé, tantôt de son frère à lui André, tantôt de son autre frère Pierre ; il est connu de 1624 à 1654.

Jean JULLIÉRON

Imprimeur ordinaire du roi en 1631. En 1624, il était associé avec son frère Nicolas.

Le soleil au signe du lion. 1623, in-folio, fig.

Publications : *Actes consulaires de la Maison et Communauté de la Ville de Lyon, touchant la charge des 200 arquebusiers de la Ville de Lyon...* Lyon, Jean Julliéron, 1627, in-4°.

Forme du gouvernement économique du Grand Hostel-Dieu de Nostre Dame du Pont du Rhosne... Lyon, 1627, in-8° 122 pages.

Claude ARMAND

Libraire, 1623-1626.

Il a publié :

Récit véritable de l'exécution faicte du Capitaine Carrefour, général des coleurs de France, rompu tout vif à Dijon. Lyon, Claude Armand, dit Alphonse, 1623, in-8°, portrait. (Rare).

Jean JACQUEMETTON

Nombre des églises qui sont dans l'enclos et dépendances de la Ville de Lyon... par I. L. F. (Isaac Le Febre), Lyonnois. Jean Jacquemetton, demeurant près de l'Hostel de Ville. 1627, in-8°, VIII, 62 pages.

Claude VAUDRY

On lui doit :

Origine et pratique des armoiries à la gauloise, par R. P. Philibert Monet. Lyon, Claude Vaudry, 1631, in-4°.

François de la BOTTIÈRE

Il fut connu, en 1631, comme libraire et imprimeur.

Guillaume VALFRAY

Il fut surtout connu comme libraire; cependant, il était aussi imprimeur, puisqu'en 1705, il prit pour associé Pierre Valfray, qui devint imprimeur du clergé.

Guillaume, qui était connu déjà en 1634, vécut jusqu'au siècle suivant.

Nicolas GAY

Il demeurait rue Mercière, à l'enseigne du *Phénix*. Connu de 1635 à 1642.

La Poste royale du Paradis contenant les merveilles que Dieu fit en l'estat d'innocence et les cruels et griefs tourmens que les martyrs ont enduré à la conqueste du ciel. Par François Arnoulx. Lyon, Nicolas Gay, 1635, in-12.

Bel ouvrage de la bibliothèque de M. Coste.

Claude DUFOUR

Il ne fut que libraire et avait cette marque assez originale : *Un arbre*, avec cette devise : *Mature cunctandum;* au-dessous, encadrée dans un écusson : *une oie surmontée d'une étoile*. Il fut connu en 1635.

Louis ODIN

Il a publié :

Oenologie ou discours du vin et de ses excellentes propriétés pour l'entretien de la santé... par M. Lazare Meyssonnier, Masconnois. Lyon, par Louys Odin, 1636, in-8°.

Jean-Baptiste DEVILLE

Je présume qu'il y eut deux imprimeurs de ce nom, le père et le fils.

Ils demeuraient rue Mercière, à l'enseigne de *La Science*.

Ils avaient pour marque : *La Science* tenant d'une main une sphère et de l'autre un compas. Sur quelques frontispices in-folio, des génies feuillettent un livre, tandis qu'un autre apporte à la Science une couronne de laurier.

Connus de 1630 à 1693.

Histoire des plantes de l'Europe et des plus usitées qui viennent d'Asie, d'Afrique et d'Amérique (par Nicolas Deville) Lyon, Jean-Baptiste Deville, 1630, in-12, deux vol. fig. sur bois, recherché.

En 1693, Deville prit Pierre Valfray pour associé. Voir ce nom.

Quelquefois Deville prenait la particule et coupait son nom en deux. La Bib. Coste possédait : *Les Justes plaintes et les tristes gémissements des élémens et des arbres animés contre la dureté des cœurs et consolez par les miracles de Notre-Dame de l'Osier.* Par le frère Hiérosme de Sainte-Paule, Augustin. Lyon, Jean-Baptiste De Ville, 1670, in-8°, fig. Un des bijoux les plus précieux de la Bibliothèque de M. Coste.

En 1696, Jean-Baptiste et Nicolas De Ville imprimèrent l'*Histoire civile ou consulaire de la ville de Lyon*, par le P. Menestrier, in-fol., très beau portrait, plan et figures, et le Consulat lui versa la somme de 1300 livres pour aider aux frais d'impression.

Claude CAYNE

Il était libraire rue Noire, (aujourd'hui rue Stella) à l'enseigne du *Lion d'or*. Plus tard, il s'établit rue Raisin, à l'enseigne du *Grand hareng*.

Ordre et Œconomie que moy Jean-Jacques Pincetty, escuyer, ay observé en la charge et administration que j'ay eue durant les années 1623 et 1624 des greniers, moulin et four de l'Aumosne générale de Lyon. A Lyon, par Claude Cayne. 1625, in-8°, sur le titre les armoiries de l'auteur.

Guillaume BARBOU

Il fut imprimeur de 1631 à 1670.

Jean CAFFIN et François PLAIGNARD

Ils succédèrent à Jean II Pillehotte, en conservant l'enseigne du *Nom de Jésus* et la marque des Jésuites : le *monogramme du nom de Jésus*, entouré d'anges qui exécutent un concert. Ils furent connus de 1634 à 1642.

Gabriel BOISSAT

Il fut libraire en 1636. Il avait pour marque : *Une grenade dans une fleur de lis.*

Les héritiers de Boissat s'associèrent plus tard à Laurent Anisson et publièrent alors des ouvrages de théologie importants : Un *Cursus theologicus;* un traité de Ramirez : *Deipara ab orig. peccato preservata;* les *Annales des Pères Capucins;* des *Commentaires sur l'Evangile de saint Mathieu*, par le P. Laurent de Aponte etc., etc.

Horace Boissat et Georges Rémé furent connus comme

libraires, en 1665. Ils avaient pour marque : *Un vaisseau en mer* et pour devise : *Ingenium superat vires;* avec le monogramme G. R. et H. B.

De ortu infantium contra naturam... à Th. Raynaudo. Lugd. Gab. Boissat, 1637, in-8°.

Jean-Baptiste de VILLE

Voir Deville, 1630-1690.

Claude BADIEU

Je n'ai trouvé le nom de cet imprimeur que dans l'ouvrage suivant :

Vita et elogia Ludovici XIII... Auctore Petro Labbé. Lugduni, apud Claudium Badieu, 1634, in-4°.

La Famille HUGUETAN

Le nom de Huguetan se retrouve aussi souvent dans l'histoire de l'imprimerie à Lyon que celui de Pierre Marteau dans les annales de la typographie hollandaise ; avec la différence cependant que, pendant deux cents ans, le nom de l'imprimeur hollandais ne subit aucune modification et fut toujours Pierre Marteau, dans toutes les villes des Pays-Bas, tandis que devant le nom de Huguetan on trouve pendant deux siècles des Jean, des Jacques, des Antoine qui, les uns après les autres, ou plusieurs à la fois, imprimaient ou vendaient des livress, ans qu'on puisse deviner aujourd'hui quels liens de parenté les unissaient entre eux.

JACQUES fut libraire rue Mercière en 1493-99 ;

GILLES et JACQUES furent imprimeurs en 1540 ;

ANTOINE fut imprimeur en 1594 ; sa maison avait pris le nom de : *Societas bibliopolarum*;

JEAN-ANTOINE fut connu en 1601 ;

JEAN-ANTOINE, né à Lyon en 1619, exerça de 1650 à 1690. Il eut pour associé Antoine Ravaud et tous deux éditèrent, avec un grand luxe et un grand soin, la célèbre *Histoire de la Bresse et du Bugey*, de Guichenon, 1650, in-folio, nombreux blasons.

On leur doit encore les *Œuvres* de Cardan, Lyon, 1663, in-folio, dix volumes et celles de Sennert, 1676, in-folio, cinq volumes.

Après cette époque, Jean-Antoine devint l'associé de Pierre et de Claude Rigaud. Cette nouvelle et active association donna naissance à un grand nombre d'ouvrages, la plupart sur la théologie ou autres sujets sérieux.

JEAN, né à Lyon en 1647, fut obligé de quitter notre ville, à la révocation de l'édit de Nantes, et porta en Hollande son commerce d'imprimerie et de banque, auquel il sut donner une vive impulsion.

Riche et se croyant à l'abri de tout danger, il osa revenir en France et inspira au gouvernement assez de confiance pour qu'on eût recours à ses avis, mais M. Jérôme de Pontchartrain, toujours à court d'argent et qui ne reculait devant aucun moyen pour s'en procurer, l'ayant circonvenu, arrêté et lui ayant fait signer des lettres de change pour plusieurs millions, Jean s'enfuit, s'empressa de prévenir sa maison pour qu'on n'eût à payer aucun de ces billets, franchit la frontière et, revenu à la Haye, eut la bonne fortune d'épouser la fille naturelle d'un prince de Nassau, qui lui fit donner le gouvernement de Viane, à peu de distance d'Amsterdam.

Louis XIV, irrité d'avoir eu à rembourser les billets souscrits par Huguetan et ayant fait des démarches pour s'emparer de sa personne, Jean se réfugia en Danemark où il se trouva en sûreté.

« Cet Huguetan fit fortune en vendant des bréviaires et des missels, dit Mirabeau, dans ses *Lettres à Sophie.* »

Cela m'étonne de voir un protestant s'enrichir à vendre des bréviaires et des missels dans un pays protestant, mais où je trouve Mirabeau sévère c'est dans son appréciation sur l'homme qu'il décrit ; Huguetan n'était pas si nul que Mirabeau le prétend.

« *Il ne savait rien*, dit l'amant de Sophie, mais il avait le génie du commerce. Il erra en divers pays, poursuivi par ses craintes et par le Contrôleur général. Enfin, il devint un seigneur en Danemark, où il est mort âgé de cent et quelques années. »

L'auteur des *Mémoires de Madame de Maintenon*, La Beaumelle, cité par M. Breghot du Lut (1), dit avoir vu, à Copenhague, Jean Huguetan, âgé de cent trois ans.

Il jouissait alors de toute la considération due aux services qu'il avait rendus au Danemark, en y établissant des Compagnies maritimes, des Manufactures de laine et de soie ; puis une Banque dont le pays avait besoin et qui a rendu à l'industrie des services importants et signalés.

D'ailleurs, habile comme un Lyonnais, souple, ferme, économe, il augmentait encore sa fortune devenue immense ; mais on la lui pardonnait, car il la dépensait royalement.

(1) *Mélanges.* Voir aussi Pernetti, *Les Lyonnois dignes de mémoire*, t. II, p. 13

Frédéric IV, appréciant ses mérites, avait érigé, pour lui et ses descendants, la terre de Suldesteen en comté et il en avait pris le nom qu'il portait fièrement.

D'ailleurs, admis et fêté dans l'aristocratie danoise, il avait conservé un cœur humain et compatissant, chose rare chez les parvenus, donnait largement aux pauvres et soulageait toutes les misères qui s'adressaient à lui.

Quels services n'eût-il pas rendus à sa patrie et à l'humanité si une loi impolitique ne l'avait chassé de chez lui ?

Comment Mirabeau, dont les vices n'avaient pas obscurci l'intelligence, n'a-t-il vu qu'un homme illettré dans celui qui a montré un si beau caractère dans la conduite de sa vie et a gravi si haut le chemin qui conduit aux honneurs ?

Mais Mirabeau n'a pas été seul injuste envers l'illustre Lyonnais. La Beaumelle a été tout aussi léger, s'il n'a été de mauvaise foi.

Il prétend que cet homme, comblé de tous les dons de la fortune, est mort de chagrin pour n'avoir pas obtenu le Cordon bleu de l'Eléphant, qu'il désirait !

Comment, cet homme, né en 1647, est mort, en 1750, à cent trois ans, de chagrin de n'avoir pas obtenu un vain ruban ? Sa gloire en avait-elle besoin ? N'était-il pas assez âgé pour mourir de lui-même et sans l'appui de cette contrariété ?

Si ce récit n'est pas une lanterne, il prouve que l'énergique vieillard avait perdu sa force, sa grandeur morale, sa dignité et qu'il était tombé dans cette enfance sénile où le héros n'existe plus ; mais cet accident involontaire, passager, ne doit diminuer en rien l'estime que cent ans de travail, de luttes et de succès ont su lui obtenir.

A la Révocation de l'Edit de Nantes, tous les Huguetan

n'étaient pas partis. Nous en trouvons un, avocat, qui a brillé au barreau de Lyon.

Il était frère de Jean, dit M. Dériard ; il n'était que son parent, déclare M. Péricaud ; puis ce dernier ajoute :

« Il est auteur d'un *Voyage en Italie*, qui a été revu par Spon. Lyon, 1681, in-12. Est-ce le même...? (pourquoi ce doute singulier?) est-ce le même dont il est question dans les lettres de Grégorio Leti?... *Il signor Huguetan, avvocato celeberrimo in Lione, che puo portar titolo di dottor con dottrina, che nelle belle lettre, se ha chi l'uguagli son pocchi..* »

Je ne pense pas que l'hésitation soit permise.

Avocat, nous n'avons pas à nous en occuper, et je place ici tous les Huguetan qui ont le droit de s'y trouver, comme imprimeurs. Au xviie siècle, ils jouèrent un grand rôle.

Au xviiie siècle, il n'y en avait plus.

Antoine HUGUETAN

Antoine, qui portait un nom si connu dans notre ville, était fils de ce Jean Huguetan, imprimeur, qui fut associé de Gueynard vers 1507.

Antoine avait pour marque : *Un lion surmonté de trois fleurs de lis ;* armoiries de la ville. Elles étaient placées entre l'effigie de nos deux rivières. Légende : *Alium haec concordia monstrat amorem.*

Sa maison prit le nom de Société des Bibliophiles, ou des libraires, *Societas bibliopolarum*, et publia un grand nombre d'ouvrages religieux vers le milieu du xviie siècle.

Jean-Antoine HUGUETAN

Connu en 1601.

Le Diogène françois, tiré du grec ou Diogène Laertien, touchant les vies, doctrines, et notables propos des plus illustres philosophes...

Traduit par M. François de Fougerolles, docteur médecin.

Dédicace : à Loys de Galles, datée de Lyon le 2 mars 1601. Lyon, Jean-Antoine Huguetan, 1601, in-8°.

Id. 1604, in-8°,

Gilles et Jacques HUGUETAN

La décoration d'humaine nature et ornement des dames. Compilé... par maistre André le Fournier. Lyon, Gilles et Jacques Huguetan, 1541, in-8°, rare.

Le bel exemplaire de la Bibliothèque Coste venait de la vente Méon.

Jean-Antoine HUGUETAN

A l'enseigne de la *Sphère*. Marque: *Une main, sortant d'un nuage, porte une sphère placée entre les statues de Ptolémée et d'Euclide.* Légende: *Universitas rerum est pulvis in manu Jehova.*

Connu de 1644 à 1690, il s'associa, en 1671, avec Guillaume Barbier et reparut seul en 1666.

Le parfait joaillier, ou histoire des pierreries, composé par Anselme Bœce de Boot et de nouveau enrichi de belles notations, indices et figures, par André Toll. Lyon, Jean-Antoine Huguetan, 1644, in-8°.

Cardanus. *Opera omnia, curâ Car. Sponii*. Lugduni, Joan. Ant. Huguetan, 1663. in-fol. dix volumes. Décrit par Niceron.

Bouquet historial, recueilli des meilleurs auteurs grecs, latins et françois, par M. F. B. Lyon, Huguetan, 1672, in-12; rare et précieux. Bibliothèque Coste.

Quoique son nom soit au bas du frontispice de la célèbre *Histoire de Bresse et de Bugey*, de Guichenon, ce n'est pas à lui qu'on doit cet ouvrage. Il sort des presses de Ducreux.

Jean HUGUETAN

A l'enseigne de la *Sphère*. Marque : *Une main, sortant d'un nuage, porte une sphère placée entre les statues de Ptolémée et d'Euclide*. Légende : Universitas rerum est pulvis in manu Jehova.

Testament de Pierre du Mollet, de Morestel (en Dauphiné) *ensemble les lamentations dédiées au sieur de Balmette*, (Jacques de Say). Lyon, Jean Huguetan, 1617, in-12, livre des plus rares et des plus précieux de la bibliothèque Coste.

Le livre d'Albert le Grand, lequel traite des merveilles du monde. J. Huguetan, in-12.

Pierre COMPAGNON

Il demeurait rue Mercière, à l'enseigne du *Cœur bon*.
Marque : *Jésus dans un Cœur enflammé*. Légende : Ubi est thesaurus tuus, ibi est Cor tuum. Il est connu de 1648 à 1668.

La Philosophie des anges, contenant l'art de se rendre les esprits familiers, par L. Meysonnier, Lyon, 1648 in-8°.

Jean-Aymé CANDY

Il fut connu en 1648, comme imprimeur ordinaire du roy et du clergé, charge honorable et importante qui le posait dans le public.

Il avait pour marque : *le nom de Jésus* avec cette légende : *Laudabile nomen Domini* ; ou parfois, *le Saint-Esprit au milieu des Evangélistes.*

Guillaume BARBIER

Il fut imprimeur et libraire ordinaire du roi, rue Mercière ; en 1649, il était seul. En 1657, il était associé avec Jean Girin. La marque de la maison était : *La Prudence, tenant d'une main un serpent, de l'autre un glaive*, avec cette devise : *Vincit Prudentia Vires.*

Le tout était accompagné des initiales des deux associés, dans un écusson. Légende : *Uniti fortiter atque prudenter.*

En 1662, ces deux fidèles associés en prirent un troisième : François Combat.

On doit à Barbier :

Privilège des foires de Lyon, Lyon, Guillaume Barbier. 1649, in-4°.

Privilèges, authoritez, pouvoirs, franchises de Lyon. 1649, in-4°.

Les divers Caractères des ouvrages historiques, avec le plan d'une nouvelle Histoire de la ville de Lyon... par le P. Claude François Menestrier, Lyon, J. B. et Nic. de Ville, 1694, imprimerie de Guillaume Barbier, in-12.

Discours de l'origine des armes et des termes reçus et usités pour l'explication de la science héraldique. (Par Claude Le Laboureur), Lyon, 1658, in-4°, blasons, tiré à 500 ex.

Cet ouvrage, qui prêtait le flanc à la critique, fut vivement attaqué par le P. Menestrier, et non moins violemment défendu par Le Laboureur.

Les généreux exercices de Sa Majesté ou la Montre paisible de la valeur... s. n. (Cl. Menestrier) Lyon, Guillaume Barbier, imprimeur ordinaire du Roy, en la place de Confort. Lyon, 1659, in-4°.

Estrennes de la Cour en devises et madrigaux, présentées à Sa Majesté le premier jour de l'an 1659. Lyon, Barbier, 1659, in-4°.

Devises, emblèmes et anagrammes à Monseigneur le chancelier, par C. F. M. (Menestrier) Lyon, G. Barbier, 1659, in-4°.

Les réjouissances de la Paix, faites dans la ville de Lyon le 20 mars 1660 (par Menestrier) Lyon, G. Barbier 1660, infol. On a d'autres bons ouvrages sous son nom

Les Frères CARTERON

Le commerce de cette maison fut considérable et ses chefs furent connus non seulement par leurs lointaines relations, mais par le jeu de mots auquel leur nom se prêtait si bien. Leur marque était une *balance avec des poids d'un côté et des livres de l'autre.* Devise : *Les Quarterons font les livres.*

Il n'en fallut pas plus pour leur donner une célébrité qui est venue jusqu'à nous.

Leur maison était rue Mercière. De vastes hangars, des remises, des cours et des dégagements leur servaient de magasins, d'ateliers et d'entrepôts. Cet immense immeuble, écorné de nos jours pour faire passer, d'un côté la rue Centrale, de l'autre la rue de l'Hôtel-de-Ville, est occupé aujourd'hui par un autre imprimeur connu, M. Adrien Storck, dont le père, Henri Storck, fit sculpter sur la façade orientale de la maison, qu'il fit reconstruire lors de la percée de la rue de l'Hôtel-de-Ville, les portraits en médaillons de Gutenberg et de Senefelder (1). Je ne puis dire tout le bien que je pense de M. A. Storck : il est vivant, il est mon ami, et comme il imprime le présent ouvrage, il se croirait permis d'enlever ce que je dirais de lui.

Non seulement les Carteron furent des libraires heureux et habiles, mais ils furent des imprimeurs de talent et de goût !

Pernetti, Péricaud, Monfalcon, Dériard les citent et en font l'éloge. M. Monfalcon ne nomme que Jacques, à qui on doit une : *Biblia sacra vulgatæ editionis;* Lyon, 1649. M. Ambroise Firmin-Didot admire surtout le charmant ouvrage suivant qui révèle un imprimeur de premier ordre et qui est dû à Jean : *Figures historiques représentant la Vie de N. S. Jésus-Christ, les Actes des Apôtres, et l'Apocalypse tirés du Nouveau Testament.* Lyon, Jean Carteron, 1672, in-12 allongé, illustrations d'une admirable exécution (2).

« *La vie de Jésus-Christ,* dit M. Didot, est figurée par 52

---

(1) *Bulletin des Maîtres Imprimeurs.* Décembre 1893, in-4°.
(2) Didot. *De la gravure sur bois.* p. 255.

compositions; *les Actes des Apôtres* en contiennent 23 ; l'*Apocalypse* 29 ; en tout 89 figures rattachées à autant de chapitres.

« Chacun de ces petits tableaux est entouré d'un cadre historié qui fait corps avec le sujet et ne se répète jamais.

« Ces vignettes rappellent les jolies planches du Petit-Bernard...

« On s'étonne de voir paraître aussi tard et à l'époque de la décadence de la gravure sur bois, un ouvrage aussi remarquable et resté inconnu jusqu'à ce jour. »

Merci à l'illustre écrivain d'avoir parlé ainsi d'un de nos compatriotes trop oublié.

On peut encore citer de Jean :

Le Paradis ouvert à Philagie par cent dévotions à la Mère de Dieu. Par le P. Paul de Barry. Lyon, Jean Carteron, 1658, in-12.

SENTENCE

Une sentence du 12 octobre 1650, défend à tout graveur ou imagier de faire imprimer, vendre et débiter aucune figure ou image ayant plus de six lignes d'impression au-dessous, à peine de quatre cents livres parisis d'amende, confiscation et de tous dépens, dommaiges et intérêts

Les Frères DUPLAIN

Ils furent libraires, rue Mercière, connus en 1650. Leur marque était : *Un aigle les ailes déployées*, Légende : *De plano in altum*. Delalain ne cite que Benoît Duplain, qui exerçait en 1768, même rue, avec la même marque et la même devise.

Claude de la RIVIÈRE

Il fut libraire et connu en 1654.

Plaidoyers historiques, par Tristan. Lyon, La Rivière, 1650, in-8°. Beau vol. de la Bib. Coste.

Clément PETIT

On sait qu'il exerça, en 1655, la double industrie de libraire et d'imprimeur.

Antoine BARRET

Barret, dont le nom a été connu dans la librairie jusqu'à nos jours, était libraire, rue Mercière, en 1657, à l'enseigne de la *Constance*. Il avait pour marque : *La Religion, immobile sur un rocher que les flots battent avec fureur*. Légende : *Sic stat Constantia victrix*. L'écusson est supporté par deux anges ou deux génies et a cette autre légende : *Nullo superando labore*. Au-dessous du tout sont trois poissons et les initiales A. B.

ANONYME

Traicté politique composé par William Allen, Anglois, et traduit nouvellement en françois, où il est prouvé par l'exemple de Moyse et par d'autres, tirés hors de l'Ecriture, que tuer un tyran (titulo vel exercitio) n'est pas un meurtre. Lugduni, anno 1658, in-12.

Beau volume qui montre que le fanatisme n'est pas un privilège de notre temps.

Benoit CORAL

Libraire-imprimeur, rue Mercière, à l'enseigne de la *Victoire*. Marque : Une Victoire entourée de trophées. Devises : *Sat vincit qui parti tuetur*; et : *Non herba nec arbor*.

On lui doit :

L'Art du blason justifié, par le P. Menestrier. Lyon, 1671, in-12.

Le véritable Art du blason, où les règles sont traitées d'une nouvelle méthode. Lyon, 1659, in-24. fig.

On connaît également la guerre terrible que cette attaque du P. Menestrier contre Le Laboureur fit éclore dans le monde des lettres à Lyon.

Le Laboureur y répondit par un pamphlet qui fit souffrir cruellement son adversaire, *Epistre apologétique*, avec les initiales seules de l'auteur, sans lieu ni date. On sait cependant que cette diatribe fut imprimée à Valence, en 1660, 119 pp. in-4°.

Aucun libraire de Lyon n'avait voulu la publier tant le corps des Jésuites tout entier y était maltraité.

Dessein de la Science du Blason, par C. F. Menestrier... Lyon, B. Coral. 1659, in-4°.

Méthode abrégée des principes héraldiques... par le P. Menestrier. Lyon, 1661, in-12, fig.

Le véritable Art du blason et l'origine des armoiries, par le P. Menestrier. Lyon, 1671. in-12, fig.

Barthélemy MOLIN

Il fut libraire-éditeur et publia :

Officium parvum B. V. Mariæ hebraïco-græco-latinum, cum Psalmis pénitentiæ, 1660, in-24.

Il avait pour marque : *Minerve portant, d'une main, une lance entourée de branches d'olivier ;* de l'autre son *bouclier orné de la tête de Méduse.* Ses pieds sont appuyés sur un globe ; sa jambe droite est entourée d'un serpent. Légende : *Litteræ et arma parant quorum Dea Pallas honorem.*

Antoine Molin fut libraire près du Collège de la Trinité ; connu en 1657.

Horace Molin fut libraire en 1700.

Il y eut un autre Jean Molin à qui on doit :

L'autel de Lyon consacré à Louis-Auguste et placé dans le temple de la Gloire. Ballet dédié à Sa Majesté en son entrée à Lyon. Lyon, chez Jean Molin, imprimeur de Sa Majesté, 1658, in-4°.

Ballet des destinées de Lyon dansé le 16 juin 1658 dans le collège de la Très Sainte Trinité... à Lyon, chez Anthoine Molin, vis-à-vis du Grand Collège, 1658, in-4°.

On sait que ces deux opuscules sans nom d'auteur sont du P. Menestrier.

Je présume que tous ces Molin étaient parents.

Pierre GUILLIMIN ou GUILLEMIN

Imprimeur-libraire, rue Belle-Cordière, connu de 1662 à 1677.

Description de la Machine du feu d'artifice dressé pour

la naissance de Mgr. le Dauphin, par la Communauté des Maitres-Imprimeurs de la ville de Lyon,le 20 novembre 1661. (par le P. Menestrier) Lyon, de l'imprimerie de Pierre Guillemin, 1661, in-fol.

Description des cérémonies et réjouissances, à Chambéry, à la publication du bref de béatification du glorieux évesque de Genève, François de Sales... le 12 mars 1662. (Par le P. Ménestrier) Lyon, de l'imprimerie de P. Guillemin. s. n. d'auteur. Planches.

Description de l'Arc de la Porte du Chasteau. Les nœuds d'amour de la France et de la Savoye, s. l. ni nom d'aut. (P. Menestrier) (Lyon.) Pierre Guillimin, 1663, in-4°.

Description de l'Arc dressé par les soins du Souverain Sénat de Savoye, pour l'entrée de leurs Altesses Royales, à Chambéry. Lyon, Pierre Guillemin, 1663, in-4°.

Antoine JULLIÉRON

Unique imprimeur du roi, du clergé et de la ville. Sa marque était celle de Jean de Tournes, dont il avait épousé la fille. Il demeurait place Confort, *aux deux Vipères*. On le voit en 1673.

Description de l'Arc de triomphe dressé à la Porte du Pont du Rhône (Entrée du cardinal Flavio Chigi). Entrée du Cardinal Chisi (*sic*) Lyon, Antoine Julliéron, 1664. in-4°.

Description de l'Arc de triomphe dressé à l'entrée de la rue Portefroc s. n. (le P. Menestrier) entrée du cardinal Chigi. Lyon, Ant. Julliéron, 1664, in-fol.

Claude GALBIT

Cet imprimeur habitait la rue Belle-Cordière, rue de la République aujourd'hui. Marque : *Un vase de fleur*.

On lui doit l'ouvrage si remarquable et si connu de Claude Le Laboureur : Les *Mazures de l'Abbaye royale de l'Isle-Barbe*. Lyon, 1665, in-4°. Première édition.

Une seconde a paru à Paris, en 1681 ; une troisième a été publiée par MM. Guigue père et fils, Lyon, Vitte et Perrussel, 1887, in-4°, deux vol.

Claude CHANCEY

Il fut connu comme imprimeur, en 1664, habitait la rue Raisin et avait pour enseigne : *A Saint-Thomas*.

Claude DE LAROCHE

Libraire en 1668-1677.

Pladoyez sur les magiciens et les sorciers, tenus en la Cour de Liège, par de Hautefeuille et Santeur. Lyon, 1677, in-12.

Jean PAULHE

Le Palais du prince du Sommeil, où est enseignée l'Oniromancie, autrement l'art de deviner par les songes, par M. de Mirbel. Lyon, Jean Paulhe, 1670, in-16. (Bib. Coste.)

Laurent ANISSON

Sa famille a joué un grand rôle à Lyon et à Paris.

Anoblie par l'échevinage, elle avait pour armoiries : *d'argent au chevron de gueules, au chef de même, chargé d'un lion d'argent*, dit M. Monfalcon, je ne sais sur quels documents.

Laurent fut échevin en 1670 et se fit alors appeler d'Haute-Roche ; Jacques à son tour fut consul en 1711.

L'Armorial de M. Steyert dit : « avant d'arriver à l'échevinage, ils portaient : *d'azur au vol d'argent, au chef du même, chargé d'une croisette de gueules, accostée de deux vanets de sable*. Laurent changea les émaux de cet écusson, qui, plus tard, éprouva une nouvelle modification par la suppression de la croisette. » A l'iconographie qui précède les généalogies, M. Steyert donne l'écusson et blasonne : *d'argent au vol de sable, au chef d'azur chargé d'une croisette d'or, accostée de deux coquilles du même*.

Chaussonnet, dans ses *Fleurs Armoriales Consulaires*, 1779, in-fol., donne à Noble Laurent Anisson, sieur d'Auteroche, Bourgeois, échevin en 1671 : *d'argent, au vol de sable ; au chef d'azur, chargé d'une croisette d'or accostée de deux coquilles du même*, et à noble Jacques Annisson (avec deux *n*) écuyer, échevin en 1711 : *d'argent, au vol de sable ; au chef d'azur, chargé de deux coquilles d'or*. On voit que les armoiries, comme autre chose, étaient sujettes à varier souvent.

Laurent fut le premier de cet illustre famille des Anisson qui releva si hardiment le drapeau de l'imprimerie lyonnaise ;

mais ce ne fut point lui qui publia la *Grande Bibliothèque des Pères de l'Eglise*, Lyon, 1677, vingt-sept volumes in-folio, ainsi que l'ont avancé Pernetti, Michaud et tant d'autres.

Le Père Colonia, l'un des correcteurs de cet ouvrage, dit, dans son *Histoire littéraire de la Ville de Lyon* (1) que la République des lettres est redevable à la Maison Anisson de cette *Bibliothèque des Pères*, mais il se garde bien de l'attribuer à Laurent qui mourut en 1672, deux ans après avoir été nommé consul, cinq ans avant que la *Bibliothèque* ne parût.

C'est à Jean et à Jacques, fils de Laurent, qu'on doit la publication de ce monument qui, à lui seul, dit Colonia, « suffirait pour illustrer le nom de ceux qui eurent le courage de l'entreprendre et qui l'ont heureusement exécuté. »

Outre la *Maxima Bibliotheca Veterum Patrum*, Jean et Jacques publièrent un autre ouvrage très important, l'édition princeps de Ducange :

Glossarium ad Scriptores mediae et infimae graecitatis, cum appendice. Lugduni, Anisson, 1688, in-fol. deux vol.; livre très recherché, dit Brunet, peu commun et qui a gardé un prix très élevé.

Le fameux Jacques Spon et le Père Colonia furent les deux correcteurs de ce précieux travail et Colonia n'hésita pas à déclarer que Jean Anisson, helléniste lui-même distingué, les avait énormément facilités dans leur labeur et qu'Anisson « entendait le grec comme lui ».

L'éloge qu'en fait Ducange lui-même, dans sa préface, mérite d'être conservé.

Après s'être plaint de ce qu'à Paris aucun imprimeur n'avait osé entreprendre ce travail, Ducange ajoute :

---

(1) Tome II, p. 614.

« Dans le temps que je disais, avec Terentianus Maurus : « *Mon ouvrage restera caché chez moi* », je trouvai heureusement, dans la personne de Jean Anisson, un Lyonnais, rempli de zèle pour le progrès des sciences, qui, marchant sur les traces de son père et touché de faire revivre dans Lyon, les Gryphe, les de Tournes, les Roville et les autres célèbres imprimeurs, se chargea de joindre aux belles éditions qu'il a déjà données, celle de mon Glossaire grec. »

Jean et Jacques Anisson avaient pour marque : *Une fleur de lis dont la pétale centrale est remplie de graines.* Deux génies tiennent d'une main une palme et de l'autre portent l'écusson. C'était l'ancienne fleur de lis de Florence, apportée par les Junte, adoptée par Horace Cardon, et passée des Cardon aux Anisson.

A ce sujet, Menestrier leur donna une devise charmante et comme lui seul en savait trouver :

Anni son' che fiorisce

Ce qu'on peut traduire par cette longue périphrase :

« Il y a bien des années que la Fleur de lys fleurit dans Lyon ; c'est Anisson qui y fleurit. »

Je crois que cette traduction est du Père Colonia qui la donne sans en citer l'auteur.

Jean voyagea beaucoup et, partout, en France comme en Angleterre, son savoir, ses manières, son goût, son amabilité lui firent des partisans et des amis.

En 1690, dit Pernetti, en 1691, dit l'abbé Vanel qui, dans un savant ouvrage qui vient de paraître (1) a fait connaître si complètement la famille des Anisson, Louis XIV choisit

(1) *Les Savants Lyonnais et les Bénédictins*, Lyon, Vitte, 1894, in-8°.

Jean pour être directeur de l'Imprimerie royale, choix heureux dont tout le monde eut à se louer et dont le décret fut singulièrement flatteur, dit M. Vanel, pour le patriotisme de l'imprimeur lyonnais.

« Voulons, dit ce décret daté du 15 janvier, que nonobstant la translation de domicile du dit Anisson de notre ville de Lyon en celle de Paris, il conserve les droits et jouisse des privilèges de l'échevinage de son père et de la bourgeoisie de la dite ville de Lyon. »

Jean conserva cette place éminente jusqu'en 1705, dit la *Biographie* Michaud ; jusqu'en 1707, dit M. Vanel qui a consulté les sources à l'Imprimerie Nationale. « Après lui, son beau-frère, Claude Rigaud, non moins fameux dans sa profession, ajoute M. Vanel, prit en main les travaux pour les rendre plus tard à son neveu Louis-Laurent Anisson, fils de Jean. » Jean, redevenu libre, devint député de la ville de Lyon à la Chambre de commerce de Paris et en remplit les fonctions jusqu'à sa mort, arrivée en novembre 1721.

Jacques Anisson, frère de Jean, avait conservé seul la maison de Lyon ; il fut nommé échevin en 1711 et mourut en 1714.

Louis-Laurent, mis en possession de la direction de l'Imprimerie royale, en 1723, continua les traditions de sa famille et mourut en 1761, sans postérité.

Jacques Anisson, qui avait été associé à son frère Louis-Laurent dès 1733, obtint sa survivance, dirigea l'imprimerie avec distinction et mourut en 1788, laissant à son tour l'établissement national à Etienne-Alexandre-Jacques Anisson, dit Anisson-Duperron, son fils et successeur.

Celui-ci, né à Paris en 1748, et nommé directeur en 1783, publia en 1790, par ordre du ministre de l'intérieur, un arrêté qui fut jugé inconstitutionnel par l'Assemblée législative.

Arrêté en germinal an II, il fut traduit devant le tribunal révolutionnaire et condamné à mort, le 6 floréal de la même année, 25 avril 1794 (et non le 26 novembre 1793, comme on l'a dit par erreur.)

En lui finit cette noble et ancienne famille lyonnaise.

On a un beau portrait de Laurent Anisson, le chef de cette maison, gravé par Lanvers, in-folio.

« Marie Anisson, fille de Jean, dit Pernetti, avait épousé, en 1680, Jean Posuel, échevin en 1709. Cette alliance unit les deux familles dans la librairie; elles y ont été associées jusqu'à la vente de leur fonds en 1726.

« Les armes des Anisson étaient : *d'argent, au vol de sable, au chef d'azur chargé de deux coquilles d'or* », dit Pernetti, qui est d'accord avec Steyert et Chaussonnet.

Jean-Baptiste BARBIER

Connu de 1670 à 1692; libraire rue Mercière, à l'*Ange-Gardien*.

Marque : *Un imprimeur qui porte un livre est conduit par un ange.* Légende : *Hac itur ad astra.* Autre : *Un pélerin, en souvenir de Tobie, est guidé par un ange.* Légende : *Angelis suis mandavit ut custodiant te in omnibus viis tuis.*

Mathieu LIBÉRAL

Cet imprimeur est connu surtout par l'ouvrage rarissime et célèbre de Quincarnon :

Les Antiquitez et la fondation de la métropole des

Gaules ou de l'Eglise de Lyon et de ses chapelles, Lyon, Mathieu Libéral, 1673, in-12.

On sait que c'est au savant et regretté Vital de Valous, décédé à Lyon en 1883, qu'on doit de connaître le véritable nom du sieur de Quincarnon, écuyer, ancien lieutenant de cavalerie et commissaire de l'artillerie, qui, ayant été en garnison au village de Quincarnon, en Normandie, avait pris ce pseudonyme. Son véritable nom était Charles Malo, né à Lyon en 1599; mort dans la même ville en 1684.

Libéral exerçait, rue Mercière, à la *Bonne Conduite*, mais il n'est pas certain qu'il ait publié l'autre curieux ouvrage de Quincarnon : *Les Fondations et les Antiquités de la Basilique Collégiale de Saint-Paul*. Sans date (1682?), sans nom d'imprimeur, in-12.

Cet ouvrage, certainement imprimé à Lyon, n'offre ni les mêmes caractères ni les mêmes ornements que l'Histoire de l'Eglise de Saint-Jean. Le titre offre pour seule marque *un rosier* avec cette devise : *Dulce et Amarum;* à droite : *Dulcia, non merui;* à gauche : *Qui non gustavit amara?* De toute rareté. Les Bibliophiles lyonnais en ont fait imprimer une autre édition, en fac-similé, Lyon, Louis Perrin, 1846, in-12, tiré à vingt-cinq exemplaires, par les soins de M. Monfalcon.

Jacques GUERRIER

Il demeurait vis-à-vis le Grand Collège, enseigne : *à la Salamandre*.

De usu licito pecuniae dissertatio theologica, auctore R. P. F. Emanuale Maignan. Lugduni, apud Jac. Guerrier, 1673, pet. in-12.

Jean BRUYSET

Cet imprimeur, qui s'est fait un nom en publiant l'*Histoire de Lyon*, par le P. Menestrier, demeurait dans la rue Noire, aujourd'hui rue Stella.

Voici le titre de ce grand et bel ouvrage :

Histoire civile ou consulaire de la ville de Lyon, justifiée par chartres, titres, chroniques, manuscrits... par le P. Claude-François Menestrier... Lyon, chez Jean-Baptiste et Nicolas De Ville, rue Mercière, à la science, 1696, in-fol., carte et fig. avec une grande planche, excessivement rare, représentant : L'*Horologe de sainct Jean de Lyon, faict en l'année 1660...* et un portrait de l'auteur, gravé par Nolin, d'après Simon.

A la fin du volume, on lit : *A Lyon, de l'imprimerie de Jean Bruyset, rue Noire, à l'image saint François.*

Le Théâtre d'agriculture... par le sieur Olivier de Serres... dernière édition... augmenté de la *Chasse au loup* (par Jean de Clarmorgan) Lyon, Jean Bruyset, rue Noire, 1675, in-4°.

Antoine CELLIER

Il demeurait rue Mercière, à l'enseigne de *Saint Antoine*.

Marque : tantôt son chiffre, tantôt saint Antoine, avec cette légende : *Nemo impune peccavit in Dominum.* Ou celle-ci : *Cellaria cœlum est natura mihi liber ;* ou encore : *Introduxit me rex in cellaria sua, ordinavit in me charitatem*

L'Usage de la glace, de la neige et du froid, par P. Barra. Lyon, Antoine Cellier, 1676, in-12.

En 1672, Antoine prit son fils pour associé.

Le saint Antoine de leur marque est tantôt représenté *portant un crucifix*, et tantôt *marchant dans la campagne*.

Thomas AMAULRY

Libraire-éditeur-imprimeur rue Mercière, à l'enseigne du *Mercure Galant*.

Marque : *Son chiffre*, surmonté d'une couronne. On lui doit :

Recherches curieuses d'antiquité, par Spon. T. Amaulry, 1683, in-4°, fig.

Traité des dragons et des escarboucles, par M. Jean-Baptiste Panthot, docteur en médecine, 1691, in-12.

Jeu de cartes du blason, (par le p. Menestrier) 1692, in-24, rare.

Le Parfumeur françois, qui enseigne toutes les manières de tirer les odeurs des fleurs, par le sieur Barbe, parfumeur, 1693, in-12.

La nouvelle méthode raisonnée du blason, (par le Père Menestrier) 1696, in-12, fig.

Abrégé méthodique des principes héraldiques, par le Père Menestrier, 1697, in-12, fig.

Antoine BRIASSON

Libraire-éditeur, rue Mercière, à l'enseigne du *Soleil*; connu en 1685-1696.

Dévotion des Pêcheurs, par un pécheur. (Par le P. de Clugny), Lyon, Briasson, 1685, in-12.

Manuel des pescheurs. Lyon, 1696, in-12.

Sujets d'oraison pour les pescheurs. Lyon, 1696, in-12, deux vol.

Prières pour se préparer à bien mourir. Par M. Mory, Lyon, Antoine Briasson, 1707, in-12 (Bib. Coste).

Jean MERCIER

Il fut imprimeur en 1685, dit M. Monfalcon. Pernetti est plus prolixe et lui consacre une page qui ne manque ni de raillerie ni de malice.

« Mercier était simple garçon imprimeur chez Carteron, dit-il, quand il donna au public un jeu ou *Méthode curieuse pour apprendre l'orthographe de la langue françoise en jouant avec un dé ou un toton, très utile pour les jeunes demoiselles.* »

Si la méthode était bonne, je ne vois pas qu'il y ait à railler.

« Avec ce procédé, ajoutait Jean Mercier, on a la manière d'écrire les nombres par des lettres romaines jusqu'à un million. »

La lecture des chiffres romains, en effet, n'est pas facile.

« On trouve encore, dans mon livre, une table de sténographie pour écrire en secret. Par Jean Mercier, imprimeur et symphoniste lyonnois. Lyon, 1685, in-12. »

« Mercier, reprend Pernetti, se mêlait aussi de faire de petits vers, comme noëls, chansons, épithalames. Il se disait symphoniste parce qu'il jouait de plusieurs instruments *et qu'il était recherché* dans les concerts. »

Ce dernier aveu du brave Pernetti me désarme. Il me prouve que Mercier était un homme d'esprit, de goût et bien doué. Au lieu de se reposer au cabaret, comme quelques autres, il préférait cultiver son intelligence et de cette noble tendance je ne puis que l'applaudir.

Marcellin GAUTHERIN

Maître imprimeur, rue Confort, devant l'Hôtel-Dieu, à l'enseigne : *Au Singe qui paiche.*

On lui doit :

Almanach pour l'an bissextil (sic) 1688, ou le grand Géographe françois ; composé par maître Antoine Richedame, gentilhomme auvergnac, escuyer, sieur de la Montaigne, mathématicien, ingénieur et grand astrologue, à présent résidant en la ville de Turin en Savoye. Lyon, devant l'hôtel-Dieu. Vignette au frontispice représentant une main qui tient une sphère et une autre main qui, avec un compas, mesure une hauteur de la circonférence du globe. Le soleil, la lune et les étoiles brillent dans le ciel, in-8°.

Almanach royal, pour l'an de grâce 1700, où l'on voit la suite de l'*Histoire sainte...* par l'illustre Cormopédy, mathématicien de Troyes. Lyon, Marcellin Gautherin. Vignette sur bois représentant un astronome profil à droite, un compas à la main et contemplant une sphère, in-8°. Impression détestable, mais nombreuses vignettes charmantes affreusement fatiguées.

Jean THIOLLY

Encore un imprimeur de la rue Mercière. Il exerça en 1690. Il avait pour marque : *Un Palmier*, et pour devise : *Folium ejus non defluet.*

Déclaration des maitres imprimeurs et libraires
sur leur communauté. (Mss. fonds Coste, N° 10871.)
1691

Nous Anthoine Beaujelin, Rolin Glaize, Symond Potin et Jean Goy, syndics et adjoinctz la présente année de la Communauté des marchands maistres imprimeurs et libraires de cette ville de Lyon, *déclarons* à Monseigneur Deberulle, chevalier, seigneur et vicomte de Guiencourt, conseiller du Roy en ses conseilz, maistre des requestes ordinaires de son Hostel, Intendant de justice, police et finances en la ville de Lyon, provinces de Lyonnois, Forests et Beaujolois, commissaire de party par sa Majesté pour l'exécution de ses Ordres ez dictes provinces, pour satisfaire à son Ordonnance du 2ᵉ du présent moys de juillet à nous signifié le 20ʳ, par exploit de Mᵉ Jamont, huissier.

Premièrement, que, dans cette ville, il y a un autre corps de marchands libraires, séparé du nostre, qui ne sont purement que négotiants, sans qu'ils puissent avoir imprimerie chez eulx pour n'en avoir faict apprentissage ny estre fils de maistre ; au lieu que les particuliers de nostre communauté ont chacun la faculté du commerce de librairie et imprimerie.

Il y a encore le corps des maistres relieurs de livres qui est séparé du nostre, lesquels ne peuvent avoir imprimerie chez eux.

Que nostre Communauté est composée du nombre de trente maistres, compris les veves et les absens, tous lesquels peuvent faire le commerce de la librairie aussy bien que celuy de l'imprimerie; que de cette quantité il n'y en a que très peu qui travaillent à présent, mesme que la plus part sont presque réduits à la mandicité, n'ayant pas de quoy s'occuper ;

Que dans nostre dicte Communauté il y a vingt apprentif(*sic*) faisant actuellement leur apprentissage chez les maistres avec lesquels ils sont obligez compris dans le dit nombre de vingt apprentifs quelques uns qui sont à l'armée ;

Que nous ne sommes ordinairement que deux syndics et deux adjoints, lesquels sont nommés par la Communauté, sans frais ;

Que le nombre des visites n'est point fixé, qu'on les peut faire toutes les foys qu'on les trouve à propos ;

Quant aux dictes visites, il n'y assiste aucuns des anciens maistres, mais seulement les deux syndics et les deux adjoints et quelquefois un huissier ;

Que les particulliers ne payent rien des dictes visites aux dicts syndics et adjoints, qui n'en ont que douze livres, pour chacune, que les corps leur aloue dans leur compte et sur lesquelles douze livres il faut que les dicts syndics et adjoints payent les officiers, s'il en appelle pour les y assister, et en fassent tous les autres frais ;

Que chaque maistre qu'il (*sic*) se fait recevoir ne paye pour sa reception que trente livres, suivant l'arrest du Parlement de Paris du 14 aoust 1655, lesquelles trente livres sont reçues par les syndics et adjoints, mais elles ne leur appartiennent pas, estans obligés d'en compter à la Communauté en sortant de charge ;

Que les fils de maistres qui se font recevoir à la dicte maistrise ne payent aucunes choses ;

Aux dictes receptions qu'il n'y assiste aucuns anciens maistres ;

Qu'il ne s'y faict aucunes beuvettes ny festins ;

Qu'il ne s'y paye rien pour raison desdictes receptions à l'Hostel-Dieu, au Domaine, aux officiers de pollice, huissiers ny greffiers n'ayant point de clerc dans ladicte Communauté ;

Que depuis les dix dernières années en ça il n'a esté receu que trois maistres, scavoir deux fils de maistres et un compaignon, lesquels ont esté receus en vertu d'arrest par eux obtenu ;

Que depuis le mesme temps, il a esté enregistré sur le livre de la Communauté trente-un apprentifs, scavoir deux en 1682 et quatre en 1684, quatre en 1685 et trois en 1686 et dix en 1688 et un en 1689 et six en 1690 et un en 1691, pour l'enregistrement desquels apprentifs il est deubt à la Communauté trois livres pour chacun, dont les syndics et adjoinctz ne proffitent non plus dans aucune chose, estant des droitz destinés pour les besoings et les nécessités de la Communauté.

Comme aussy déclarons que chaque maistre doibt quarante-cinq sols par année pour la confrairie, le jour et feste de saint Jean-Porte-Latine, 6° du moys de may, mais il y en a beaucoup qui ne les payent pas, à cause de leur pauvreté, et lesquels quarante-cinq sols sont receus par les deux courriers en charge et par eulx employés soit en la somme de quarante livres aux R. P. Carmes, pour le service divin qu'ils sont obligés de faire dans leur église pendant le cours de l'année, scavoir : une grande messe pour ledict jour de saint Jean-Porte-Latine et une grande messe pour les deffuncts et une messe chaque dimanche de l'année ; le restant servant à achepter de la cire et autres frais concernant ladicte confrairie et pour raison de quoy les courriers sont pareillement tenus d'en rendre compte annuellement à la Communauté.

En fin, nous remettons à Vostre Grandeur l'estat cy-dessus, ainsy nous le disons, declarons et certifions.

A Lyon, ce 30 juillet 1691.

Signé : R. GLAIZE, A. BEAUJOLLIN, POTIN, GOY.

Signatures autographes de :
Robin GLAIZE, libraire, rue Thomassin; marque : les *Armoiries de Lyon*;
Antoine BEAUJOLLIN, libraire, rue Thomassin, à l'*Enseigne des clefs de saint Pierre*;
Simon POTIN, libraire;
Jean GOY, libraire.

JEAN-BAPTISTE LANGLOIS

Imprimeur.
Histoire de la baguette de J. Aimar. Imprimé à Lyon. J.-B. Langlois, 1693, in-12.
Lettre touchant l'assassinat découvert par la vertu de la baguette de J. Aymar. Lyon et Paris, J.-B. Langlois, 1693, in-12.

JACQUES LYONS

Libraire, rue Mercière, 1694-1724.
Science de la transpiration... Traduction de M. Alemand. Lyon, Jacques Lyons, 1694, in-12.

François BARBIER

Etait-il parent de Guillaume Barbier, qui vivait en 1649 ? Je n'ose l'affirmer, mais c'est probable.

François s'intitule imprimeur et libraire ordinaire du Roy ; il demeurait rue Confort, après la place des Jacobins, et avait pour enseigne : *Au chef saint Jean*. Il exerçait en 1699.

On lui doit :

Règlement des imprimeurs lyonnois. Lyon, François Barbier, 1696, in-12.

IMPRIMEUR DU ROI

L'imprimeur du roi est établi, depuis longtemps, pour imprimer les Edits du Roi, Ordonnances, Arrêts du Conseil, Règlements, Baux de ses Fermes, Arrêts des Cours supérieures servant de règlements, etc. Les provisions de la Charge d'imprimeur du Roi dans cette ville, du 18 juin 1740, enregistrées au Parlement, le 17 juin 1741, portent défense à tous les autres imprimeurs de contrefaire ces impressions, à peine de trois mille livres d'amende et de confiscation des exemplaires. Cette Charge est, depuis 1715, dans la famille de celui qui l'exerce aujourd'hui et on trouve chez lui tout ce qui a été imprimé en ce genre depuis cette époque.

IMPRIMEUR DU ROI EN 1767

M. Pierre Valfray, écuyer, seigneur de Salornay, rue Saint-Dominique.

CHAMBRE SYNDICALE DE L'IMPRIMERIE ET LIBRAIRIE RUE DE LA BARRE
(XVIIIe SIÈCLE)

Cette Chambre est composée d'un syndic et de quatre adjoints dont l'exercice est de deux ans.

Tous les ballots, balles, malles et paquets où il y a des livres, y sont portés de la douane, pour être visités selon l'ordre du roi.

Les jours où l'on tient Chambre sont les mercredis et les samedis, à trois heures de relevée. Quand ces jours se trouvent fêtés, on tient Chambre la veille à la même heure.

M. le Prévôt des Marchands ou M. le Lieutenant général de police et M. le Procureur du Roi de cette jurisdiction s'y transportent, lorsqu'ils le jugent à propos, aux jours indiqués pour y faire procéder à la visite des ballots.

Claude RIGAUD

D'une vieille famille d'imprimeurs, il fut connu en 1700, et devint beau-frère de Jean Anisson, en 1702.

Cette même année-là, il fut nommé directeur de l'Imprimerie royale, en remplacement de son beau-frère.

Pierre VALFRAY

Imprimeur du Clergé, il eut une longue carrière, ayant exercé de 1705 à 1750, après avoir été associé de Guillaume Valfray, son père ou son parent.

Son enseigne était : *A la Couronne d'or*, rue Mercière.

Pouillé du Diocèse de Lyon. Lyon, Pierre Valfray, 1743, in-4°.

Règlement de la compagnie des Dames unies pour le secours des pauvres incurables de Saint-Nizier, 1747, in-8°.

Pierre Valfray, seigneur de la Tour de Salornay, fut échevin en 1742. Il portait *d'argent, au triangle renversé d'azur, chargé d'un soleil d'or*. Depuis longtemps, il était imprimeur du roi.

Claude MOULU

Il était imprimeur, dans la rue Belle-Cordière d'alors, aujourd'hui rue de la République et ne paraît pas avoir beaucoup illustré l'imprimerie lyonnaise.

On lui doit un petit volume assez bizarre :

Traité de l'Eau de Mille fleurs, remède à la mode. Les Notes marginales montrent ce qu'il contient. Sans nom d'auteur. A Lyon, chez la veuve J.-B. Guillimin et Théodore L'Abbé, libraires, rue Mercière, 1706, in-12.

Au colophon : imprimerie de Claude Moulu, 104 pp. fig.

Sur le frontispice, une vignette, qui ne rappelle en rien les bois charmants de Jean de Tournes ou de Roville, représente une vache, au soleil levant, fabricant, dans un pré, cette panacée qui guérit tous les maux.

On la prenait en boisson ; elle fit fureur, un instant, à Lyon.

Pourquoi notre compatriote Pestalozzi, qu'il ne faut pas confondre avec son célèbre homonyme suisse, n'a-t-il pas osé signer cet opuscule dont il est l'auteur? Il est pourtant convaincu des effets souverains de ce produit, connu de Galien et surtout des Indiens qui en font un usage habituel.

Ne voyons-nous pas, tous les jours, la science prôner des remèdes qui n'ont pas sa vertu, et son immanquable efficacité? J'espère qu'on y reviendra.

Serait-ce donc plus mauvais à déguster que l'eau de Vichy?

Jean-Baptiste GIRIN

Il était imprimeur-libraire, demeurait rue Mercière, comme tous ses confrères, et avait pour enseigne : *A la Victoire*.

Il exerça de 1711 à 1723.

LA SOCIÉTÉ DES LIBRAIRES

Elle se composait de : Jean-Baptiste Girin, Antoine Boudet, Louis Declaustre, Nicolas de Ville, Léonard de la Roche, et fut connue aux environs de 1712.

Elle avait pour marque : *Un lion se dressant contre un faisceau de traits, entre deux cornes d'abondance*. Devise : *Concordia et labore*.

Léonard de la ROCHE (voir DELAROCHE)

Il fut libraire, rue Mercière, et devait avoir, en même temps, une imprimerie, comme les de la Roche qui exercèrent au siècle suivant.

Son enseigne était : *A l'Occasion*; sa marque ; *L'Occasion* sous les traits d'une femme qui est portée par un globe ailé, et qui agite une écharpe. Légende : *Fronte capillata, a tergo est Occasio calva.*

Il fut connu dès 1706.

En 1719, il prit pour associés : Boudet, Declaustre et Deville. La Maison prit, dès lors, une grande activité. La marque de l'association était : *Un lion tenant un faisceau de dards dans ses pattes.* Devise : *Concordia et labore.*

Sa veuve exerçait, rue Mercière, en 1743.

Claude PLAIGNARD

Un des douze de la Chambre Syndicale, en 1738. Il demeurait alors rue Mercière.

On lui doit :

La Religion chrétienne autorisée par le témoignage des anciens auteurs payens, par le P. de Colonia. Lyon, 1718, in-12, deux volumes. (Bibl. Coste).

Laurent LANGLOIS

Il avait son imprimerie rue Petit-Soulier, dans le quartier de l'Hôpital. Cette rue, qui s'appelait autrefois rue Thézé, et qui allait de la rue de l'Hôpital à la rue Grôlée, s'appelle aujourd'hui rue de Jussieu. Enseigne : *Au Point du jour.*

Il y exerçait en 1700.

Sous le titre de *Calendrier Nouveau*, il créa et imprima *L'Almanach de Lyon*, de 1711 à 1720, où *l'Almanach* se fit imprimer chez André Laurent.

Henry DECLAUSTRE

Associé à Boudet, Deville, et de la Roche en 1719. Marque de la Société : *Un lion tenant entre ses pattes un faisceau de dards*. Devise : *Concordia et labore*.

En 1738, il habitait la rue Neuve, près du collège de la Trinité et, cette année-là, était un des douze de la Corporation.

Il fut remplacé par son fils, Louis, qui exerçait dans la même maison, rue Neuve, en 1743, et fut membre de la Corporation comme son père.

André LAURENT

Il habitait la rue Raisin ; enseigne : à la *Vérité*. Il imprima l'*Almanach de Lyon*, de 1721 à 1739, sous le titre de *Calendrier historique de la ville de Lyon*, in-8º.

Sa veuve céda le Calendrier à Aymé de la Roche, en 1740.

Louis et Jacques BRUYSET

Jacques fut syndic de la Corporation en 1738.

Les deux frères habitaient la rue Mercière et sont cités dans l'Almanach de 1743.

Lettre de Chicoyneau, écrite à M. la Monière, pour prouver ce qu'il a avancé... touchant la peste de Marseille. Lyon, les frères Bruyset, 1721, in-12.

Jacques-Joseph BARBIER

Exerçait rue Grenette, puis Grande rue de l'Hôpital.

Il fut nommé adjoint de la Chambre syndicale des imprimeurs-libraires, de mars 1725 à mars 1731.

Imprimeur nommé en 1720, il était membre des Douze en 1738 et doyen de la Corporation en 1767.

« Il fut longtemps adjoint à la ci-devant Chambre syndicale, dit M. Delandine (1) et montra toujours une vigueur d'esprit et de corps que nos passions rendent de jour en jour plus rare. Il vient de mourir, dans cette ville, âgé de plus de cent ans et son fils, plus que septuagénaire et que, dans ses moments d'humeur, il appelait jeune homme, étourdi et morveux, avait encore pour lui toute la soumission de la jeunesse. Ce n'est que par le respect profond qu'on imprimera pour les pères, que nos mœurs dissolues pourront se régénérer. »

Je pense qu'il était fils et successeur de François Barbier, imprimeur et libraire, place des Jacobins.

Jean DEVILLE

Il fut reçu libraire en 1733 et demeurait rue Mercière, puis s'établit rue Tupin.

D'après l'*Almanach historique de la ville de Lyon*, il habitait la rue Saint-Dominique, avec son frère Pierre, en 1743.

Pierre DEVILLE

Reçu libraire en 1733, il demeurait rue Saint-Dominique avec son frère Jean, tous deux libraires et imprimeurs.

(1) *Almanach civil, politique et littéraire de Lyon*, an VI, 1797-98.

Marcelin DUPLAIN

Il demeurait rue Mercière ; avait été syndic de la Corporation et il exerçait encore en 1738.

En 1743, on trouve à sa place, rue Mercière, Pierre Duplain, adjoint, et Benoît, sans doute ses fils et successeurs.

Guillaume DUVIROT

Il était un des douze de la Corporation des imprimeurs-libraires en 1738, et demeurait rue de l'Hôpital en 1743.

J.-A.-Bonaventure FAUCHEUX

Membre de la Chambre syndicale en 1738.

Il demeurait place des Jacobins, ou, serait-ce une erreur ? *Place des Jésuites* (sic), d'après l'*Almanach de 1743*.

Étienne BARITEL

Membre de la Corporation en 1738. Il habitait place Louis-le-Grand, à la Barre.

Roch DEVILLE aîné

Libraire et imprimeur, rue Saint-Dominique.

Il fut reçu libraire en 1733 et fut nommé syndic de la Chambre des imprimeurs-libraires de 1740 à 1744 ; fut reçu imprimeur en 1746, et donna sa démission en 1760.

Recherches historiques sur les cartes à jouer (par Bullet), Lyon, Deville, 1757, in-8°.

Louis BRUYSET

Il demeurait rue Mercière, exerçait en 1738 et avait été syndic de la Corporation.

Placide JACQUENOD père

Il demeurait rue Mercière et avait été reçu libraire en 1731. *L'Almanach* de 1743 le retrouve rue Tupin et le donne comme membre de la Corporation.

Jean-Denis JUTTET

Exerçait rue Godinière. En 1738-1743, il était un des douze de la Corporation.

Antoine PERISSE l'aîné

Cité comme imprimeur-libraire dès 1737.

Il demeurait rue Mercière. On connaît l'immense développement de cette maison, surtout dans la production et le commerce des ouvrages de piété.

L'Almanach de 1743 le donne comme doyen des libraires-imprimeurs.

Claude PERROT

Il était, en 1730, imprimeur, rue Confort, non loin de l'église de ce nom, et adjoint à la Corporation en 1738.

Christophle REGUILLAT

Un des douze de la Chambre syndicale en 1738. Il demeurait rue Mercière et fut probablement père de Jean-Baptiste.

Antoine-Joseph DEJUSSIEU ou de JUSSIEU

Probablement fils de Laurent, qui eut seize enfants.
Il fut imprimeur-libraire, en 1736 ; était, cette année-là, un des douze de la Chambre syndicale et habitait la rue Mercière N'est plus cité dans l'*Almanach* de 1743.

Mathieu CHAVANCE

Il était connu comme libraire en 1738, il demeurait rue Mercière, et fut nommé un des quatre adjoints de la Chambre syndicale de l'imprimerie et de la librairie, de mai 1764 à mai 1766, puis continué de mai 1766 à mai 1768.

Louis CHALMETTE

Il demeurait place des Jacobins et, en 1738, était un des quatre adjoints de la Corporation.

Nicolas BARRET

Fondateur d'une vieille maison qui a vécu jusqu'à nos jours, Barret exerçait sa double industrie d'imprimeur-libraire, rue de la Belle-Cordière, devenue rue de la République depuis la transformation magique de la ville.

Il était un des douze de la Corporation des imprimeurs-libraires, en 1738. Cette année-là, il est inscrit comme habitant la rue Thomassin.

Histoires tragiques de nostre temps, composées par De Rosset, Lyon, Vve Barret, 1742, in-8°, rare. (Bib. Coste).

Jean-Marie BRUYSET

Reçu libraire en 1744, il fut ensuite nommé imprimeur et devint adjoint de la Chambre syndicale, de mai 1746 à mai 1756, dix ans ; il demeurait rue Saint-Dominique ; plus tard on le retrouve place Louis-le-Grand.

Description de la ville de Lyon, avec des recherches sur les hommes célèbres qu'elle a produits, par Paul Rivière de Brinais, ingénieur. Lyon. Bruyset, 1761, in-12.

Sous ce nom, se cachait André Clapasson, avocat, historien, membre de l'Académie de Lyon, né à Lyon en 1708, mort dans la même ville en 1770.

Clapasson avait donné une première édition de son livre, en 1741, imprimerie Delaroche, in-12.

Claude-André VIALON

Il demeurait rue Ferrandière et fut reçu imprimeur-libraire en 1736. On l'élut un des quatre adjoints de la Chambre syndicale des imprimeurs-libraires en 1738, de mars 1744 à mai 1757 et de mai 1765 à mai 1767.

On lui doit :

Règlements et statuts pour la communauté des maistres libraires, relieurs, doreurs de livres sur tranche et sur cuir de la ville de Lyon. Lyon, Vialon, 1742, in-8°.

En 1758, il demeurait rue des Courtines du Rhône.

Samuel de TOURNES

Il fut toléré libraire, par ordre de la Cour, en 1749. Il demeurait rue Saint-Dominique.

Son frère, Antoine de Tournes, qui vint le rejoindre, fut toléré pareillement, par ordre de la Cour, en 1754, sans doute en souvenir de leur aïeul.

Jean-Baptiste REGUILLIAT

Il fut reçu imprimeur-libraire et fut nommé adjoint du syndicat, de mai 1756 à mai 1760.

Il demeurait place Louis-le-Grand et avait déjà été adjoint en 1743.

Jean-André PERISSE

Il fut reçu imprimeur-libraire en 1766. Il était libraire depuis 1760, rue Mercière, avec son frère Antoine.

Pierre & Benoit DUPLAIN

Ils furent imprimeurs-libraires de 1750 à 1763. Cette maison existait déjà, dans la rue Mercière, avant 1650.

Voir les Duplain au siècle précédent.

Les uns et les autres ont eu pour marque typographique : *Un aigle aux ailes déployées*. Pierre, reçu libraire en 1736, fut nommé syndic de la Chambre des imprimeurs de 1754 à 1765. Benoît, reçu en 1740, fut nommé adjoint du syndicat pour 1744-1746.

Recherches pour servir à l'histoire de Lyon ou les Lyonnais dignes de mémoire. (Par Jacques Pernetti). Lyon, chez les frères Duplain, 1757, in-8°, deux vol. front. illustré.

Histoire du commerce et de la navigation des anciens, par Huet. Lyon, Duplain, 1762, in-8°.

Etienne RUSAND

Il fut reçu libraire en 1762.

Il demeurait rue Mercière et fut le chef d'une illustre maison encore représentée aujourd'hui.

Aimé de la ROCHE ou DELAROCHE

Sa maison eut une haute importance à Lyon.

Reçu imprimeur-libraire en 1736, il entra dans la Chambre syndicale en 1738, et fut nommé un des quatre adjoints de 1743 à 1748 et de 1766 à 1768. Il exerça comme imprimeur-libraire jusqu'en 1793.

Il était imprimeur de l'Archevêché et du clergé, du Gouvernement, de l'Hôtel de Ville, de l'Académie de Lyon et des Hôpitaux. Il eut le monopole des impressions administratives pendant le siège, ce qui faillit le mener à l'échafaud. Il imprima l'*Almanach de Lyon*, de 1740 à 1791, sous le titre de *Calendrier historique de la ville de Lyon*. Il exerçait aux Halles de la Grenette et eut pour successeur Vatar Delaroche, son fils.

On lui doit :

Entrées solennelles, dans la Ville de Lyon, de nos rois, reines, princes... depuis Charles VI jusqu'à présent. Lyon, Aimé Delaroche, 1752, in-4°.

Journée du Chrétien sanctifiée par la prière et la méditation. Lyon, Aimé de la Roche, 1767, in-12.

Discours prononcé par MM. les Curés de la ville de Lyon, le 4 décembre 1768, à l'occasion de l'émeute populaire arrivée en cette ville, le dimanche précédent, contre l'Ecole de chirurgie, Lyon, Delaroche, 1768, pet. in-8°, rare. (Bib. Coste.)

Consultation sur le point de savoir si M. Rey est non éligible à une place municipale de la ville de Lyon. Lyon, 4 mars 1790, Aimé de la Roche, in-4°.

Eclaircissements préliminaires sur la question de savoir si M. Rey (Claude-Antoine Rey, lieutenant général de police à Lyon) séparé de biens avec son épouse, était ou non éligible. Lyon, Delaroche, 1790, in-4°.

Lettre du Ministre de l'Intérieur à MM. les administrateurs du département de Rhône et Loire, Paris, 23 juin 1790. (Au sujet de l'arrestation du Roi à Varennes, le 22.) Lyon, A. Delaroche, 1791, in-4°.

Délibération du corps municipal... relative à la fête patriotique du 14 juillet. 9 juillet 1791, A. de la Roche, in-4°.

PROCLAMATION. J'invite tous les bons citoyens à dénoncer les Jean-foutre (sic) qui se cachent dans la ville. Signé : Le général Précy. Au quartier général, ce 2 octobre 1793, l'an second de la République françoise, Imprimerie Nationale, aux Halles de la Grenette, in-fol.

Huit jours après, l'imprimeur lui-même se cachait, pour mettre sa tête en sûreté.

Depuis quelque temps déjà, il avait mis l'imprimerie entre les mains de son fils.

PERISSE frères

Libraires des Collèges.

Ils habitaient la rue Mercière où ils exercèrent avec succès la double industrie de libraires et d'imprimeurs.

Marque : *Minerve distribuant des rameaux d'olivier à des enfants*. Devise : *Favet Minerva labori*.

Connus dès 1770.

On leur doit :

Prônes civiques, ou Le Pasteur patriote, par l'abbé Lamourette, docteur en théologie. Lyon, Perisse frères, 1790, in-12.

Louis BUISSON

Imprimeur-libraire depuis 1755, il fut nommé adjoint du Syndicat en 1766. Il demeurait place des Cordeliers.

Pierre BRUYSET-PONTHUS

Syndic de la Chambre de l'imprimerie et librairie, demeurant rue Saint-Dominique. Il quitta l'imprimerie pour n'être plus que libraire, en 1754; syndic de la Chambre, de mai 1765 à mai 1767.

Membre de la Corporation des douze en 1738, il demeurait alors place de l'Hôpital.

Claude CIZERON

Il demeurait à la descente du Pont de Pierre. Reçu en 1743, il fut élu adjoint de la Chambre syndicale des imprimeurs-libraires, de mai 1765 à mai 1767. On le trouve en 1791, rue Saint-Dominique.

Joseph DUPLAIN

En 1777, Joseph Duplain, libraire à Lyon, eut un procès avec Mme veuve Desaint, libraire à Paris, sous le prétexte que le libraire lyonnais, dont on avait violé le domicile et enfoncé les portes, avait chez lui des livres contrefaits, dont la veuve Desaint avait le monopole, et entre autres :

Les *Satyres de Boileau*, dont le privilège était du siècle dernier, que Mme Desaint vendait 3 livres et M. Duplain 1 livre 10 sols ; les *Lois ecclésiastiques*, que l'on vendait à Paris, 30 liv., à Lyon, 24 ; les *Discours* de Daguesseau, et *l'Imitation de J.-C.* par le P. Gonnelieu.

Les *Satyres* de Boileau avaient été vendues à Duplain par Barbou, Limoges ; les autres ouvrages par Hérissant, libraire à Paris.

Le sieur Duplain ayant été condamné, par arrêt du 27 septembre 1777, M. Rieussec, avocat lyonnais, donna, le 23 octobre de la même année, une consultation, par laquelle il affirmait que les Privilèges illimités étant invalides, on n'a pas à en tenir compte, d'autant plus qu'ils sont opposés au bien public, « tarissent la source des richesses de la librairie, » et qu'on peut interjeter appel du jugement rendu.

J'ignore quel sort a eu l'appel.

Jean-François LOS RIOS

Il fut libraire à Lyon et y a écrit divers ouvrages, d'un goût bizarre, sur les hommes, les choses et les événements.

Né à Anvers, non en 1728, ainsi que le disent MM. Péricaud, Dériard, Michaud, etc., mais l'année auparavant, il fut baptisé dans l'église de Saint-Jacques d'Anvers, le 23 janvier 1727 (1) et vint s'établir à Lyon, en 1766. Il y passa trente ans, s'y créa de nombreuses relations, y eut des amis et s'y fit remarquer par ses originalités; il avait beaucoup voyagé, avait parcouru la Hollande, la France, l'Angleterre, l'Italie, en faisant un nombre infini de métiers.

Sa famille était originaire d'Espagne, mais, lui resta Flamand et, en quittant Lyon, il alla mourir à Malines, le 24 novembre 1820 ; il était aveugle depuis trois ou quatre ans, à l'époque de son décès, et, presque centenaire, n'avait rencontré la fortune nulle part.

Il avait été imprimeur-libraire dans notre ville et il aurait pu se créer une vieillesse heureuse s'il avait eu autant de jugement que d'esprit.

Ainsi, pour son commerce, au lieu de prendre pour associé un bibliophile ou un négociant, il prit son cheval, se réser-

(1) Paul Bergmans. *Analectes belgiques*, Anvers, 1891, in-8°.

vant seul la signature de la Société, ce qui était prudent. Les deux associés étant tombés malades en même temps, ils furent guéris à la fois et, peut-être grâce au même remède, par Pierre Brakmann, maître maréchal-ferrant, à la Guillotière. Los Rios eut la générosité de prendre tous les frais à sa charge et le cheval n'eut rien à payer. L'histoire rapporte que les deux, l'homme et le cheval, étaient très petits.

On doit au chef de la société divers ouvrages, entre autres ;

Bibliographie instructive, ou notice de quelques livres rares, singuliers et difficiles à trouver... Avignon et Lyon, 1777, in-8°, avec un portrait de l'auteur.

Ce volume, écrit avec une certaine désinvolture, n'indique pas des connaissances bien sérieuses ni bien profondes. Même dans les plagiats qu'on lui a reprochés, il n'a pas fait un choix heureux.

Œuvres de François de Los Rios, libraire à Lyon, contenant plusieurs descriptions et observations, sur des objets curieux ou particuliers, aventures, voyages etc. : Londres (Lyon) chez Molin, 1789, in'8°.

Cet ouvrage est dédié à son cheval.

Petite Bibliothèque amusante ou recueil de pièces choisies. London, (Lyon) 1781, in-16.

La science de la librairie, à l'usage des élèves de cet état, etc.

En 1768, il avait acheté la Bibliothèque des Jésuites de Lyon qui contenait, entre autres pièces précieuses, la Bibliothèque du Père Menestrier. Il se hâta de vendre le tout, sans en profiter pour son instruction ou ses travaux.

Au mois de septembre 1794, il vendit son commerce de librairie au sieur Antoine Lafarge et entra, comme simple commis, dans la Maison Perisse qui prenait déjà une grande extension. Là, au moins, il eut la perspective d'avoir un pain assuré.

Le poète Vasselier ayant trouvé son portrait, avec cette inscription : Los Rios, né à Anvers, y fit un petit changement et les curieux eurent le plaisir de lire sur cet exemplaire : *Né à l'envers* : ce qui était une vérité.

VATAR DELAROCHE

Fils d'Aimé Delaroche.

Il remplaça son père aux halles de la Grenette et y imprima, en 1792, l'*Almanach de Lyon*, mais pendant un an seulement. L'année 1793, très rare, parut chez Faucheux, puis disparut jusqu'en 1797, an VI.

Proclamation des représentants du peuple envoyés près l'armée des Alpes, aux citoyens de Lyon. (Sur la situation de la ville). 30 mai 1793. Lyon, Vatar-Delaroche, in-4°.

Le peuple de Lyon à tous les Français. (Profession de foi des Lyonnais), 31 juillet 1793, in-4°.

Bulletin du département de Rhône-et-Loire imprimé par ordre du Comité général de surveillance et de salut public. Lyon, Vatar-Delaroche, in-4°. Premier numéro 8 août 1793; trente-cinquième et dernier, 30 septembre, même année.

Après la mort du titulaire, tué le 4 septembre 1793, en combattant, l'imprimerie des Halles passa entre les mains de M. Millanois. Celui-ci fut, après le siège, fusillé aux Brotteaux, pour avoir commandé les Lyonnais, comme lieutenant-colonel d'artillerie, et son imprimerie, par délibération de la Commission temporaire du 13 décembre 1793, fut donnée au sans-culotte Destéfanis, piémontais, qui devint l'imprimeur du gouvernement.

Au retour du calme, l'imprimerie fut achetée par MM. Ballanche et Barret, dont la raison de commerce fut remplacée, en 1802, par le nom de MM. Ballanche père et fils.

Cet établissement fut acquis plus tard par M. Rusand, qui le céda ensuite à son gendre, M. Mougin-Rusand, père de l'éminent imprimeur de la rue Stella, vivant.

Les Corps administratifs séants à Lyon et les délégués de la section du peuple français dans le département de Rhône-et-Loire, formant le Comité général du salut public. Séance du 1er octobre 1793. Lyon, A. Vatar-Delaroche, 1793, in-4°.

Charles-François MILLANOIS

Né à Lyon en 1744, il fut un instant successeur de Vatar-Delaroche, aux halles de la Grenette, mais dénoncé par un de ses employés, il fut condamné à mort par le Comité révolutionnaire et fusillé le 18 novembre 1793, pour avoir commandé les Lyonnais comme lieutenant-colonel d'artillerie pendant le siège.

Par délibération de la Commission temporaire du 13 décembre 1793, l'imprimerie fut donnée, en récompense de sa dénonciation, au dénonciateur, le piémontais Destéfanis, qui devint, dès lors, imprimeur de l'administration et signa désormais tous ses travaux : « Le sans-culotte Destéfanis. »

Louis ROSSET

Il exerça rue Mercière.

Il fut connu comme imprimeur de 1768 à 1791.

Claude-André FAUCHEUX

Rue Mercière, 14, et rue Ferrandière, 22; reçu imprimeur en 1765, il avait commencé par habiter la rue Port-du-Temple.

Il imprima l'*Almanach de Lyon*, mais pendant l'année 1793 seulement; mis à mort après le siège.

Le grand œuvre de l'agriculture, ou l'art de régénérer les surfaces et les tresfonds, par le marquis de Poncins. Lyon, Faucheux, 1779, in-12.

Lettre adressée aux maires, officiers municipaux et notables, par Brac, ancien échevin, 10 juillet 1790. Lyon, imprimerie Faucheux, 1790, in-4°.

Discours dans la cause des neuf hommes accusés d'être les auteurs ou participants des attentats horribles exercés, le 19 juillet 1790, pendant six heures, sur un soldat du régiment suisse de Sonnemberg... Lyon, Faucheux, 1790, in-8°, 47 p.

J. PELLISSON

Chant de guerre pour l'armée du Rhin, dédié à la gloire des défenseurs de la patrie. Lyon, imp. de J. Pellisson, place Confort (1792), in-12.

Guy REVOL

Il exerçait rue Confort et avait été nommé un des douze membres de la corporation.

En 1793, je retrouve un autre Revol, imprimeur; je présume que ce fut un fils.

Jean-Baptiste DELAMOLLIÈRE

Il était né à Lyon, en 1760, s'était destiné de bonne heure à la typographie et avait été apprenti dans la maison Jean de Tournes, où il avait pris l'amour des grandes traditions.

En 1780, à vingt ans, il acheta de compte à demi avec un sieur Piestre, élève de la même maison, l'établissement que les héritiers de la famille de Tournes avaient mis en vente et qui avait conservé son renom et son activité.

Delamollière lui donna aussitôt une nouvelle vie et lui rendit un des premiers rangs.

Los-Rios, ami du jeune imprimeur (1), fait l'éloge de cet établissement hors ligne, qui avait alors huit presses à bras. N'oublions pas ce détail, pour ne pas confondre ces humbles instruments, suffisants à l'époque, avec les puissantes machines modernes. La maison occupait une quarantaine d'ouvriers.

Homme d'imagination et passionné, Los Rios admire cette ample et belle organisation, ce vaste atelier éclairé par un grand nombre de fenêtres, l'ordre qui règne partout, le travail qui s'y fait et, dans ses *Mémoires*, déclare cette imprimerie, située rue Saint-Dominique, dans le plus beau quartier, la plus belle de tout Lyon

Les huit presses de front, sur une même ligne, font à ses yeux le plus bel effet.

Quant à la librairie, elle n'est ni moins admirable, ni moins prospère. Le catalogue, dit-il, est un volume de 600 pages, qui contient plus de cinq mille articles dont

---

(1) Voir la notice de Los Rios.

plusieurs en nombre, ce qui donne un formidable total.

« La Mollière (*sic*), disait Chardon de la Rochette, en 1792, est peut-être aujourd'hui le seul éditeur de France capable de faire des entreprises d'une certaine étendue. »

Lettre de Chardon à Caussin de Perceval, en lui annonçant qu'il vient de trouver, en Delamollière, un éditeur pour l'impression de sa *Traduction d'Apollonius*. Lyon, 4 avril 1792, et certes, en ce moment, le temps n'était propice ni aux vastes études ni aux grandes spéculations.

Piestre, intimidé par les événements, avait quitté son associé et Delamollière, qui s'était marié et qui avait trois enfants, exerçait seul, quand se manifestèrent les premiers indices de la Révolution.

En 1790, il imprima le *Contrat social*, de Jean-Jacques; Lyon, J.-B. Delamollière, in-8°; portrait gravé; édition soignée, très belle impression.

On lui doit en outre :

La Vertigine attuale dell' Europa, d'Antonio de Giuliani. Lione, appresso Delamollière, 1790, in-8°. (Bibliothèque Coste.)

On a d'autres beaux travaux de lui, trop nombreux pour que je les cite.

Il fut l'éditeur des *Œuvres Complètes* de Voltaire. Lyon, La Mollière (*sic*), 1791-1793, cent volumes, in-12. Voir Quérard.

La bibliothèque de la ville ne possède pas cette précieuse édition.

Je présume que la dernière impression sortie de ses presses est celle-ci, qui ne le sauva pas, malgré son civisme avancé :

Arrêté des Représentants du Peuple, concernant le Tribunal du District de Ville-Affranchie, ci-devant ville de

Lyon, du 16 octobre 1793, l'an 2 de la République française U. I. Lyon, imp. J.-B. Lamollière, in-fol.

(En faveur de Chalier et Hidins, l'un assassiné juridiquement, l'autre égorgé dans sa prison), voir Gonon, N° 1436.

Mais on l'avait... il s'était laissé nommer capitaine de la Garde Nationale de son quartier, poste dangereux que de vives sollicitations ne lui avaient pas permis de refuser. Sa clientèle, ses amis l'avaient entraîné. Il avait son appartement place de la Fédération, ci-devant Bellecour, maison du *Coq hardi*, à côté de la rue Saint-Dominique où étaient ses ateliers. C'était le quartier le plus riche de Lyon.

Moins heureux que son confrère Vatar-Delaroche, il ne mourut pas les armes à la main. Après le siège, dénoncé par un nommé Mercier, lieutenant de gendarmerie, il fut arrêté chez lui, condamné à mort, le 16 nivose an II, 5 janvier 1794, et fusillé le lendemain, aux Brotteaux, avec les Lyonnais arrêtés comme lui.

C'est par erreur que les historiens le font mourir en 1793.

Ses ossements reposent sous le Monument des Brotteaux.

Sur la liste des condamnés, il est inscrit : J.-B. Lamollière, en supprimant le commencement de son nom, qui n'était pas une particule pourtant, mais qui fut regardé comme attentatoire à l'Egalité.

Etait-il donc entaché de fédéralisme, délit châtié par la Convention? de royalisme, crime encore plus abominable puisqu'il tendait à renverser le Gouvernement établi?

Alors, que signifiait donc le discours prononcé, deux ans plus tard, par le patriote Seriziat, devant le peuple assemblé?

J'ai cette pièce sous les yeux :

Discours prononcé par le citoyen Seriziat, chef de légion, à la Fête funèbre célébrée à Lon, le 10 prairial an V, 29 mai 1797, pour honorer la mémoire des braves Lyonnais immolés par le Terrorisme. Lyon, imprimerie des Halles de la Grenette, an V, in-8°.

«... Vos grandes âmes se consoleront, dit l'orateur, en apprenant le bonheur de votre postérité, la célébrité du nom lyonnais et NOTRE INÉBRANLABLE ATTACHEMENT A LA CONVENTION NATIONALE, *pour la liberté de laquelle vous sûtes si généreusement combattre et mourir.*

«... VIVE LA CONVENTION NATIONALE! VIVE LA RÉPUBLIQUE! »

Est-ce qu'on ne savait plus, en 1797, pour quelle cause les Lyonnais avaient pris les armes en 1793 ?

Quel est donc ce procès-verbal du 19 juillet 1793 attestant que les Lyonnais en armes avaient détruit, dans leur ville, tous les signes de la royauté, brisé tous les emblèmes de la féodalité ?

Que sont donc ces ordres de l'autorité militaire qui punissent si sévèrement toutes les manifestations en faveur du régime déchu ?

Disons-le, répétons-le encore :

Lyon se leva pour *résister à l'oppression ;* rien de plus, rien de moins, et Paris ne devait pas tarder à en faire autant.

Les preuves ?

En voici une. C'est une *Adresse,* imprimée par Vatar-Delaroche, le 31 juillet 1793 :

« Le Peuple de Lyon a tous les Français.

« Les sections réunies composant le peuple de Lyon, considérant que, depuis longtemps, la ville de Lyon est outragée par les plus noires calomnies... Que l'insurrection du 29 mai... n'a eu pour objet que de secouer le joug d'une faction d'anarchistes féroces qui, avides de pillage et de meurtre, menaçaient la vie et les propriétés de tous les bons citoyens ; qu'en prenant les armes, le peuple de Lyon n'a fait qu'user du droit de résistance à l'oppression, droit sacré, droit immuable qui lui est garanti par les lois de la nature... *déclarent à l'unanimité* :

« 1° Que le peuple de Lyon continue à professer, comme il l'a toujours fait, la Liberté, l'Egalité, la République une et indivisible... et qu'il a en horreur toute apparence de guerre civile, tout principe de fédéralisme et d'anarchie ;

« 2° Qu'il reconnaît la Convention Nationale comme étant le centre d'unité de la République Française ;

3° Qu'il reconnaît également comme lois de la République les Décrets généraux qu'a rendus la Convention Nationale depuis le 31 mai dernier, mais il ne peut reconnaître les Décrets particuliers que l'erreur et la calomnie lui ont arrachés depuis cette époque, contre la Ville de Lyon... Qu'il demeure en état de résistance à l'oppression jusqu'au rapport des dits décrets...

« Après avoir ainsi exprimé ses sentiments et ses vœux, le peuple de Lyon compte avec assurance que tous les Français reconnaîtront la pureté des principes républicains qui l'ont dirigé... mais il périra plutôt que de voir renaître l'anarchie et l'oppression dont il a été victime.

« Fait dans l'Assemblée des Commissaires des Sections réunies à l'Hôtel commun, à Lyon, le 31 juillet 1793, l'an second de la République française.

« Lyon, imprimerie d'Aimé Vatar Delaroche, 1793 ; » in-4°. Fonds Coste, n° 4.546.

Voilà les principes pour lesquels les Lyonnais se sont fait tuer.

Et cette pièce n'est pas isolée ; elle n'a pas été surprise par un vote factice ou de hasard ; en voici une autre :

« ADRESSE AU PEUPLE FRANÇAIS ET A LA *Convention Nationale, par les Autorités constituées de la Commune de Lyon.*

« Au milieu des événements sinistres dont la Commune de Lyon vient d'être le théâtre et sous le poids des calomnies dont la malveillance s'attache depuis longtemps à la noircir, les Autorités constituées de cette cité malheureuse ont cru devoir au Peuple Français et à la Convention Nationale une déclaration solennelle soit de la vérité des faits, soit de la pureté des principes de ses habitans.

«... Le royalisme a dû pâlir en voyant que les plus grands malheurs n'ont pu nous éloigner de la Convention Nationale, seul ralliement de tous les Français républicains.

«... Le Lyonnais aime et veut la République... Quel est l'être assez vil pour désirer un maître après avoir été libre ? Qu'il jette donc un regard sur cette Vendée malheureuse où les habitans n'ont plus que des ruines pour demeures et des ossemens pour moissons. Voilà les champs semés par le royalisme. Ah ! nous jurons, à la face de tous les Français, que jamais nous ne serons ses complices.

« Signé : Les Administrateurs du Département... du District, de la Municipalité, les Juges... les Membres du Comité Révolutionnaire... les Membres de l'Etat-Major général de la Garde Nationale... »

A Lyon, de l'imprimerie des Halles de la Grenette. (Août 1793) in-4°. Fonds Coste, n° 4.432.

La Ville possède une foule de pièces aussi claires, aussi importantes que celle-ci et aussi peu connues.

Voir particulièrement : Gustave Véricel. *Fête civique et militaire du 29 juin 1793.* Lyon, Waltener, 1887, in-8° et *Ode*, par Lemontey. *Recueil lyonnais*, tome VI, n°s 23.414 et 21.121.

Quand nos pères se levèrent pour qu'on n'écrivît pas sur les débris de leurs berceaux : *Lyon n'est plus !* ils obéirent à un devoir sacré, l'amour du foyer.

« Qui n'aime pas trop n'aime pas assez » a dit une femme célèbre (1), et quel amour plus grand, plus fort, plus fier que celui de la patrie ?

Quelle passion entraînait donc les citoyens de Sparte et de Rome ? Quelle folie les poussait à mourir pour un pays parfois ingrat et qu'ils adoraient jusque dans ses imprudences, jusque dans ses fautes, ses ruines et ses malheurs ?

Ne vous hâtez donc pas trop, vous les sages, de condamner ici Millanois, Delaroche, Thomas, Delamollière, d'après les récits intéressés de 1814 et de 1815 qui ont travesti l'histoire; d'après les habiles qui ont profité des événements ; d'après les romanciers qui ont aveuglé l'esprit public ; pas plus que vous ne jugez Napoléon Ier d'après les pamphlets de la même époque, du même temps, qui voulaient qu'on mît le malheureux vaincu dans une cage de fer, où toutes les mères viendraient le percer avec des tiges d'acier rougies au feu. La passion passe, la vérité surgit et reste. Adressez-vous aux impartiaux, demandez aux indépendants ; interrogez ceux qui ont vu. Demandez à l'ancien maire de Lyon, député de la Seine, comme à tous les historiens sérieux, ce qu'ils pensent du malheureux siège de Lyon et attendez que l'Histoire immortelle ait prononcé son verdict, avant de flétrir ceux qui dorment sous le sombre monument des Brotteaux.

(1) Mme Rattazzi.

Soyez sans crainte. Par ce temps de *sans-patrie* où nous sommes, il est peu probable que nos pères aient des imitateurs.

Delamollière, en mourant, avait laissé trois enfants en bas âge, deux petites filles et un fils âgé de six ans.

Sa veuve, Catherine Rotrou, épousa en secondes noces M. Falques, fournisseur des armées, et mourut à Naples, en 1812.

Le nom du dernier successeur de Jean de Tournes est encore honorablement porté aujourd'hui à Lyon.

Jean-Antoine REVOL

Imprimeur Grand'Rue Mercière, 60.

Journal de Lyon ou Moniteur du département de Rhône-et-Loire. Dédié aux sections et aux bataillons de la ville de Lyon. Carrier, rédacteur en chef, place Fromagerie. Lyon, 1791-1793, imprimerie de Jean-Antoine Revol, in-4°.

Louis CUTTY

Reçu en 1759, il exerça comme imprimeur jusqu'en 1794, près de l'Intendance, place Louis-le-Grand, devenue place de la Fédération.

Mis à mort après le siège.

Le départ du ballon, petit opéra en un acte, sur des airs connus. Par Mme B..., de Lyon.

Tiré d'une églogue pastorale de M. P... La scène est dans un village près de Lyon. Lyon, Louis Cutty, près de l'Intendance, 1784, in-8°.

Inconnu à tous nos bibliophiles.

Journal de Paris et des provinces. Lyon, Cutty, 1790, in-8°.

La France régénérée, poème civique, par Alexandre-Louis Baudin. Lyon, L. Cutty, l'an IV de la liberté (1792), in-8°.

Eloge de Chalier, le père du peuple, par le démocrate Belay. Ville-Affranchie, Louis Cutty, brumaire, an II, in-8°, 16 pages.

P. BERNARD

Fut imprimeur à Lyon et à Saint-Genis-Laval (Genis-le-Patriote).

Pétition des citoyens de Lyon,.. pour le prompt jugement de Louis Capet. Lyon, P. Bernard, 1793, in-8°.

Adresse des sans-culottes administrateurs du district de la campagne de Commune-Affranchie à leurs frères des campagnes. Genis-le-Patriote, P. Bernard, in-4°.

IMPRIMERIE NATIONALE

Autrefois, imprimerie de l'armée.
Aux halles de la Grenette, 1793.

MAIRE et MARS

Ils exercèrent comme imprimeurs en 1793.

Victor TOURNACHON

Reçu en 1789, fut imprimeur, en 1791, rue Mercière.

TOURNACHON-MOLIN

Connu en 1793.

RÉPUBLIQUE FRANÇAISE. *Extrait du procès-verbal de la Convention Nationale*, du 21ᵉ jour du premier mois de l'an II de la République Française, une et indivisible.

« La Convention Nationale, après avoir entendu le rapport du Comité de Salut public, décrète :

ARTICLE PREMIER

Il sera nommé par la Convention Nationale, sur la présentation du Comité de Salut public, une Commission extraordinaire composée de cinq membres, pour faire punir militairement et sans délai les contre-révolutionnaires de Lyon.

ART. II

Tous les habitants de Lyon seront désarmés.

Leurs armes seront distribuées sur-le-champ aux défenseurs de la République.

Une partie sera remise aux patriotes de Lyon qui ont été opprimés par les riches et les contre-révolutionnaires.

ART. III

La ville de Lyon sera détruite ; tout ce qui fut habité par le riche sera démoli ; il ne restera que la maison du pauvre, les habitations des patriotes égarés ou proscrits, les édifices spécialement employés à l'industrie et les monumens consacrés à l'humanité et à l'instruction publique.

Art. IV

Le nom de Lyon sera effacé du tableau des villes de la République ;

La réunion des maisons conservées portera désormais le nom de *Ville-Affranchie*.

Art. V

Il sera élevé sur les ruines de Lyon une colonne qui attestera à la postérité les crimes et la punition des royalistes de cette ville, avec cette inscription :

Lyon fit la guerre à la Liberté ; Lyon n'est plus.
Le 18ᵉ jour du 1ᵉʳ mois, l'an II de la République Française,
une et indivisible.

Art. VI

Les Représentants du peuple nommeront sur-le-champ des commissaires pour faire le tableau de toutes les propriétés qui ont appartenues *(sic)* aux riches et aux contre-révolutionnaires de Lyon, pour être statué incessamment par la Convention sur les moyens d'exécution du décret qui a affecté ces biens à l'indemnité des patriotes.

Visé par l'inspecteur ; signé : S.-L. Monnet.

Collationné à l'original par nous, secrétaire de la Convention, à Paris, le 22ᵉ jour du 1ᵉʳ mois de l'an II de la République.

Signé : Gr. Jagot, secrétaire. Louis, du Bas-Rhin, secrétaire.

A Ville-Affranchie, de l'imprimerie de Tournachon-Molin, rue Mercière, n° 51. » In-folio.

Jean-Joseph DESTÉFANIS

Né en Piémont, il vint à Lyon et entra comme simple employé aux Halles de la Grenette ; il demeurait rue Thomassin, 3.

Ami de Chalier, il partageait les opinions extrêmes de son compatriote et, après le siège, dénonça son patron, M. Charles-François Millanois, qui avait commandé les Lyonnais, comme lieutenant-colonel d'artillerie; celui ci fut aussitôt condamné à mort et fusillé.

En récompense de cette dénonciation, un arrêté de la Commission temporaire du 13 décembre 1793, offrit au dénonciateur l'établissement des Halles de la Grenette. Destéfanis fut dès lors imprimeur de l'Administration.

Il exerça de 1793 à 1794. Il se faisait appeler et signait : « Le sans-culotte Destéfanis. »

On lui doit :

Liste générale des Contre-révolutionnaires mis à mort à Commune-Affranchie, an II, in-12, 128 pages (1).

Arrêté concernant l'observation des dimanches et les prêtres insoumis. 28 pluviose an II. Commune-Affranchie, in-4°.

---

(1) On peut y relever :
Bruyset, Pierre-Marie, âgé de 45 ans, natif de Lyon, y demeurant, rue Chalier, libraire (p. 22).
Delamollière, Jean-Baptiste, âgé de 35 ans, natif de Lyon, y demeurant, place de la Fédération, imprimeur (p. 39).
Faucheux, Claude-André, âgé de 53 ans, natif de Lyon, y demeurant, rue Ferrandière, imprimeur-libraire (p. 48).
Millanois, Charles-François, âgé de 49 ans, natif de Lyon, demeurant rue de la Grenette, imprimeur (p. 84).
Richard, Thomas, âgé de 22 ans, natif de Dijon, demeurant à Lyon, place Saint-Jean, imprimeur (p. 106).

Rapport fait à la Convention Nationale... par Fabre d'Eglantine, le troisième du second mois de la seconde année... chez le sans-culotte Destéfanis, in-8°.

Arrêté du département du Rhône, du 1ᵉʳ messidor an II. Commune-Affranchie chez le S. C. Destéfanis, in-4°.

IMPRIMERIE DU TRIBUNAL RÉVOLUTIONNAIRE

Rue Chalier.
Gonon n° 1510, 1516 bis.
Imprimerie du tribunal de justice populaire, rue Chalier.
Gonon n° 1537. *Journal de Ville-Affranchie.*

IMPRIMERIE DE L'ARMÉE, à Montluel.

Pendant le siège, elle fut établie à Montluel.
Arrêté des Représentants du Peuple envoyés près l'armée des Alpes; au quartier général de la Pape, le 8 septembre 1793, l'an II de la R. F. U. I. signé : Dubois-Crancé et Gauthier, à Montluel, de l'imp. de l'armée, 1793, in-4°.

Amable LEROY

Il exerçait à la Vieille Maison de Ville.
Reçu imprimeur en 1779, on lui doit :
Les Représentants du Peuple envoyés... (Proclamation) 13 octobre 1793, l'an II de la République F. U. I. Lyon, A. Leroy, 1793, in-fol.

Proclamation des représentants du Peuple envoyés près de l'armée des Alpes...

« Aux citoyennes des campagnes

« C'est au nom de l'humanité que nous venons vous parler.

« Des orphelins connus, au besoin, sous le nom d'*enfants trouvés*, périssent dans l'Hôpital qui leur sert d'asile, parce que personne ne se présente pour leur offrir ce lait précieux, seul aliment que la nature leur a préparé.

« Citoyennes des campagnes, vous qui avez été jusqu'à présent une providence pour ces petits infortunés, votre vertu a fait leur supplice! La voix de la Patrie vous ordonnait de vous éloigner d'une Ville rebelle; vous lui avez obéi : mais aujourd'hui, il vous est permis d'écouter celle de l'humanité. Accourrez *(sic)* au milieu d'eux; la pâleur que vous verrez peinte sur ces visages où siège l'innocence excitera votre intérêt; empressez-vous d'offrir à ceux qui ont survécu à leur malheur ce sein que des monstres leur ont enlevé; qu'ils y trouvent la vie; qu'ils l'emploient toute entière au service de la Patrie, et vous aurez bien mérité d'elle.

« A Lyon, ce 15 octobre 1793, l'an II de la République une et indivisible.

« Signé : *G. Couthon, Maignet, Châteauneuf-Randon, Séb. Delaporte.* »

« A Lyon, de l'imprimerie d'Amable Leroy, place Saint-Jean, 1793, in-fol. »

Bon à tirer autographe de Couthon.

Les Représentants du Peuple...

« Considérant qu'il existe une grande quantité de rebelles pris les armes à la main; qu'il importe que justice soit faite promptement... Autorisons la Commission Militaire, établie pour le jugement des Rebelles pris les armes à la main, à continuer ses fonctions et à juger tous ceux qui seroient traduits devant elle pour pareil fait.

« Fait à Lyon, le 12 octobre 1793, l'an II de la République une et indivisible.

« (Pour) les Représentants du peuple
« G. *Couthon*.

« A Lyon, de l'imprimerie d'Amable Leroy, place Saint-Jean » in-fol.

Bon à tirer autographe de Couthon.

La ville de Lyon détruite. Procès-verbal des premières démolitions qui ont eu lieu dans Ville-Affranchie, ci-devant Lyon. Cinquième jour de la première décade du second mois. Bertrand, maire. Ville-Affranchie, Amable Leroy, in-4°. Certifié conforme, signé Carteron, officier municipal.

Au bas, une note autographe : « Cette pièce est la plus rare des événements de Lyon. » Signé : Cochard.

Décret impérial, relatif à la condition publique des soies, signé : A Lyon, au Palais impérial (l'Archevêché) le 23 germinal an XIII. Lyon, imprimerie Amable Leroy, in-fol.

Après avoir imprimé pour la Convention, Amable Leroy trouva tout naturel d'imprimer pour l'Empire.

C'était un homme pratique et je ne doute pas qu'il n'ait réussi.

IMPRIMERIE DE LA C. (Commission) T. (Temporaire), rue Chalier (imprimerie de Tournachon-Molin). Gonon n° 1556, 1562, 1572.

Jugement de la Commission Révolutionnaire, prononcé en présence du Peuple, place de la Liberté, le 23 ventose an II. Comm. aff. de l'imp. de la C. T.

Cours révolutionnaire pour apprendre, en trois décades, à fabriquer le salpêtre, la poudre et les canons, par Bellefonds, agent national pour le salpêtre. Commune-Affranchie, imprimerie de la C. T. an II, in-fol.

IMPRIMERIE RÉPUBLICAINE

Place de la Raison (place de la Comédie des Terreaux).
Place du Temple de la Raison (Saint-Jean). Voir Gonon 1690.
Place du ci-devant Saint-Jean. Gonon 1652.
Proclamation des Représentants du Peuple... Signé Laporte, Fouché de Nantes, Albitte; Commune-Affranchie, 25 frimaire an II, imp. Républicaine, place du ci-devant Saint-Jean. in-fol.

Joseph DAVAL

Quai Saint-Antoine, 8.
Imprimeur en 1794-98.
Il imprima l'*Almanach de Lyon* de l'an VI, soit 1797-98. Cet unique volume commença les *Essais historiques* de M. Delandine.

En 1801, Ballanche devient l'imprimeur de l'*Almanach*.

D'abord associé de Tournachon, il resta seul maître de l'imprimerie du quai Saint-Antoine à partir du 17 février 1795, époque où il continua seul l'impression du *Journal de Pelzin*. Voir ce nom.

Jean-Louis MAILLET

Imprimeur en 1794, rue Boissac.

Jean-Marie et Pierre-Marie BRUYSET

Imprimeurs du département de Rhône-et-Loire.

Ils ont donné un des plus célèbres exemples d'amour fraternel que connaisse l'histoire.

Jean-Marie, homme de lettres, né à Lyon le 7 février 1749, avait été reçu libraire en 1783 et s'était associé, en 1788, avec son frère Pierre-Marie. Tous deux habitaient la rue Saint-Dominique et avaient succédé à leur père, Jean-Marie, qui avait demeuré rue Saint-Dominique et place Louis-le-Grand.

Pendant le siège, Jean-Marie proposa et fit adopter des *billets obsidionaux,* qu'il fit imprimer et qu'il signa *seul*.

Après le siège, tous deux furent arrêtés, mais Jean-Marie étant malade fut mis et oublié à l'infirmerie et quand ils furent appelés devant le tribunal révolutionnaire Pierre parut seul devant les juges.

Accusé sous le nom de son frère, Pierre ne se disculpa point ; il se laissa condamner et, quoique père de famille, monta courageusement sur l'échafaud, le 25 décembre 1793, sans divulguer son secret.

Il était neveu de Bertrand, maire de Lyon.

Sorti de prison et acquitté comme innocent, Jean-Marie n'apprit que longtemps après le sacrifice sublime de son frère. Il n'avait pas attendu de connaître cette fatale révélation pour adopter la famille de Pierre-Marie et regarder les malheureux orphelins comme ses propres enfants.

Il se remit courageusement au travail, pour élever les deux familles et ne se retira des affaires qu'en 1808.

En 1812, il fut nommé par le gouvernement impérial inspecteur de l'imprimerie à Lyon, mais il n'occupa que pendant un an cet emploi.

Blessé au cœur, ne pouvant supporter un souvenir déchirant, il s'enferma dans la solitude, se voua entièrement à l'étude et aux lettres et mourut triste et découragé, le 16 avril 1817.

On a de lui comme écrivain :

Histoire de la dernière révolution de Suède, traduit de Sheridan, Londres (Lyon) 1783, in-12.

Essai sur le contrat collybistique des anciens. Lyon, 1786, in-4°.

Sur la régénération du commerce de Lyon. Lyon, 1802, in-8°.

Pétition de la Chambre de commerce au ministre de l'intérieur. Lyon, 1803, in-4°.

Mémoire sur l'établissement d'un entrepôt en franchise, dans la ville de Lyon, 1804, in-4°.

Caractère de la propriété littéraire. De la nécessité d'une Administration particulière pour la librairie. Lyon, 1808, in-8°.

Vies des grands Capitaines, par Cornélius Népos, traduites par Bruyset, 1812, in-12.

Notice historique sur Claude-Marie Gattel. Lyon, 1813, in-8°.

Abrégé de l'Histoire grecque, traduit de Goldsmith, par Bruyset. Lyon, 1817, in-12.

Il a laissé un certain nombre de brochures politiques ayant trait aux événements du jour, des articles dans le *Dictionnaire historique* de Chaudon, dont il fut éditeur en 1804, et, manuscrites, une *Traduction* de Virgile, puis une de Justin.

Il était membre de plusieurs Académies et entre autres de celles de Lyon et de Berlin.

Il s'occupait aussi de quelques améliorations, plus ou moins heureuses, pour son art. « M. Bruyset, dit M. Delandine, proposa, au commencement du XIXe siècle, pour la reliure des livres, une espèce de feutre qu'il appela *Carthalute*, de deux mots latins, *Charta*, papier, et *Aluta*, peau en mégie. Ce feutre était fabriqué comme du papier (1). »

Je ne sais quel en a été le succès.

Je ne citerai que deux ou trois spécimens des impressions sorties de cette importante maison :

Description de la ville de Lyon, avec des recherches sur les hommes célèbres qu'elle a produits ; par Paul Rivière de Brinais (*sic*), ingénieur. Lyon, Bruyset, 1760, in-12.

On sait que ce pseudonyme, Paul Rivière, abritait André Clapasson, avocat, historien, né à Lyon, le 13 janvier 1708, habitant Brignais, une partie de l'année, et mort à Lyon, le 21 avril 1770.

Jugement présidial et en dernier ressort du 17 août 1790, qui condamne les nommés Jean-Pierre Chabrand et Antoine Riton, dit *Couronné*, à être pendus pour crimes de sédition et avec écritaux devant et derrière, contenant ces mots : *Chef d'émeute et séditieux*. Lyon. Bruyset, 1790, in-4° 4 p.

Tableau de ventes des biens nationaux, ci-devant du clergé, faites par le district de la ville de Lyon, jusqu'au 31 décembre 1790. Lyon, Bruyset, 1790, in-fol.

Ces propriétés, estimées 1.180.024 livres, furent vendues 1.789.700 livres. Elles étaient louées 81,438 livres.

---

(1) *Histoire de l'Imprimerie*, p. 55.

Procès-verbal de l'installation de la Commission de justice populaire établie à Ville-Affranchie, dixième jour de la troisième décade du premier mois de l'an II. Ville-Affranchie, Bruyset frères, in-4°, 6 pp.

Lorsque Jean-Marie Bruyset se retira des affaires, il laissa son industrie à son gendre, Jean-François Buynand des Echelles, seigneur dudit lieu, né au château des Echelles, près d'Ambérieu, le 16 novembre 1773 ; mort à Lyon, le 26 novembre 1811.

On doit à M. Buynand, comme écrivain, divers ouvrages d'éducation, entre autres un *Plutarque de l'Enfance*, édité par Janon en 1822, in-12 et une traduction du *Triomphe de l'Evangile*, par Olivadé. Lyon, 1805, in-8°, quatre vol.

Michel-Alexandre PELZIN

Homme de lettres, publiciste, imprimeur des Théâtres de Lyon.

Né vers 1750, il montra, dès ses jeunes années, un caractère énergique, résolu, prêt aux luttes et aux violentes discussions. Il ne paraissait nullement appelé à jouer un rôle dans les affaires de l'Etat, étant simple professeur de grammaire à Lyon au moment de la Révolution ; le sort en décida autrement.

Le 1er juin 1793, il fut nommé par le Conseil général de la Commune, en même temps que le citoyen Jacquet, comme député de notre ville auprès de celle de Marseille, pour unir les deux cités dans une commune résistance. Malgré les promesses des patriotes marseillais, aucun secours ne vint et les Lyonnais réduits à leurs propres forces durent succomber.

Après la mort de Robespierre, Pelzin, qui demeurait rue des ci-devant Augustins, 56, créa le *Journal de Lyon et du département du Rhône*, imprimé chez Tournachon et Daval, quai et maison Antoine, 8 (*sic*). Après le premier numéro paru le 29 pluviose an III, 17 février 1795, Tournachon, effrayé de la couleur du journal, se retira et l'imprimerie resta sous le nom de Daval, seul.

Ce premier numéro attaque violemment Collot d'Herbois à qui Pelzin reproche les malheurs de Lyon, ce qui porte Gonon à déclarer que ce journal était une provocation au meurtre et à l'assassinat. Cette accusation est exagérée ; Pelzin, dans ce premier numéro, ne prenait à partie que le Représentant du peuple qui avait présidé aux exécutions des Brotteaux, et il ne demandait pour lui qu'une enquête et un jugement des tribunaux réguliers.

Pelzin n'en fut pas moins condamné à passer un mois dans la maison d'arrêt des Recluses, pour insulte à l'autorité.

Le *Journal de Lyon* ne cessa de paraître que le 9 septembre 1797. Mais l'oisiveté pesait à Pelzin.

Le 25 septembre 1800, il acheta du citoyen Chalmas, receveur de l'octroi, un matériel d'imprimerie situé rue Saint-Dominique, n° 3, aujourd'hui n° 1 (maison Vingtrinier) et y exerça son industrie jusqu'en 1827. Cette année-là, il transporta son imprimerie quai Saint-Antoine 36, mais il n'en jouit pas longtemps.

Pelzin étant mort, le 19 juin 1828, ses héritiers la cédèrent, le 1er mars 1833, à M. Léon Boitel, homme de lettres.

On connaît les belles éditions sorties de cet établissement : *Lyon ancien et moderne*, l'*Album du Lyonnais*, etc. etc. On sait enfin que c'est lui qui créa la *Revue du Lyonnais*, ce beau et précieux recueil dont le premier numéro parut en janvier 1835 et qui est encore aujourd'hui plein de vie et de prospérité, entre les mains de M. Mougin-Rusand.

On me reprochera peut-être de n'avoir pas vigoureusement flétri l'imprimeur dont je viens d'esquisser la vie.

Si Pelzin fut un des chefs de cette terrible réaction thermidorienne qui fit couler tant de sang, plus encore, d'ailleurs, dans le Midi que dans notre ville ; si, journaliste, il poussa plus à la vengeance qu'au pardon, il n'appartenait peut-être pas à son successeur, à celui qui a vécu dans son atelier, sa maison et son souvenir, de se montrer, à son tour, sans indulgence et sans pitié. Léon Boitel, républicain de cœur et de vieille date, ne parlait qu'avec sympathie et bonté de celui qui avait créé l'établissement qu'il avait presque reçu de ses mains.

Ce sont les idées indulgentes et miséricordieuses de Boitel qui ont guidé ma plume, quand j'ai parlé de notre prédécesseur, comme je l'avais du reste fait déjà, quand j'avais eu à nommer Leroy, Levol, ou Destéfanis, l'implacable ennemi des Lyonnais.

L'histoire est indépendante, impartiale, plus haut placée que les passions et les partis ; et, comme le dit un proverbe arabe : le Paradis serait plus vide que le désert si Dieu n'avait continuellement pardonné.

Entourons donc de silence et couvrons d'un voile noir les hommes qui ont fait couler le sang, à quelque drapeau qu'ils aient eu le malheur d'appartenir ; le pivot de l'existence, la règle de la vie ne sont-ils pas la Fraternité et l'Amour ?

ROGER

Imprimeur et journaliste, Roger, qui demeurait rue Confort, créa le *Petit Tachygraphe*, qui parut le 17 janvier 1797 et se continua jusqu'au 29 ventôse an XII, où la feuille prit le nom de *Journal de Lyon*. Elle fut remplacée par le *Journal de Lyon et du département du Rhône*, 1810-1813, puis par le *Journal de Lyon, Bulletin politique et administratif*, imprimerie de Kindelem, 1814, et Ballanche 1815.

Nous terminerons par lui ce xviiie siècle si peu favorable à la typographie, si inclément aux imprimeurs.

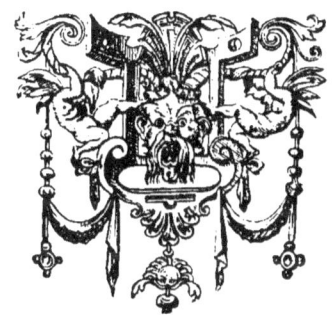

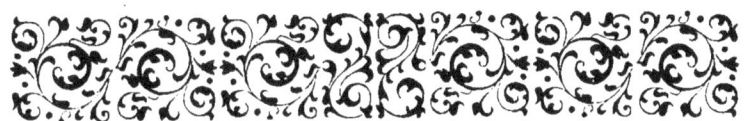

XIXᵉ SIÈCLE

IMPRIMEURS SOUMIS AU BREVET
DEPUIS LA LOI DE 1811

(Cette loi fixait à dix-huit le nombre des Imprimeurs lyonnais)

Jean-Baptiste Kindelem.

Jean-Marie Bruyset, rue Saint-Dominique.

Joseph Buynand des Echelles.

Ballanche et Barret, aux halles de la Grenette.

Roger, rue Confort, 3.

Mistral.

Joseph Daval, quai Saint-Antoine.

Benoit Boursy, rue Mercière, 66.

Perisse frères, rue Mercière, 33.

Rusand, rue Mercière.

Rossary, rue Saint-Dominique, 13.

Simon Barret, rue Gentil, 4.

Lambert-Gentot, rue Mercière.

Pélagaud, rue de la Sphère et rue Mercière, 48.

Durand et Perrin, rue d'Amboise, 6.

Louis Perrin, rue d'Amboise, 6.

Brunet et Fonville, rue Sainte-Catherine, 13.

Léon Boitel, quai Saint-Antoine, 36.

Mougin-Rusand, aux halles de la Grenette.

Joseph Rey, rue Saint-Côme, 8.

Nigon, rue Chalamont, 1.

Jean-Marie Boursy, place de la Fromagerie.

Théodore Pitrat, rue du Peyrat, 30.

Rodanet, avenue de l'Archevêché, 5.

Théodore Lépagnez, Petite rue de Cuire, 10.

François Dumoulin, rue Centrale, 20.

Jean-François Chanoine, place de la Charité, 18.

Félix Girard, rue St-Dominique, 13.

Jacques Labaume, cours Lafayette, 5.

Aimé Vingtrinier, quai Saint-Antoine, 36.

Henry Storck, place du Plâtre, 8.

Bonnaviat, rue Sainte-Catherine, 13.

Pitrat aîné, rue Gentil, 4.

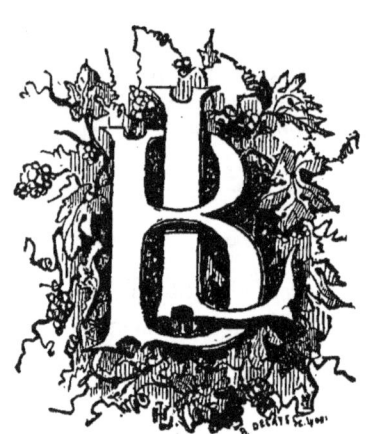

Marque de Léon Boitel.

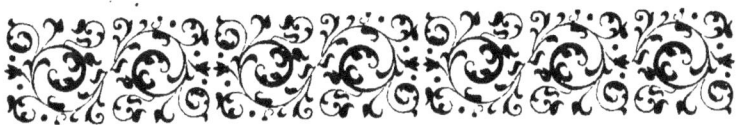

J'ai esquissé rapidement la figure et les travaux des grands personnages qui ont illustré la typographie lyonnaise. Je les ai fait connaître comme un impuissant dessinateur peut faire deviner en quelques traits de fusain, sur un album de poche, les immenses et magnifiques fresques de Rome ou de Venise. D'après ses pauvres pages, peut-il faire apprécier les Vinci et les Titien ?

Il y manque le dessin, l'ampleur, le sentiment et la couleur ; on le sait ; mais faute de mieux on s'en contente.

Avec le temps et le talent, un autre viendra qui fera une œuvre plus grandiose et le sujet s'y prêtera merveilleusement.

Mais, si j'ai été bref et incomplet avec les grands siècles, que dire sur le temps présent?

De Tournes, Gryphe, Arnollet, Roville, Dolet, Cardon sont morts. Puis-je mettre leurs successeurs sur la même ligne ?

Arrivé au siècle présent, je m'arrête, sentant le sol trop brûlant sous mes pas.

Triste, en voyant la décadence de nos trente premières années, je me contenterai de saluer de loin les noms que l'histoire devra conserver à jamais.

Ballanche, le penseur profond ; Périsse, Pélagaud, Rusand, grands et heureux industriels, à sortir des rangs ; Pélagaud, surtout, imprimeur comme eux, mais de plus historien, polémiste, hostile aux ultramontains et défenseur de la suprématie des conciles dans les affaires de l'Eglise; Louis Perrin, l'immortel typographe, notre gloire lyonnaise, qui produisit des chefs-d'œuvre, dignes des plus beaux temps ; Léon Boitel, poète, écrivain, littérateur facile et charmant, le fondateur de la *Revue du Lyonnais*, le chef reconnu de cette école littéraire qui, de 1830 à 1860, jeta un si vif éclat dans notre ville ; Chanoine qui, le premier, rompant avec la routine, transforma l'imprimerie lyonnaise en y introduisant les puissantes et fortes machines mues par la vapeur et sut ravir à Paris et à Dijon le monopole des travaux du chemin de er ; Pitrat, enfin, le dernier de nos illustres morts, à qui on doit de si élégantes éditions

A eux tous, nos douloureux adieux, nos hommages et un dernier souvenir.

J'ai omis les vivants, et cependant me sera-t-il permis de citer deux députés du Rhône, MM. Lagrange et Guichard, dont la Chambre a su apprécier les si hautes qualités?

Mes successeurs compléteront ces tableaux.

M. le président Baudrier, né à Lyon en 1815, mort à Paris en 1884, avait passé sa vie entière à préparer une histoire monumentale de l'imprimerie à Lyon, de sa naissance à nos jours. Il n'a pu y mettre la dernière main, la publier et en voir le succès.

Pourquoi en a-t-il différé si longtemps l'impression ?

C'est un malheur; il eût apporté un puissant secours aux érudits et il eût rendu la présente esquisse inutile.

Mais ce malheur n'est pas irréparable, car le manuscrit

existe et nul doute que le fils de M. Baudrier, érudit lui-même, n'érige le monument dont son père avait si patiemment réuni les impérissables matériaux.

Et j'ai fini.

Si on lit ce livre, on trouvera peut-être que j'ai été trop ombrageux partisan de ma ville adorée. C'est que, si je ne suis pas toujours de l'avis de Voltaire, je suis du moins de l'opinion de Rousseau, quand il dit : « *Qui dédaigne sa nationalité est bien près de sa perte* », et que nous autres, à Lyon, nous aimons notre patrie, pour ne pas périr.

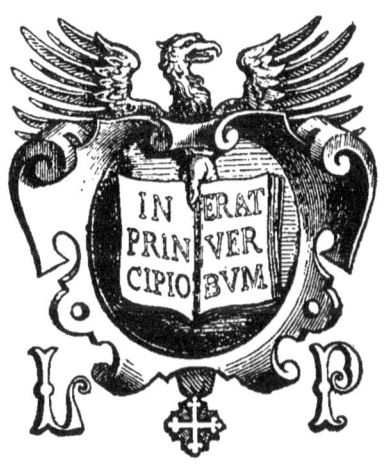

Marque de Louis Perrin.

TABLE DES MATIÈRES

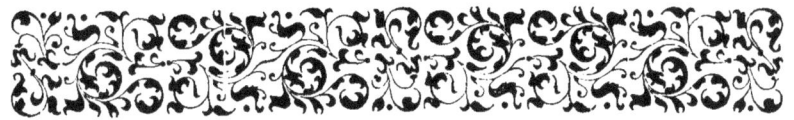

TABLE DES MATIÈRES

Préface	1
ENFANCE DE L'IMPRIMERIE	1
XVe SIÈCLE	19
Buyer et Le Roy	36
Pistoris et Reinhart	52
Martin Husz et Syber	56
Cleyn	61
Perrin Latomus, *de Lorraine*	62
Pierre Hongre	66
Husz Mathis et Scabeller	67
Jean Faber, *de Langres*	71
Jean Faber, *dit* Fabri, *Allemand*	72
Jean Dupré, *de Prato*	73
Pierre Boutellier	83
Jacques Buyer, Buerius	83
Jehan Neumeister	84
Guillaume Balsarin	97
Jean Trechsel	99
Michel Topié, *de Pymont*	104
Carcani	104
Jehan de Lafontaine	105
Lazarus-David Grosshofer	106
Jacques Maillet	106
Pierre Maréchal et Barnabé Chaussart	107
Pierre Himel	109
Engelhart Schultis	109
Antoine Lambillon	110
Josse Bade	111
Barthélemy Trot et Hugon	113
Pierre Boute	113
Guillaume Bruccllement	114
Pierre Buyet	114
Claude Davost	114
Gaspard Greelin	115
Jehan Mareschal	115
Pierre Martin	116
Guillaume Perrin	116
Pierre Rohault	116
Guillaume Seignoret	116
Gaspard Viterges	117
Jean de Vingle	117
Michel de Bâle, Michael de Basilea	119
Jacques Arnollet *ou* Arnoullet	120
David Edmundus *ou* Hemo	121
Bernabé Chaussart	122
Nicolaus de Benedictis	123
Etienne Gaynard *ou* Gueynard, *alias* Pinet	125
Bachelier	126
Claude Daygne	127
Jean Pivard	127
François Fradin	127
Claude Gibolet	129
Jacques Huguetan	129
Jacques Sacon	133
Nicolas Wolf (Lupus)	134
Aymé *ou* Aymon de Laporte	134
Jean Place, Johannes de Platea	135
Martin Havart	136
Jehan Moylin, *alias* Cambray	137
Balthazar d'Ast	138
Benoît Bonnyn, Boninus de Boninis	138
Johannes Syroben	139
Gérard Oze	139
Sixtus Glogkengieser	140
Gaspard Ortuin	140
Pierre Schenck	140
Jacques Myt	140
Claude Nourry, *dit* Le Prince	141
XVIe SIÈCLE	143
Jacques Moderne, de Pinguento	151
Noël Abraham	152
Jannot de Campis (Deschamps)	152
Martin Havart	152

Martin Boillon ou Bouillon	152	Barthélemy Honorat	250
Vincent de Portunaris	153	Maurice Roy et Louis Pesnot	252
Gilbert de Villers	155	Michel Jove	252
Symon Vincent	155	Jean Perron	253
Etienne Baland	156	Théobald Payen	254
Jean de Channey	156	Guillaume Testefort	255
Constantin Fradin	157	Jehan Duvet, le Maître à la licorne	255
Pierre Balet	158	Jean Grolier et Louise Labé	256
Jacques Maréchal, dit Rolland	158	François Durelle	261
Antoine Blanchard	159	Branton	262
Jean Besson	159	Jean Patrasson	262
Pierre de Vingle ou de Wingle	159	François Didier	263
Guillaume Huyon	160	Alexandre Marsilly, de Lucques	263
Sébastien Gryphe	160	Claude Senneton	263
Antoine Gryphe	177	Jean Stratius	264
Claude Davost, alias de Troyes	182	Louis Cloquemin et Etienne Michel	264
François Juste	183	Abraham Cloquemin	264
Denis de Harsy	186	Gabriel Cotier	265
Antoine de Harsy	186	Jean Pillehotte Ier	265
François et Olivier Arnoullet	187	Jean Pillehotte II	281
Guillaume Huyon	188	Jacques Roussin	294
P. de Sainte-Lucie, dit Le Prince	189	Guichard Julliéron	295
Melchior et Gaspard Trechsel	190	Barthélemy Honorati	298
Jean Barbou, dit Le Normand	191	Pierre Rigaud	299
Hugues Barbou	192	Etienne Vignon	303
Frellon	193	Jean Berjon	303
Junte	195	Antoine Tardif	303
Obert	197	Thibaud Ancelin	303
Etienne Dolet	197	François Durelle	305
Bernard	206	Hugues Gazeau	306
Pierre de Tours	207	Jacques Mareschal	306
Sulpice Sabon	209	Sibylle de la Porte	307
Jean de Tournes Ier	209	Estienne Servain	307
Jean de Tournes II	220	Jean Tholosan	307
Antoine du Ry	223	Jean Hulpeau	308
Macé-Bonhomme	223	Pierre Dauphin	308
Balthazard Arnollet ou Arnoullet	224	Jean-Baptiste Buisson ou Buyson	308
Olivier Arnollet ou Arnoullet	225	François Fabre ou Fabri	309
Vincent de Portunaris	226	Jacques Roche	309
Germain Rose	227	André Papillon	309
Godefroy et Marcel Bering ou Beringhen	227	Horace Cardon	309
Hugues de la Porte, Hugo a Porta	228	Simon, Antoine, et Barthélemy Vincent	318
Guillaume Roville ou Rouville	230	Henri Estienne le grand	320
Jean Citoys	240		
Benoist Rigaud	241	XVIIe SIÈCLE	323
Jean Temporal	245	Louis Garon	331
Robert Grandjon	246	Claude Veycellier	333
François Juste	248	Benoît Rigaud (Héritiers)	333
Lepreux	249	Paul Frellon	334
Louis Durand	249	Etienne Gueynard ou Gaynard alias Pinet	336
César Farine ou Farina	249		
Jacques de la Planche	249	Jean-Baptiste Gros	336
Jean d'Ogerolles	250	Pierre Landry	337

Jean et Scipion de Gabiano	337
Louis Tantillon	338
Les supposts de Caresme	338
Pierre Rouvier	338
Bonaventure Nugo	338
Claude Morillon	340
Pierre Michel	342
Abraham Cloquemin	342
Jacques du Creux ou Ducreux	342
Jonas et Pierre Gautherin	343
Jean Poyet	344
Léon Savine et Claude Cayne	344
Claude Larjot	345
Loys Muguet	345
Arnaud de Saint-Bonnet	346
Clément Testefort	348
Vincent de Cœursilly	349
Louis Prost	349
Jean Julliéron	349
Claude Armand	350
Jean Jacquemetton	350
Claude Vaudry	350
François de la Bottière	350
Guillaume Valfray	350
Nicolas Gay	351
Claude Dufour	351
Louis Odin	351
Jean-Baptiste Deville	351
Claude Cayne	352
Guillaume Barbou	353
Jean Catlin et François Plaignard	353
Gabriel Boissat	353
Jean-Baptiste de Ville	354
Claude Badieu	354
La famille Huguetan	354
Antoine Huguetan	358
Jean-Antoine Huguetan	359
Gilles et Jacques Huguetan	359
Jean-Antoine Huguetan	359
Jean Huguetan	360
Pierre Compagnon	360
Jean-Aymé Candy	361
Guillaume Barbier	361
Les frères Carteron	362
Les frères Duplain	364
Claude de la Rivière	365
Clément Petit	365
Antoine Barret	365
Anonyme	365
Benoît Coral	366
Barthélemy Molin	367
Pierre Guillimin ou Guillemin	367
Antoine Julliéron	368
Claude Galbit	369
Claude Chancey	369
Claude de Laroche	369
Jean Paulhe	369
Laurent Anisson	370
Jean-Baptiste Barbier	374
Mathieu Libéral	374
Jacques Guerrier	375
Jean Bruyset	376
Antoine Cellier	376
Thomas Amaulry	377
Antoine Briasson	377
Jean Mercier	378
Marcellin Gautherin	379
Jean Thiolly	379
Déclaration des Maîtres Imprimeurs et libraires sur leur communauté	380
Jean-Baptiste Langlois	383
Jacques Lyons	383
XVIII° SIÈCLE	384
François Barbier	384
Imprimeur du Roi	384
Chambre syndicale de l'imprimerie et librairie rue de la Barre	385
Claude Rigaud	385
Pierre Valfray	385
Claude Moulu	386
Jean-Baptiste Girin	387
La Société des Libraires	387
Léonard de la Roche	387
Claude Plaignard	388
Laurent Langlois	388
Henri Declaustre	389
André Laurent	389
Louis et Jacques Bruyset	389
Jacques-Joseph Barbier	390
Jean Deville	390
Pierre Deville	390
Marcellin Duplain	391
Guillaume Duvirot	391
Bonaventure Faucheux	391
Etienne Baritel	391
Roch Deville aîné	391
Louis Bruyset	392
Placide Jacquenod père	392
Jean-Denis Juttet	392
Antoine Perisse l'aîné	392
Claude Perrot	393
Christophle Reguillat	393
Antoine-Joseph Dejussieu ou de Jussieu	393
Mathieu Chavance	393
Louis Chalmette	393
Nicolas Barret	394

Jean-Marie Bruyset	394	Jean-Antoine Revol	412
Claude-André Vialon	394	Louis Cutty	412
Samuel de Tournes	395	P. Bernard	413
Jean-Baptiste Reguilliat	395	Imprimerie Nationale	413
Jean-André Perisse	395	Maire et Mars	413
Pierre et Benoît Duplain	395	Victor Tournachon	413
Etienne Rusand	396	Tournachon-Molin	414
Aimé de la Roche	396	Jean-Joseph Destéfanis	416
Perisse frères	398	Imprimerie du Tribunal révolutionnaire	417
Louis Buisson	398	Imprimerie de l'armée, à Montluel	417
Pierre Bruyset-Ponthus	398	Amable Leroy	417
Claude Cizeron	399	Imprimerie de la C. T.	419
Joseph Duplain	399	Imprimerie Républicaine	420
Jean-François Los Rios	400	Joseph Daval	420
Vatar-Delaroche	402	Jean-Louis Maillet	420
Charles-François Millanois	403	Jean-Marie et Pierre-Marie Bruyset	421
Louis Rosset	403	Michel-Alexandre Pelzin	424
Claude-André Faucheux	404	Roger	426
J. Pellisson	404		
Guy Revol	404		
Jean-Baptiste Delamollière	405	XIX° SIÈCLE	429

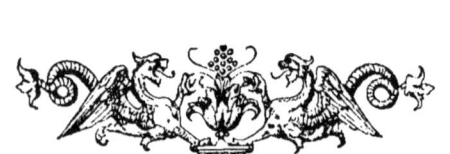

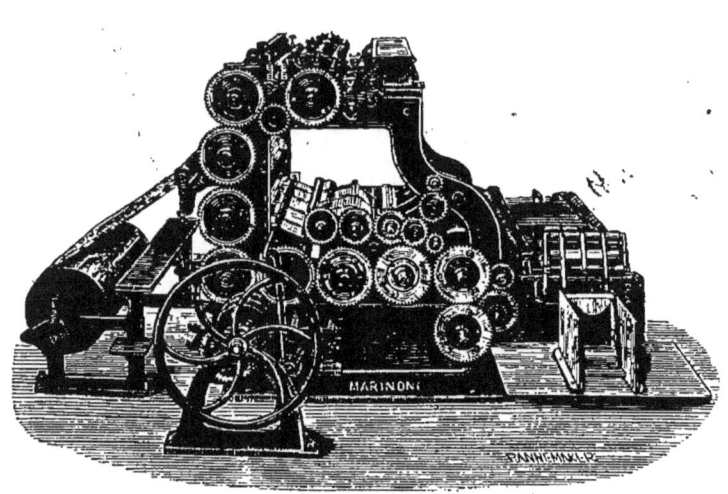